70가지
별난 물건으로 보는
세계문화

70가지 별난 물건으로 보는 세계문화

초판 1쇄 펴낸날 | 2018년 10월 25일
초판 2쇄 펴낸날 | 2019년 1월 5일

지은이 | 오문의 · 구신자
펴낸이 | 류수노
펴낸곳 | (사)한국방송통신대학교출판문화원
　　　　03088 서울특별시 종로구 이화장길 54
　　　　전화 1644-1232
　　　　팩스 02-741-4570
　　　　홈페이지 http://press.knou.ac.kr
　　　　출판등록 1982년 6월 7일 제1-491호

출판위원장 | 장종수
편집 | 마윤희 · 이민
본문 디자인 | (주)동국문화
표지 디자인 | 크레카

ISBN 978-89-20-03053-6 03380
값 20,000원

이 도서의 국립중앙도서관 출판예정도서목록(CIP)은 서지정보유통지원시스템 홈페이지(http://seoji.nl.go.kr)와
국가자료공동목록시스템(http://www.nl.go.kr/kolisnet)에서 이용하실 수 있습니다.(CIP제어번호: CIP2018033045)

70가지
별난 물건으로 보는
세계문화

오문의 · 구신자 지음

에피스테메
EPISTEME

필자는 초등학교 저학년 시절 도심 한복판에서 살았다. 공부보다는 재미있는 놀이를 많이 하고 자랐던 기억이 생생하다. 당시 우리 동네에는 공터가 제법 많았고, 그 공터들은 어김없이 동네 아이들의 놀이터가 되었다. 필자에게 특히 재미있던 놀이 중 하나는 공터의 땅속에서 조그마한 전리품을 발견해 내는 일이었다. 길에서 주은 나뭇가지나 구부러진 큰 못으로 땅을 파면 크고 작은 사금파리가 심심치 않게 많이 나왔다. 필자는 깨진 사기그릇 조각들을 발굴해(?) 아귀를 맞추어 보는 재미에 흠뻑 빠졌다. 대개는 우윳빛 사금파리가 나왔는데, 어쩌다 옥색의 그것이나 제법 큰 조각을 발견할 때마다, 마치 고고학자들이 고대 이집트 피라미드 주변에서 새로운 미라라도 발견한 것처럼 뿌듯해 했고 그 누구도 짐작할 수 없는 나만의 은밀한 쾌감을 느끼곤 했다. 아울러 '사금파리로 파편화되기 이전의 온전한 그릇의 모양은 어떠했는지', '그것을 사용했을 주인은 누구였는지', '사기그릇은 왜 파편화되어 땅속에 묻혀 있었는지' 등 꼬리에 꼬리를 무는 호기심은 말 그대로 호기심 천국이었다.

이 책의 출발점은 바로 '작은 사금파리'인 것 같다. 지금 생각해 보면 낡은 집을 허물거나 이사를 가면서 버려진 식기들이 깨져 그대로 땅속에 묻혔을 터인데, 필자에게는 마치 조선시대의 귀한 달항아리 조각을 발견한 양 큰 호기심의 발원이 된 셈이다. 이후 물건에 대해 남다른 관심과 애착을 가지면서 신기하거나 별나 보이는 이국적인 물건을 수집하는 취미를 갖게 되었다. 초등학교 시절 무한한 호기심으로 땅을 파던 놀이가 지금까지 계속되고 있고, 앞으로도 내내 그럴 것이다. 다만 지금은 책을 통해 학문이라는 땅을 파고 있는 것만 다를 뿐이다. 파고 또 파도 늘 새로운 크고 작은 사금파리가 발견된다. 게다가 덤으로 예기치 않은 행운과 마주하기도 한다. 바로 외국어 관련 전공분야만 파 오다가 지평을 넓혀 여기 이『70가지 별난 물건으로 보는 세계문화』의 내용을 세상 사람들과 공유하게 된 것과 같은 행운 말이다.

세상의 모든 물건은 다 존재의 이유가 있다. 아무리 하찮아 보이는 물건이라도 이면에는 그 물건을 만든 민족, 나라, 대륙에 속한 사람들의 고유한 정신과 삶의 이야기가 내밀하게 숨어 있다. 세상을 휘휘 돌아다녀 보니 나라마다 지역마다 대륙마다 별난 물건도 건축물도 많다. 바로 이 별난 물건들을 소개하여 물건들에 켜켜이 쌓인 지구촌 사람들의 문화 이야기를 공유하고자 한 것이다. 모든 물건은 바로 우리 인류의 일상에서 필요에 따라 고안되고 우리의 손에 의해 직접 만들어졌으니까. '도구를 창안하고 만들어 낼 줄 아는 능력'은 다른 동물과 대별되는 호모 사피엔스만의 특징 중 하나라고 하지 않던가.

이 책을 쓰면서 내내 행복했다. 막연히 신기해 보였던 물건들의 정체를 하나하나 파헤치는 것이 어찌 즐겁지 않을 수 있겠는가. 그중 특히 흥미로웠던 점은 우리나라 사람들에게는 그저 익숙한 일상의 물건이 외국인에게는 별난 물건으로 지대한 관심의 대상이 되고, 그 반대의 경우도 마찬가지라는 것이다. 이는 문화의 '다양성'과 '상이성' 때문일 것이다. 달리 말하면, '이국적 미(exoticism)' 또는 '문화적 상대주의(cultural relativism)'와 일맥상통한다 할 수 있다.

이 책에서 17개 장의 큰 영역으로 분류하여 70가지의 별난 물건에 대한 이야기를 소개했다.

　동서고금의 화장, 음식 과학, 상상 초월 공간, 생활 속의 편리한
물건, 건강과 예술 치료, 잊혀져 가는 발명품 vs. 새로운 발명품,
기상천외한 악기, 세상에서 단 하나뿐인 예술품과 경호원, 출생,
성인, 결혼의 통과의례, 신에 대한 숭배, 고난 체험과 죄의 정화,
사회적 신분 상징, 남녀 유별, 싸움, 저승길의 동반자, 망자에 대
한 추억, 행운을 부르는 물건을 소개하였다.

　이 17개 장의 주제들은 오랜 세월 동안 문화인류학의 공통되면
서도 항구적인 탐구 주제와 관심사로서 다루어졌던 것으로 필자가
재구성한 것이다. 어떤 시간적·공간적 간극에도 불구하고 유사한
목적으로 만들어진 물건들도 있고, 반대로 동일한 목적으로 만들
어진 물건이라도 그 형상과 담긴 의미가 전혀 다르기도 하다. 따라
서 별난 물건들을 통해 인류 문화와 문명의 '보편성'과 '특수성'을
구체적으로 확인하는 기회가 될 것이다. 예컨대, 1장 '동서고금의
화장'을 통해, 수천년 전부터 시작된 동서고금의 화장이 애초의 목
적은 달랐지만 다양한 모습으로 구현되었고 지속적으로 진화해 왔
음을 확인할 수 있다. 오늘날 많은 화장 도구들이 전 세계인들에
의해 공유될 정도로까지. 4장 '16. 촛불 끄개'에서 다루는 촛불 끄
개는 서양의 가정과 동양의 사찰에서 모두 촛불을 끄기 위해 사용
하는 도구라는 점에서 공통된 목적을 갖고 있지만 도구를 사용하
는 함의적인 목적은 완전히 다르다. 그 함의적인 목적이 궁금한 독
자는 바로 4장을 읽어 보시길 바란다. 15장 '저승길의 동반자'는
인류의 공통 주제인 삶과 죽음에 대한 두려움을 다룬다. 이 장에서
는 죽음에 대한 인간의 본능적인 두려움을 지구상의 거의 모든 원

시종교와 오늘날의 종교들이 내세, 부활 또는 환생을 전제함으로써 지혜롭게 대처하고 있다는 것을 간파할 수 있다.

필자는 외국어를 전공한 덕분에 남들보다는 조금 더 외국의 문화와 문명에 대해 지속적인 관심을 갖게 되었다. 이 책의 주인공인 '70가지 별난 물건'을 선정하는 데 있어 외국 문화와 문명에 관한 서적은 물론이고 다양한 사진 및 영상매체, 특히 외국에서의 유학 생활과 여행지에서 만난 실제 삶에서 많은 영감과 아이디어를 얻었다. 결국 소박한 경험치를 통해 까마득한 기원전 2500년경에 제작된 '쿠푸 왕의 태양선'에서부터 현대의 '기념주화 자동판매기'까지 세계 곳곳의 '별난 물건'이 이 한 권의 책 안으로 소환되기에 이르렀다. 영원불멸을 꿈꾸었던 이집트 쿠푸 왕(60. 고대 이집트의 태양선)은 이 책을 마주하며 이렇게 말할지도 모른다. "오홋! 아직 내 태양선이 살아 있네. 역시 내 예상대로군. 그래. 나는 이 태양선을 타고 영원히 하늘을 여행할 거야." 또 마야의 상형문자 달력(23. 마야의 상형문자 달력)은 "오늘날의 그레고리력보다 내 달력이 월등히 우수하지. 우리 달력은 그저 날짜만 기록한 것이 아니라 삼라만상의 이치를 숨겨 놓은 불가사의한 발명품이니까. 그런데 그 밖의 수많은 우리의 업적을 후세에 전승하지 못해 무척 안타깝구나"라는 이야기를 전할런지도 모른다.

우리 눈에 '별나 보이는 물건'에 대한 호기심을 풀어내기 위해 주관적 관점을 가급적 배제하고 최대한 객관적으로 공인된 과학적 이론과 근거를 제시하고자 했다. 70가지 별난 물건과 배경 지식에 대한 방대한 양의 자료를 읽고, 시청하고, 그것들을 넘나들며 다양한 자료를 접하고 인용하였다. 이 과정에서 의도치 않게 인용문,

정보, 지식의 출처가 오기되었거나 누락되어 있을지 우려된다.

또한 인용한 자료의 정보에 다른 이견이 있거나, 정보 자체에 오류가 있을지도 염려된다. 하지만 이 책을 통해 많은 독자들이 '별난 물건'의 세계를 접하기를 바라는 필자의 소박한 진심이 전달되기를 바랄 뿐이다. 혹여라도 출처가 누락되었거나 잘못된 정보가 있다면 언제든지 열린 마음으로 수용하여 독자들과 함께 보다 정확하고 확장된 완성본을 만들 준비가 되어 있다.

무엇보다도 수십 세기에 걸쳐 '별난 물건'을 고안하고 이를 제작한 모든 미지의 장인들과 기술자들에게 무한한 존경을 보내며 감탄할 뿐이다. 아울러 이러한 물건들을 그저 흘려 버리지 않고 지대한 관심과 애정으로 연구하고 탐구한 연구자와 전문가들의 노고에도 깊은 경의를 표하고자 한다.

끝으로 이 책을 집필하면서 사진자료 수집에 상당한 시간과 수고가 필요했다. 실물 촬영, 인쇄매체, 사진, 영상물 등 다양한 정보원을 통해 사진을 수집하는 데 많은 시간을 할애하고 애를 써 준 오연수 조교에게 깊은 감사를 전하고 싶다. 아울러 무상으로 사진 사용을 흔쾌히 허락해주신 위키미디어, 국내·외의 유수한 박물관과 출판사, 단체, 전문가, 블로거 운영자님들께 이 자리를 빌어 심심한 사의를 표하고자 한다. 여러 정보원에서 입수한 150여 장의 사진 자료를 이 책에 적절히 탑재하는 작업 또한 많은 인내심과 노력을 요구했다. 어려운 작업을 기꺼이 맡아 주신 한국방송통신대학교 출판문화원에 다시 한 번 깊은 감사의 말씀을 전한다. 결국 이 책은 위에서 언급한 모든 분들의 공동작업의 결실인 셈이다.

차례

5장 건강과 예술 치료

6장 잊혀져 가는 발명품 vs. 새로운 발명품

7장 기상천외한 악기

8장 세상에서 단 하나뿐인 예술품과 경호원

1장

동서고금의 화장

화장은 수천 년간 인류의 생활 속에서 대표적인 문화 양
식으로 존재해 왔다. 강렬한 태양으로부터 피부를 보호하기
위해 인류 역사상 최초로 화장을 시작한 기원전 3000년경
고대 이집트인의 화장에서부터 신체의 단점을 보완하고 강
점을 더욱 두드러지게 하는 현대인의 화장까지…

01

가발 보관대 프랑스

오늘날 예술과 패션의 나라로 추앙받고 있는 프랑스가 예술과 패션의 본고장으로서 본격적으로 자리매김한 것은 17세기였다. 당시 프랑스의 루이 13세(1601~1643)가 다소간의 신체적 결함을 감추기 위해 사용했던 물건이 이후 수세기 동안 유럽의 복식문화사에 방점을 찍을 정도로 대유행이 될 줄은 그 누구도 예상하지 못했을 것이다. 안타깝게도 이십대 초반부터 탈모가 시작되어 너무나 젊은 나이에 대머리가 된 루이 13세는 국왕의 위엄을 유지하고, 또 바람기가 다분했던 왕비 앤의 사랑을 붙들고자 가발을 쓰기 시작했다. 왕이 가발을 쓰자 신하들도 하나둘씩 가발을 쓰기 시작했다. 이후 왕실과 귀족 남성들 사이에서 가발은 폭발적으로 유행했고, 루이 13세의 아들 루이 14세는 여기서 더 나아가 명실공히 가발 애호가가 되었다. 독자들은 화려한 궁정 의상과 함께 허리까지 늘어진 치렁치렁한 가발을 쓰고 있는 루이 14세의 초상화를 기억할 것이다.

당시 유럽의 패션 1번지였던 프랑스 궁정에서 가발이 유행하자 프랑스의 국경을 넘어 유럽 전역에 가발 광풍이 불었다.[1]

프랑스 귀족들이 멋을 부리고 하루가 멀게 새로운 패션을 만들어 냈던 것은 당시 귀족이나 신흥 부르주아의 소위 '보여 주기 문화(아파라 문화, culture d'apparat)'에서 비롯되었다. 유명 인사들을 집으로 초대하여 자신의 권력과 부 그리고 그에 걸맞은 세련된 취향을 한껏 과시하는 문화를 '아파라 문화'라 한다. 요컨대 저택을 아름답게 치장하고 얼마나 자주 성대한 연회를 여느냐에 따라 집주인의 사회적·경제

적 지위를 가늠할 수 있었던 것이다.[2]

'아파라 문화'에 힘입어 17세기 프랑스 왕가와 귀족들에게 외모는 매우 중요한 경쟁력이 되었다. 따라서 그들은 멋을 부리기 위해 패션과 화장은 기본이었고 머리 장식에도 무척이나 공을 들였다. 당시 가발은 유럽 멋쟁이들의 필수 품목이었으며, 남성도 탐스러운 곱슬머리 가발을 치렁치렁 어깨 아래까지 늘어뜨리고 다녔다. 그것도 모자라 가발에 하얗게 분칠을 했고, 여성용 가발에는 꽃, 과일, 새, 리본 등의 액세서리로 장식을 했다.

프랑스에서 17세기 무렵부터 유행했던 가발 문화가 18세기에 이르러서는 다소 주춤해졌다. 이 시기의 여성은 거추장스럽고 과장된 가발의 유행에 싫증을 내고 자신의 모발을 활용하여 자연스러운 헤어스타일을 연출했기 때문이다. 하지만 탈모증이 있거나 이미 대머리가 된 남성 귀족들은 여전히 가발에 애착을 가질 수밖에 없었다.[3] 예로부터 남자에게 털은 남성의 힘의 상징이자 자존심이라 하지 않았던가. 밤이 되어 가발을 벗은 후 그들은 가발의 원형을 유지하기 위해 두상을 본뜬 가발 보관대에 가발을 씌우고 이를 신주단지 모시듯 했다. 마치 남자의 자존심에 털끝만 한 흠집도 허용할 수 없다는 듯 말이다.

앞의 사진 속 도자기 가발 보관대를 자세히 살펴보면 다분히 동양적이다. 당시 중국 도자기를 모방한 우윳빛 백자와 그 위에 새겨진 채색 무늬는 영락없이 중국의 도자기를 연상하게 한다. 중국 도자기에 단골로 등장했던 화초 문양과 모란꽃이 그 방증이다. 이 도자기 보관대는 1700년경에 생장뒤데제르(Saint Jean-du-Désert)라는 최고의 기술을 자랑하는 도자기 공방에서 빚은 것이지만, 중국의 도자기를 흉내 낸 것이 틀림없다. 당시 유럽에는 머나먼 동양의 문화가 소개되었고 장인들이나 예술가들은 중국의 도자기를 비롯한 동양풍의 이국적인 물건들에서 많은 영감을 얻었기 때문이다.[4]

오늘날에는 인터넷 덕분에 한 나라의 유행이 전 세계로 번지는 데 채 하루도 걸리지 않는다지만, 당시 프랑스의 가발 유행은 50km에

영국에서 여성의 가채를
풍자한 만화(1771)

불과한 영불해협을 건너 영국까지 진출하는 데 100여 년의 세월이 필
요했다. 18세기 말 영국의 찰스 2세도 마침내 치렁치렁한 가발 문화
를 궁정에 도입했다.[5] 이후 영국의 소위 있는 집안의 젊은 여성들 사
이에서 가발은 급속도로 유행을 탔다. 급기야 영국의 멋쟁이들은 남
녀를 불문하고 너도나도 앞다퉈 거대한 가채를 기꺼이 이고 다녔다.
이와 같은 우스꽝스럽고도 분별없는 유행에 화가 난 풍자 만화가들은
위와 같은 만화를 그려 영국 여성들에게 경종을 울렸다고 한다.[6]

　우리에게 친숙한 음악가 헨델과 바흐가 썼던 곱슬곱슬하고 탐스러
운 가발과 오늘날까지 영국의 법조인들이 쓰는 가발 모두 프랑스의
가발 문화에서 비롯된 유행의 잔재이다.

02

이마의 점(빈디) _{인도}

사진과 같이 인도 여성의 미간에 찍는 붉은 점을 힌두어로 빈디 (bindi)라 한다. 이 빈디만 보아도 인도 여성임을 알 수 있을 정 도로 인도 여성의 아이콘으로 잘 알려져 있다. 붉은색의 빈디를 찍은 인도 여성들의 얼굴은 거므스름한 피부와 대조되어 강렬하고 신비스 러운 인상을 준다. 그런데 인도 여성들은 왜 빈디를 찍고 다니는 것 일까.

빈디는 문화적·종교적 관점에서 다양한 의미를 함축하고 있는데, 빈디를 찍는 이유를 세 가지만 소개하면 다음과 같다.

첫째, 인도에서 전통적으로 빈디를 부착한 여성은 기혼을 의미했 다. 이 빈디의 기원은 인도판 그리스 신화라 할 수 있는 고전 '마하바 라타'(기원전 4세기)까지 거슬러 올라간다. 이 시기 여성의 빈디 부착 전통은 인도 특유의 남존여비 사상을 대변하는 것으로, '나 임자 있어 요'라는 의미라고 한다. 반면, 미간에 아무것도 붙이지 않거나 특별한 의미가 없는 검은색 빈디를 부착한 여성은 미혼이거나 과부라는 것을 의미했다. 빈디가 붉은색인 이유는 동물과 사람의 피가 붉은색이기 때문이다. 신에게 동물을 제물로 바치는 것은 당시 일상적인 의례였 고, 제물로 희생된 동물의 피를 여신과 여신의 숭배자들의 몸에 바른 데서 빈디의 붉은색이 유래되었다. 현재 대부분의 북인도 지방에서는 붉은색 빈디가 여전히 기혼 여성의 징표이지만, 남인도 지방에서는 결혼 여부와 상관없이 모든 여성이 하나의 패션 아이템으로 빈디를 찍고 다닌다.[7] 지역에 따라 빈디의 의미도 달라진 것이다.

그런데 이러한 빈디의 기원과 관련하여 몇몇 인류학자들은 다음과 같은 부정적인 시각을 견지하고 있다. 인도에서 전통적으로 기혼 여성만이 빈디를 부착할 수 있었던 것은 결국 '아기를 낳을 수 있는 여성'임을 표시하려 했던 것이다. 이 관습은 가축의 주인이 자신의 소유물임을 표시하기 위해 가축에 낙인을 찍어 두는 것과 다를 바 없다는 것이다. 요컨대 빈디는 아내가 남편에게 종속되어 있다는 공공연한 징표라는 것이다. 이러한 연유로 오늘날 인도의 많은 페미니스트들은 의식적으로 빈디의 전통을 거부하고 있다.

둘째, 힌두교, 불교, 자이나교 관점에서의 의미이다. 빈디라는 말은 고대 인도의 산스크리트어 '빈두(bindu)'에서 파생했는데, 빈두는 '물방울' 또는 '점'을 의미했다. 세 종교에 따르면, 미간은 숨겨진 지혜의 자리로 눈에 보이지 않는 제3의 눈이다. 인간의 신체에는 기가 모이는 중요한 7개의 차크라(chakra, 산스크리트어로 바퀴 또는 원반의 의미)가 있는데, 미간은 여섯 번째 차크라이다. 이 지점을 산스크리트어로 '아즈나 차크라(ājñā-chakra)'라고 하며, 물질적 혹은 정신의학적 견지에서 명확하게 규명될 수 없는 인간 정신의 중심부를 지칭한다. 바로 생명 에너지가 집중되는 이 지점에 붉은 점을 찍음으로써 종교적 수련에 집중하려는 것이다.[8]

셋째, 힌두교의 의식에서 비롯된 의미이다. 힌두교에서 종교 의식을 거행할 때, 소망이 이루어지고 복을 받으라는 의미에서 승려가 엄지손가락에 붉은색 액체를 묻혀 신자들의 이마에 발라 주었다. 결국 이들이 빈디를 찍는 이유는 행운을 얻으려는 간절한 소망이나 염원의 표시라고 할 수 있다. 샤머니즘 문화권에서는 잡귀가 싫어하는 붉은색을 바름으로써 악귀를 피해 갈 수 있다는 생각이 보편화되어 있다. 따라서 광범위하게 보자면, 인도의 빈디나 우리나라의 연지곤지가 샤머니즘적인 전통에서 비롯되었다고 할 수 있다. 붉은색의 빈디나 연지를 바르거나 붙임으로써 악귀로부터 보호하려는 조상들의 강렬한 염원인 것이다. 그런데 전통적으로 사람들은 악귀가 왜 붉은색을 싫어한다고 생각했을까? 여기에는 유력한 두 가지 설이 있다. 하나는 붉은색이 인간과 동물의 피를 상징하기 때문이라는 것이다. 이 세상에서 생명체의 피만큼 더 강렬한 색이 있으랴. 또 다른 하나는 붉은색이 양기(陽氣)를 상징한다는 설이다. 귀신은 음(陰)에 속하고 주로 밤에 활동하며, 밝은 것, 낮, 불 등을 싫어한다고 여겼기 때문이다.

빈디는 처음에는 동물의 피에서, 심황으로 만든 꿈꿈가루로, 이후에는 액체 형태, 최근에는 주얼리와 다양한 스티커 형태로 편리하게 변모해 왔다. 빈디의 소재와 함께 그 형태 또한 진보하여 오늘날에는 별, 달 모양 등과 같이 다양한 모양의 빈디가 사용되고 있다. 인도를 비롯한 스리랑카, 파카스탄 등의 주변국에서는 모든 여성이 전통의상뿐만 아니라 현대적인 의상에 맞춰 빈디를 찍음으로써 패션을 완성시킨다. 최근에는 줄리아 로버츠, 그웬 스테파니, 마돈나 등 할리우드의 유명 배우와 가수가 이마에 빈디를 붙여 강렬한 이미지와 개성을 연출하기도 했다. 어디 그뿐인가. 멋을 부리기 위해 빈디를 부착하는 남성도 있다. 어쨌든 '기혼 여성'을 의미했던 빈디라는 전통적 상징물이 현대에서는 '여성의 미를 강조'하는 패션의 아이콘으로 거듭났다고 할 수 있다. 빈디를 통해 시대의 변화에 따라 상징물의 의미가 진화될 수 있다는 점이 흥미롭다.

03

가짜 애교점 _{프랑스}

마릴린 먼로를 떠올리면 생각나는 것은 금발, 살짝 벌어진 입술, 그리고 입 주변의 점이다. 바로 이 조그마한 점이 그녀의 은근한 매력 포인트로 화룡점정! 그런데 흥미로운 것은 이 점이 자연산이 아니라 가짜로 붙인 소위 '애교점'이라는 것이다.

애교점의 유래 또한 유럽의 멋의 발원지인 17세기 프랑스로 거슬러 올라간다. 한때 전염병의 제왕이라고도 불렸던 천연두로 얽은 자국을 살짝 감출 목적으로 여성들이 검은 비단을 동그랗게 오려서 흉터 위에 붙인 것이 애교점의 유래가 된 것이다. 그런데 얼굴에 까만 점을 붙임으로써 뜻밖에 피부가 더 뽀얗게 보이는 반사효과를 얻자 1796년 천연두 백신이 발명된 이후에도 멋을 내려는 여성들 사이에서 대유행이 되었다.[9] 새하얗게 분을 바른 얼굴에 새카만 점 하나를 콕 붙이니 마치 얼굴에 파리가 앉은 듯하다 하여, 이 애교점을 프랑스어로 '무슈(mouche, 파리)'라고 불렀다.

사진 속의 젊은 여인은 오른손에 작은 애교점 함을 들고 왼손으로는 검은색 천 조각을 얼굴에 붙이는 중인데, 이것이 바로 17~18세기 프랑스 여성들 사이에서 유행이었던 '애교점'을 붙이는 화장법이다. 패션의 완성은 액세서리라고 하지 않던가. 18세기 바로크 시대 프랑스 여인들은 마지막에 애교점을 붙이는 것으로 몇 시간씩 공들인 화장을 마무리했다. 애교점은 여인의 취향이나 그날의 기분에 따라 골라붙일 수 있도록 오늘날의 미용 스티커와 비슷한 별, 달, 새, 꽃, 하트 모양 등 그 모양과 크기가 다양했고 소재는 주로 검정 벨벳이나 실크

였다. 이 애교점 뒷면에는 고무가 붙어 있어 얼굴에 쉽게 부착할 수 있었다.

화장은 이탈리아를 중심으로 르네상스 시대 문예부흥기에 크게 발달했다.[10] 특히 17세기 바로크 시대 화장은 당시 연극의 성행에 힘입어 무대화장과 같은 과장된 형태로 발전했고, 18세기 로코코 시대에는 남녀를 불문하고 '여성적인 화장'을 하는 것이 유행이었다. 1600년대 말에 탄생한 애교점은 1900년대까지 유행이 지속되었다. 한 가지 흥미로운 사실은 여인이 애교점을 찍는 순간, 곁에서 지켜보던 남성들이 가슴을 한껏 졸였다는 것이다. 애교점을 통해 여인은 주변의 남성들에게 자신의 속내를 은밀히 내비칠 수 있었기 때문이다. 애교점

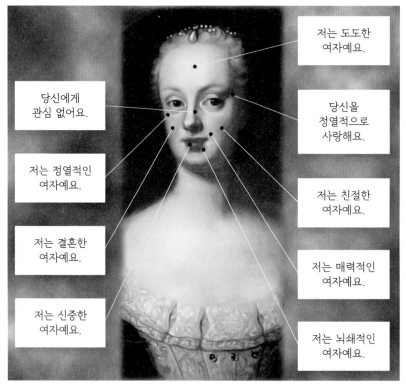

저는 도도한 여자예요.

당신에게 관심 없어요.

당신을 정열적으로 사랑해요.

저는 정열적인 여자예요.

저는 친절한 여자예요.

저는 결혼한 여자예요.

저는 매력적인 여자예요.

저는 신중한 여자예요.

저는 뇌쇄적인 여자예요.

부위에 따른 애교점의 의미[11]

이 여인의 내밀한 의사소통의 도구로까지 발전하게 된 것이다. 여성이 애교점을 어느 부위에 붙이느냐에 따라 각각의 명칭을 갖게 되었을 뿐만 아니라 그 의미도 달랐다. 점 하나에 '남'이 되고 '님'이 된다더니, 점을 어느 부위에 붙이느냐에 따라 이렇게 많은 의미가 숨어 있을 줄이야.

베르디의 오페라 〈리골레토〉에서 여자의 마음은 갈대와 같다고 하지 않던가. 남자에 대한 마음이 오락가락했던 여자들은 애교점을 얼굴 여기저기에 붙이기도 했다. 그러니 당시 남자들이 열 길 물속은 훤해도 여자들의 한 길 속내를 짐작하기란 꽤나 어려웠을 것이다.

이와 같이 애교점이 광적으로 유행을 탈 수 있었던 것은 다음과 같은 역사적·문화적 배경 덕분이다. 16~17세기 프랑스에서 의복이란 사회적 신분을 겉으로 드러낼 수 있는 가장 쉬운 도구였다. 하지만 18세기 중후반에 접어들어 신흥 부르주아 계층이 급부상하고 소비문화의 전면에 등장하면서, 사치스러운 의상을 구입하는 것이 왕족과 귀족의 전유물이 아닌, 돈이 있는 사람이면 누구나 입을 수 있는 선택의 개념으로 전환되었다. 이러한 상황에서 귀족 부인들이 자신이 귀족임을 드러낼 수 있는 확실한 방법은 베르사유 궁전에서 인기 있는 최첨단 유행에 정통하고, 그에 맞는 의상과 소품을 갖추어 자신이 베르사유 궁전에서 열리는 파티에 초대받을 수 있는 신분임을 알리는 것뿐이었다.[12] 일단 애교점이 궁중에서 최첨단 유행의 아이템으로 떠오르자, 귀족과 부르주아 계층의 여인들이 광적으로 이 유행을 쫓게 된 것이다.

04

빵 드레스 프랑스

'**명**품 빵 드레스' 탄생!

패션계의 악동이라 불리는 장 폴 고티에(Jean Paul Gautier)가 일을 저질렀다. 그것도 아무나 감행할 수 없는 큰일을. 패션계의 이단아답게 '빵 드레스' 전시회를 연 것이다.

2004년 프랑스의 패션 디자이너 장 폴 고티에는 카르티에 현대미술재단(Foundation Cartier)의 창립 20주년을 기념하기 위한 기발한 전시회를 개최했다. 처음 카르티에 재단에서 패션쇼가 아닌 의상 전시회를 의뢰했을 때, 고티에는 잠시 망설였다. 의상을 마네킹에 입혀서 전시하는 것은 모델이 등장하는 일반 패션쇼에 비해 생명력과 생동감이 떨어질 것이라는 우려 때문이었다. 망설이던 중 유레카! 그는 전시회에 생동감을 불어넣을 수 있는 독특한 소재, 요컨대 생명의 양식인 빵을 소재로 한 드레스의 이미지가 섬광처럼 떠올랐던 것이다. 결국 괴짜 디자이너의 환상의 세계에서만 맴돌았던 이미지를 의상이라는 오브제로 형상화시킨 그로테스크한 예술작품 전시회가 열렸다. 장 폴 고티에와 빵이 빚어낸 전시회는 대성공을 거두었다.

사진에서 보는 바와 같이 전시장 풍경은 이렇다. 전시장에 들어서는 순간 구수한 빵 냄새는 어떤 향수보다도 감미롭게 느껴진다. 1층 넓은 홀에는 빵으로 구운 스무 벌 남짓의 드레스와 원피스, 다양한 액세서리가 진열되어 있다. 빵을 담는 바구니에서 영감을 받은 버들가지로 엮은 인체 모형에 바게트(baguette)나 미슈(miche), 시골에서 주로 먹는 바타르(batard) 등 프랑스를 대표하는 전통 빵들을 붙여 장식했다. 커다란 전시장의 통유리창에는 바게트들을 정성스레 엮은 이른바 빵 블라인드가 맛있게 드리워져 있다. 전시장 중앙을 차지하고 있는 빵으로 만든 인체 모형 역시 마치 신비한 인형극을 보는 느낌이다. 한편 지하 전시장에서는 제빵 명장들이 열심히 빵 옷을 반죽하고, 발효시키고, 재단하고 있는 중이다. 물, 소금, 밀가루, 베이킹 파우더 등으로 멋진 명품 빵 드레스와 액세서리를 입에 군침이 돌 정도로 맛있게 굽고 있다.[13] 눈앞의 광경이 꿈인지 현실인지.

이와 같은 의상들은 실제 입을 수는 없지만 눈과 후각을 마냥 즐겁게 하는 예술품으로서의 의상으로 승화되어 예술의 한 장르로 인정받고 있다. 이러한 종류의 의상의 조형적 특성을 강조하여 '패션 조각(Fashion Sculpture)' 또는 '조각 같은 의상(Sculpted Dress)'이라는 신조어가 생겨났고, 이 용어는 결국 패션의 예술적 측면이 강조된 모든 작품을 지칭하게 되었다.[14]

학문, 예술, 사업 등 여러 분야의 융합(consilience)이라는 21세기의 트렌드가 패션 분야에서도 예외가 아닌 듯하다. 패션도 의복의 범주를 넘어 다양한 장르의 시각적·지각적 예술 분야와 손을 잡는 콜라보와 다중예술을 발전시키고 있는 것이다. 고티에의 빵 드레스 기획은 현대 패션이 다양한 예술 장르를 넘어, 우리에게 친숙한 음식과 결합함으로써 표현적 특성의 저변을 넓힌 실험적인 시도의

빵 드레스

대표적인 예이다.

고티에는 현대의 세계적인 패션 디자이너로, 마린 룩과 란제리 룩은 그의 상징이자 트레이드 마크이다. 일반인들의 고정관념을 깬 혁신적이며 전위적인 패션의 선구자라는 의미에서 공히 '패션계의 악동'이라 불릴 만하다.

엉뚱한 빵 드레스 발상에 대한 고티에의 변(辯)이다.

> "빵은 귀한 음식이지만 패션에서는 아름답고 독특한 소재가
> 됩니다. 이 전시의 중요한 관전 포인트는 제빵 명장들이 소
> 재를 재단하고 굽는 과정에서 생기는 예측 불가한, 빵만의
> 고유한 예술적 발효 효과입니다."

사진 속의 명품 빵 드레스는 도저히 옷감으로는 표현할 수 없는 맛과 멋을 낼 수 있다. 여성의 환상적인 가슴 선과 드레스의 볼륨감은 빵이 아닌 다른 어떤 소재로는 재현할 수 없을 것 같은 충만감과 동시에 포만감을 채워 준다. 그러나 정작 드레스의 빵을 먹기에는 너무 아깝지 않을까.

의상을 예술과 음식 등의 다양한 소재와 접목시키려는 다소 낯설고 아방가르드적인 시도에 대해 의상학자 허정선은 그 의의를 다음과 같이 긍정적으로 풀이하고 있다.

첫째, 기존의 고정관념과 관습적인 편견을 해체할 수 있는 새로운 의상 언어를 찾고자 한 실험적이고 도전적인 정신이 투영된 것이다. 둘째, 포스트모더니즘과 해체주의적 사유를 배경으로 의상의 다중성과 다원화 경향은 현대사회와 구성원들의 복잡성 및 복합성을 은유적으로 잘 표현한 것이다.[15]

그러나 상궤를 벗어나 앞서가는 것에 대해 열광하는 자도 있으나, 음식 가지고 장난하느냐는 곱지 않은 시선도 있다.

2장

음식 과학

모든 행복의 시작과 뿌리는 식욕의 즐거움이다. 심지어 지혜와 문화까지도 이것으로 귀착된다.[1]

– 에피쿠로스

05

독을 탐지하는 상아 _{프랑스}

16세기 프랑스에서는 음식에 독을 타서 정적을 죽이는 것이 다반사였던 터라 왕족과 귀족들은 식사 전에 음료나 음식에 상아 조각을 넣어서 독극물의 존재 여부를 살폈다. 만약 음식에 독이 있으면 독이 묻은 상아는 거품을 내며 지글지글 타다가 까맣게 변색된다. 일부 왕과 귀족들은 상아로 독을 검사하는 전문 시종을 두기도 했다.[2]

16세기 당시 사용되었던 독극물 확인용 상아 조각은 프랑스어로 'L'epreuve de la licorne'라 하는데, 글자 그대로 번역하면 '유니콘의 증언'이다. 다분히 문학적인 명칭이다. 이처럼 범상치 않은 이름 뒤에는 필시 예사롭지 않은 사연이 숨어 있을 것이다. 왜 상아가 독극물의 판관 노릇을 하게 되었을까. 왜 코끼리의 상아에 엉뚱한 '유니콘의 증언'이라는 이름이 붙은 것일까. 의미심장해 보이는 '유니콘의 증언'이라는 명칭을 단서로 답을 찾기 위해서는 먼저 이름의 주인공인 유니콘의 전설부터 알아보자.

유니콘(한자로는 一角獸)은 유라시아, 특히 인도에 많이 서식했다는 전설의 동물로, 수풀에서 야생마처럼 풀을 뜯어먹으며 수명은 대략 40~60년이라고 한다. 유니콘에 관한 가장 오래된 기록은 기원전의 메소포타미아 회화 예술로 거슬러 올라간다. 이후 유니콘의 모습은 인도의 고대 신화에도 등장했으며, 점차 동남아시아와 중국에까지 퍼져 나갔다. 그로부터 시간이 상당히 흐른 중세 유럽에서는 사슴, 소, 코뿔소 등 뿔을 가진 동물을 주제로 삼은 많은 그림이 발견되었다. 그러한 그림들에서 유니콘은 몸통이 말과 비슷하고, 머리는 사슴과 비슷하며, 발은 코끼리를 닮았고, 꼬리는 멧돼지와 유사한 형상으로 묘사되었다. 그리고 털은 순백색, 머리는 자줏빛, 눈동자는 푸른색이었다. 그런데 신비롭게도 이마 한가운데에 난 하나의 뿔 때문에 유니콘이라는 이름으로 불리게 된다. 날카로운 뿔의 길이는 대략 40~50cm이며 이마 쪽의 맨 아래 부분은 흰색, 중간 부분은 검은색, 끝 부분은 붉은색이다.[3] 유니콘의 전설적인 힘은 삼손의 치렁치렁한 머리카락처럼 바로 이 뿔에서 나온다고 한다. 그렇지만 유니콘의 뿔은 유니콘의 사후에도 마법과 같은 영험이 남아 있다는 점에서 삼손의 경우와 차이가 난다. 그래서 적을 만나면 뿔을 칼처럼 자유자재로 휘둘러 적의 갑옷이나 방패 따위는 쉽게 뚫어 버린다. 그뿐만 아니라 신령이 깃든 이 뿔에는 생명체의 불치병을 치유하고 해독시키는 능력이 있다고 전해졌다. 그러한 전설로 인해 영국과 스코틀랜드를 병합한 제임스 1세 시절부터 사자와 유니콘이 합쳐진 모습이 대영제국을 상징하는 왕실의 문장으로 사용되었다.

이러한 전설이 퍼지자 중세 유럽에서는 유니콘의 뿔을 해독제나 간질의 묘약으로 여겨 그 뿔로 만든 잔으로 물을 마시면 간질과 위장병이 나았다고 한다. 심지어 우물이 뱀의 독으로 오염되었을 때 유니콘의 뿔로 한 번만 휘저어도 그 물이 정화된다고 믿었다. 이 때문에 당시 왕족들은 유니콘의 뿔로 만든 잔을 독살 방지용으로도 사용했다.

유니콘은 본래 사나운 동물이지만 순수한 영혼을 지닌 처녀 앞에서는 잠시나마 사나운 본성이 사라지고 금세 유순해진다.[4] 이와 같은 성질 때문에 유니콘은 치유와 순수의 아이콘으로 간주되었다. 이 밖에도 중세시대 이후 인간이 유니콘의 신력에 의존하고 신봉했던 일화는 수없이 많다.

"1533년 교황 클레망 7세는 질녀의 결혼식을 기념하여 프랑수아 1세에게 금띠가 둘러진 약 100m 길이의 커다란 유니콘의 뿔을 선사하였다. 이후 프랑수아 1세는 이 뿔을 가루로 만들어 주머니에 넣고 다녔는데, 이 주머니 없이는 한 발짝도 움직이려 들지 않았다."

"십자군 전쟁 때는 마을과 마을 사람들을 독으로부터 지키기 위해 유니콘의 뿔을 마을의 우물에 던졌다."[5]

이러한 강력한 전설에 힘입어 한낱 가상의 동물인 유니콘의 뿔 대신 현실 세계에서는 코끼리의 엄니인 상아가 대체물로 사용되었다. 꿩 대신 닭이랄까. 여기서 포인트는 가상과 현실 세계의 경계가 허물어지면서 허공에 떠돌던 가상의 이야기가 지상으로 내려와 소위 증강현실을 만들어 냈다는 점이다. 아울러 현실 세계에서는 가상의 상징물과 최대한 유사한 대체물이 진품으로 통용되었다. 당시 상아 중에서 최상품으로 간주되었던 코끼리의 상아를 구하지 못한 경우에는 코뿔소나 고래의 뼈가 유니콘의 뿔로 둔갑하기도 했다.

결국 유니콘의 뿔은 진품 명품, 코끼리의 상아는 대체 명품, 그 밖의 코뿔소와 고래의 그것들은 유사품인 셈이다.

치유와 순수의 상징 유니콘

달걀 연숙 시간을 알리는 종 <small>벨기에</small>

사진 속의 물건은 누구나 다 아는 모래시계이다. 그런데도 별난 물건의 대열에 낄 수 있게 된 것은 바로 모래시계의 아래쪽에 달린 둥근 모양의 벨 때문이다. 사진의 모래시계는 19세기 벨기에에서 달걀을 연숙(soft boiled)으로 삶기 위한 목적으로 제작된 것이다. 그래서 이 물건은 '에그타이머(egg timer)'라 불린다.

에그타이머를 발명하여 사용할 만큼 달걀은 인류가 가장 많이 섭취해 왔고 앞으로도 그러할 인류 최고의 애호 식품 중 하나라 할 수 있다. 달걀이 없는 세상은 상상하기 어려울 정도이다. 지구상의 인류는 그 역사가 시작된 태곳적부터 달걀을 먹기 시작했다고 한다. 달걀은 지구 어느 곳에서나 쉽게 얻을 수 있을 뿐만 아니라 조리법 또한 쉽고 다양하기 때문이다.[6] 게다가 달걀은 예로부터 필수아미노산 함량이 가장 이상적인 완전식품으로 알려져 있지 않던가. 고대 그리스의 의학자 히포크라테스도 회복기의 환자에게 초란이 좋다고 권장했을 정도니까.[7]

달걀의 조리법은 다양하지만 가장 간단한 조리법은 누구나 알다시피 달걀을 껍질째 삶아서 먹는 것이다. 그런데 사진 속의 에그타이머는 어떻게 사용하는 것일까.

아날로그 에그타이머 사용 설명서

♣ 끓기 시작한 물에 달걀을 넣고 모래시계를 위로 올려 장착한다.

♣ 달걀이 연숙으로 익을 때까지 일정 시간이 경과하면 모래시계의 허리 아래쪽 병이 자동으로 밑으로 떨어진다. 무게를 받은 아래쪽 병이 아래로 떨어지면서 모래시계 밑에 설치된 원형 금속 종을 쳐서 연숙이 종료되었음을 알리는 것이다.

이 모래시계는 일정 시간이 경과하면 종료를 알리는 소리를 내게 함으로써, 옆에서 지켜보아야 시간을 알 수 있는 모래시계의 단점을 보완한 보다 진보된 발명품이다. 모래시계가 발명된 연원은 정확하지 않지만 10~11세기경 유럽에서 교사가 학교에서 학생들을 가르칠 때 사용할 목적으로 제작했다고 한다.[8] 당시는 오늘날과 같은 시계가 아직 발명되지 않아 모래시계를 보면서 시간을 측정하려 했던 것이다. 이후 14세기경부터 모래시계가 유럽 전역에서 다양한 목적으로 폭넓게 사용되었다.

일반적으로 서양의 에그타이머는 3분으로 맞춰져 있다. 겨우 3분으로는 달걀이 설익을 듯한데…. 이는 서양의 에그타이머는 물이 끓기 시작한 시점부터 작동시키기 때문에 가능한 것이다. 3분은 달걀 1개를 연숙으로 삶는 데 소요되는 시간이다. 물이 끓기 시작해 3~4분 후 흰자는 완전히 익고 노른자는 가장자리만 살짝 익고 가운데 부분은 흐물흐물 흘러내릴 정도의 연숙이 된다. 일반적으로 반숙이나 완숙을 선호하는 우리나라 사람들과 달리 유럽 사람들은 이러한 연숙 상태의 달걀을 선호한다는 점에 주목하자. 바로 이 부분이 유럽인들과 우리나라 사람들의 달걀에 대한 기호의 차이가 드러나는 지점이다. 그들은 연숙 상태의 달걀을 달걀 받침대에 올려놓고 달걀 윗부분의 껍데기를 포크로 톡톡 쳐서 떼어낸 뒤 흐물거리는 노른자에 빵을 찍어먹는 것을 즐긴다. 식품영양학의 연구에 따르면, 연숙된 달걀이 소화에는 최적의 상태라고 한다. 따라서 에그타이머는 간단한 도구임에도 소화 흡수에 최적화된 매우 과학적인 발명품이라 해도 무리는 아닐 듯하다. 최근 한 온라인 쇼핑몰의 통계에 따르면, 에그타이머는 타이머 중에서 세 번째로 잘 팔리는 품목이란다.[9]

현대의 에그타이머

모래시계를 활용한 19세기의 아날로그 에그타이머가 최근에는 보다 현대적인 센서 방식으로 진보했다. 옆의 사진은 요즘 온라인에서 가장 많이 팔리는 에그타이머 중 하나라고 한다.

현대의 디지털 에그타이머는 센서 방식이다. 이 에그타이머 또한 제대로 활용하기 위해서는 간단한 사용 설명서가 필요하다.

센서방식의 에그타이머 사용 설명서

♣ 에그타이머를 달걀과 함께 끓는 물에 넣는다.
♣ 달걀이 연숙(soft), 반숙(medium), 완숙(hard boiled)됨에 따라 에그타이머 센서의 가장자리부터 단계적으로 검정색으로 변하므로, 달걀을 냄비에 넣고 삶다가 에그타이머의 가장자리 색을 보면서 기호에 따라 적당한 때에 꺼낸다.

1세기 후 이 물건은 또 어떤 모습으로 진화해 있을까. 가사 도우미용 로봇의 손 끝에 달린 레이저 한 방으로 간단하게 연숙, 반숙, 완숙을 해결할 수 있을지도 모른다.

07

이슬람의 할랄푸드 인증 마크 _{말레이시아}

무슬림이 술과 돼지고기를 먹지 않는다는 것은 누구나 알고 있
다. 하지만 그들의 '할랄(Halal)'이라는 음식문화를 잘 모르면
외교나 국제행사의 의전에서 큰 결례를 범할 수 있다. 코란의 율법에
따라 무슬림들은 할랄식품을 먹고 할랄용품을 사용해야 하기 때문이
다. '할랄'이란 아랍어로 '신이 허용한 것'이라는 의미로, 이슬람교 율
법에 따라 신자들이 먹을 수 있는 식품 및 의약품, 화장품 등을 총칭한
다. 사진의 할랄푸드 인증 마크 한가운데에 아랍어로 할랄이라 쓰여
있는 것을 볼 수 있다. 그렇다면 할랄식품으로 인정받을 수 있는 기준
과 그 이유는 무엇일까. '할랄'은 특히 육류에 엄격하게 적용된다. '할
랄'의 핵심 기준은 이슬람의 전통적 도축법인 다음과 같은 다비하
(Dhabihah) 방식으로 돼지를 제외한 초식동물을 도축해야 한다는 것
이다.

> 무슬림 도축인은 도살할 가축의 머리를 메카에 있는 카바 신전 쪽으로
> 향하게 하고, '비스밀라 이르라흐만 이르라힘(자비롭고 자애로우신 알라
> 의 이름으로)'과 '알라후 아크바르(allahu akbar, 알라는 위대하시도다)'를
> 외치며 살아 있는 가축의 목, 식도와 정맥을 단숨에 끊어야 한다.[10]

요컨대 다비하 도축법은 동물을 도살할 때 가능한 한 동물의 고통
을 최소화하려는 생명체에 대한 종교적인 배려인 것이다.

그런데 굳이 다비하 방식으로 도살한 동물의 고기가 아니더라도 이슬람교 율법상 하자가 없는 음식은 모두 할랄 식품으로 간주된다. 역으로 말하자면 이슬람교에서 금지된 음식, 요컨대 하람(Haram) 음식만 피하면 된다. 결국 무슬림에게 허용된 음식은 공식적으로 할랄 인증을 받았거나 하람 음식을 제외한 모든 음식으로 확장된다. 그렇다면 어떤 음식이 하람 음식일까.

하람 음식은 돼지고기와 그 부산물, 발굽이 갈라지지 않은 네 발 짐승, 송곳니가 날카로운 육식동물, 때려잡거나 목 졸라 죽인 짐승, 높은 곳에서 떨어뜨려 죽인 짐승, 다른 야생동물이 먹다 남긴 고기, 서로 싸우다 죽은 짐승, 점을 치기 위해 잡은 짐승, 죽은 짐승, 피, 독수리·매·송골매·솔개 등의 조류, 파충류, 곤충류, 먹을 수 있도록 규정한 동물 중 하나님의 이름으로 도축하지 않은 고기, 술을 포함한 알코올 음료, 할랄·하람을 구분하기 어려운 식품을 지칭한다.[11] 이와 같은 하람 음식은 종교적 관점에서 좋은 음식이 아니기 때문에 금지되고 있다.

그런데 알라신은 왜 유독 돼지고기를 금지시켰을까. 그 이유에 대해서는 학자들에 따라 다양한 설이 있다. 예컨대, 돼지고기에 있는 여러 가지 병원균과 선충이 인간의 몸에 해롭다든지, 돼지의 게으른 습성 때문이라든지, 현실적으로 돼지고기는 사막 기후에 부패하기 쉬워 식용으로 적절하지 않고 돼지 또한 건조한 초원에서 기르기에는 부적합한 동물이라는 등의 이유가 그것이다.[12] 그러나 이슬람교 신학자들은 코란에서 알라신이 돼지고기를 금했기 때문에 먹지 않는 것이며, 그 이유는 알라신만이 알고 있다고 한다.[13]

할랄 인증과 관련하여 전 세계적으로 200여 개의 인증기관이 있는데, 그중 말레이시아 이슬람개발부(JAKIM)가 가장 공신력 있는 할랄 인증기관으로 꼽히고 있다.[14] 할랄 인증기준은 인증기관에 따라 다소 상이한데, 상이한 기준 중에서도 공통적인 할랄 인증기준은 다음과 같다.

♣ 돼지고기는 절대 허용되지 않고, 반드시 다비하 방식으로 도축된 육류이어야 함.

♣ 가공식품의 경우 모든 제조 공정에서 돼지고기와 알코올 성분을 철저히 배제시켜야 함. 부득이 알코올을 첨가해야 하는 경우에는 0.5% 이내로 제한함.

♣ 옥수수, 감자, 대두 등은 유전자조작을 하지 않았다는 인증서를 첨부해야 함.

♣ 동물성 원료와 이슬람교 율법에 위배되는 재료를 사용하거나 공정을 하지 않았다는 인증서를 제출해야 함.[15]

현재 할랄 인증을 받은 식품은 일반적으로 커리, 과일, 채소, 닭고기가 주를 이룬다. 그런데 할랄로 인정받기 위해서는 통상 위생검사를 겸하기 때문에 이 인증 마크가 붙어 있는 제품들은 품질이 좋고 위생적이어서 결국 웰빙식품이 될 수밖에 없다. 따라서 세계 인구의 1/4을 차지하는 약 15억 명의 무슬림은 물론 비신자들도 건강한 음식을 섭취하기 위해 할랄푸드를 찾고 있다.

일찌감치 할랄푸드 업계에 진출한 코카콜라나 네슬레 등의 글로벌 식품기업들은 현재 전 세계 할랄푸드 시장의 80%를 장악하고 있다. 미국을 비롯한 서구 기독교 국가들이 '이슬라모포비아(이슬람 혐오증)'를 조성하는 사이에, 종교적인 문화 코드를 활용하여 발 빠르게 식품 사업의 블루오션으로까지 끌어올린 그들의 예리한 사업적 촉에 감탄할 따름이다. 향후 할랄푸드 시장의 경쟁은 국내·외적으로 더욱 치열해질 전망이다.

3장

상상 초월 공간

모든 예술 형태와 마찬가지로 건축은 문화의 다른 측면들과 복잡하게 맞물려 있다. 건축은 젠더, 연령, 종족 차이뿐만 아니라 사회적 등급과 계급 차이를 반영 및 유지할 수 있다. 가옥과 빌딩의 실내장식과 정원 같은 실외 디자인을 포함하는 장식예술도 마찬가지로 사람들의 사회적 지위와 '기호'를 반영한다.[1]

– 바바라 밀러

08

이동 감옥 몽골

황량한 초원을 배경으로 궤짝 안에 한 여인이 들어 있다. 심신이 피폐해 보이는 여인은 괴로운 듯 눈을 질끈 감고 힘껏 자물쇠를 잡아당기고 있다. 궤짝은 너무 작아서 똑바로 앉기도 눕기도 어려워 보인다. 이 나무 상자의 정체는 무엇인가.

사진은 프랑스의 사진작가 스테판 파세(Stéphane Passet)가 1913년 몽골을 방문했을 때 찍은 것으로, 1922년 미국의 다큐멘터리 잡지 『내셔널지오그래픽』 제41권에 실렸다. 사진에는 '아사형(餓死刑)을 당하는 몽골 여인(Mongolian woman condemmed to die of starvation)'이라는 설명이 붙어 있다.

그런데 이 궤짝의 용도에 대해 북방고고학자 강인욱의 설명은 이렇다.

"우리나라에서도 사도세자가 뒤주에 갇혀 처형을 받았는데, 원래 이런 처벌법은 유목민들의 고유 풍습이다. 평생을 유목하며 떠돌다 보니 우리가 생각하는 감옥 시설이 있을 리 없고 북방 민족들은 뒤주같이 생긴 나무 상자를 '이동형 감옥'으로 사용했다. 스테판 파세의 설명과 달리 목곽 감옥 주변에 음식 그릇이 놓인 것으로 보아 죄수를 굶겨 죽이기보다는 가두는 역할을 했던 것 같다. 이 시기에 몽골에서 쓰인 일반적인 뒤주는 낙타의 등짐에 싣기 좋게 정사각형으로 만들었다. 사진의 구멍 뚫린 목곽은 사람을 가두기 위해 일부러 만든 것 같다."[2]

일설에는 몽골에서 간음한 여성을 이와 같은 뒤주 감옥에 가두어 처벌했다고 하지만, 이 뒤주는 유목민의 생활양식에 따른 몽골식 이동 감옥으로 간주되고 있다. 몽골인들은 고대부터 현재까지 중앙아시아의 광활한 초지를 이동하며 유목생활을 하고 있다. 그만큼 유목생활은 몽골인들의 삶의 보편적인 형태이자 정치, 경제, 문화, 풍습 전반을 지배하는 생활방식이기도 하다.[3]

굶겨 죽이는 형벌은 과거의 로마나 중국에도 있었다고 하지만, 감옥보다 비좁은 목곽에 감금하는 이러한 형벌은 전례 없는 독특한 형벌 방법이다. 사진의 이동 감옥으로 쓰이는 뒤주의 한쪽에 작은 구멍을 뚫어 죄수들이 그나마 바깥 공기를 쐬게 하고 음식도 제공하려 했던 것 같다. 당시 궤짝 안에 가두는 형벌은 도둑질이나 살인 등을 저지른 중범죄자에게 가해진 형벌이다. 이보다 가벼운 죄를 저지른 범죄자들은 몽골인들의 이동 가옥인 게르 안에 묶어 두는 정도의 형벌을 가했다고 한다.[4]

그런데 몽골에서는 언제부터 '뒤주 감옥'이 사용되었을까. 그 답은

17~19세기 몽골에서 죄수를 가두어 놓았던 목곽

현재 몽골 울란바토르 국립역사박물관 민속관에 전시되어 있는 커다란 직사각형 목곽 한 점에서 찾을 수 있다(p. 50 사진).

전시물이 너무 커서 그런지 진열관에 보관하는 대신 그냥 바닥에 전시되어 있다. 이 전시물에는 죄수를 가두어 놓는 목곽(wooden chest holding a prisoner, 17~19세기)이라는 간단한 설명뿐 다른 설명은 찾아볼 수 없다. 이 목곽은 스테판 파세가 찍은 뒤주보다는 커서 옹색한 대로 똑바로 앉을 수도 누울 수도 있을 것 같다. 아니면 2명 이상의 죄수를 감금하기 위한 보다 큰 이동 감옥일 수도 있다.

몽골의 역사학자들은 몽골에서 뒤주가 형구(刑具)로 쓰이기 시작한 것은 청나라를 세운 만주족의 영향 때문이라고 한다. 17~19세기는 몽골이 중국 청나라의 통치하에 있던 시기로 이 이동 감옥도 청나라를 통해 유입된 것으로 보인다.[5] 사실 몽골에서는 청나라의 지배를 받기 이전에는 고문을 거의 하지 않았기 때문이다. 정복전쟁 시절에 항복하지 않았던 국가에 대해서 공포감을 심어 주기 위해 처절한 학살은 있었지만, 고통스럽게 죽이는 고문에 대한 기록은 찾아볼 수 없다.[6]

09

교도소 호텔 독일

교도소에 가지 않고도 그 분위기를 체험할 수 있는 곳이 있다. 독일 남서쪽에 위치한 카이저스라우테른(Kaiserslautern)의 교도소 호텔이 바로 그곳. 하룻밤에 단돈 8만 원으로 자발적인 수감자가 되어 스릴 있고 긴장감이 감도는 교도소의 분위기를 마음껏 체험할 수 있다.

실제 교도소 건물을 호텔로 리모델링한 이 호텔 이름은 듣기만 해도 오싹한 알카트라즈 호텔(Alcatraz Hotel)이다. 알카트라즈라는 이름은 영화 〈The rock〉과 〈엑스맨 최후의 전쟁〉을 통해 잘 알려져 있는데, 이는 미국 샌프란시스코만의 앨커트래즈섬에 있는 감옥을 지칭한다. 독일의 알카트라즈 호텔은 1867년부터 2002년까지 135년간 감옥으로 사용되었던 교도소를 감방의 구조를 그대로 유지한 채 겉모습만 리모델링한 것이다. 1867년 교도소가 생긴 이래 수감자가 늘어남에 따라 작업장, 지하 감방, 실외 운동장, 예배실 등이 증축되었다. 그러다가 수감자가 점차 줄어들면서 2002년 결국 폐쇄되었다. 5년간 빈 건물로 방치되었던 교도소를 2007년 콜(Michael Koll)과 키르쉬(Andreas Kirsch)가 공동으로 사들여 호텔로 개조했다. 소위 교도소 호텔로 리모델링하자는 기발한 아이디어는 현재 이 호텔의 매니저가 제안했다. 호텔로 개조하는 데 1년 6개월의 시간이 소요되었고, 마침내 독일 최초의 교도소 호텔로 거듭났다. 흥미롭게도 호텔 이름으로는 인류 역사상 가장 잔혹하기로 이름난 교도소 이름을 붙였다. '탈출이 아예 불가능하다는' 교도소 알카트라즈!

쇠창살 안의
안내데스크

호텔 방의 출입문
(문의 룸서비스 구멍)

　이 호텔은 실제 교도소의 자취를 최대한 리얼하게 보존한 곳인데다 내 돈 주고 제 발로 죄수(?)가 되었으니, 가능한 한 옛 교도소의 어둡고 스산한 분위기에 한껏 젖어야 하는 것이 숙박 포인트이다. 비좁은 감방 안에 칸막이라고는 전혀 없는 원룸 스타일의 독방 구조, 쇠창살 안의 안내데스크, 여전히 교도소 냄새가 물씬 풍기는 칙칙하고 스산한 복도, 3개 층의 복도 풍경을 한눈에 감시할 수 있는 개방형 중앙통로 등.

　호텔에는 '교도소 스타일'의 56개 객실이 있다. 이제 슬슬 감방 체험을 해 볼까. 우선 복도에서 들어가는 각 방의 문에는 감방의 일련번호가 붙어 있다. 조식을 포함한 모든 호텔 룸서비스는 방의 출입문 중앙에 난 작은 배식 투입구를 통해 제공된다. 벽 위쪽에 뚫린 조그만 창문에는 쇠창살이 굳게 박혀 있다. 그런데 명색이 호텔인지라 창문 위로는 검정색 굵은 줄무늬의 깔끔한 커튼이 드리워져 있다. 가구도 간단하다. 단순한 싱글 철제 침대, 책상과 의자가 있고 색상도 최대한 절제되어 있다. 오로지 흑과 백만이 존재하는 세상이다. 이 침대들은 실제 옛날의 재소자들이 직접 만든 것이라 하니 더욱 교도소 같다. 세면대는 칸막이 없이 침대 발치에서 약 30cm 떨어진 벽에 덩그러니 붙어 있고, 변기는 세면대 바로 옆에 붙어 있다. 샤워는 각 층마다 하나씩 있는 공동 샤워실에서 해야 한다. 고객 아니 죄수들에게는 영화 〈빠삐용〉에서 수감자들이 입었던 모양과 똑같은 검정색 줄무늬 파자마와 함께 같은 무늬의 타월이 제공된다. 1층 안내데스크의 간수 직원들도 쇠창살 안에서 근무한다. 1층 로비에 있는 바의 칸막이 역시 쇠창살 모양이다.

이곳이 진짜 교도소와 다른 점은 자유롭게 출입할 수 있고 맛있는 음식을 먹을 수 있다는 것이다. 독방 이외에 2인실도 있다. 알카트라즈 호텔의 서비스 콘셉트는 바로 '고객의 짜릿한 체험은 우리의 기쁨'이다. 기꺼이 '수감자'가 되어 교도소의 삶을 체험하려는 소위 '감각 추구형' 고객들의 감각을 한껏 자극하고도 남는다.[7]

최근 독일에서는 범죄율이 꾸준히 낮아지면서 문을 닫는 교도소가 하나둘씩 생기고 있다는 좋은 소식이 들린다. 이에 따라 예전의 교도소 건물들은 허물거나 다른 용도로의 개조가 불가피한 상황인데, 알카트라즈 호텔은 교도소에서 호텔로 화려한 변신을 한 훌륭한 사례이다. 칙칙한 교도소에서 그것을 추억하는 쾌적한 호텔로 탈바꿈한 창의적인 공간 활용에 혀를 내두를 수밖에 없다. 지구상의 모든 교도소가 사라지고 대신 교도소의 추억만이 흐르는 호텔, 갤러리, 전시장, 행사장, 체험장 등이 많이 들어서기를….

10

책 모양의 건물 _{미국}

사진 속에 가지런하게 정렬된 서가의 책들. 책등에는 화씨 451, 플라톤, 허클베리핀의 모험 등, 책 제목이 쓰여 있다. 영락없이 책이다. 그런데 놀랍게도 이는 진짜 책이 아니라 건물의 외벽 조형물이란다. 그렇다면 이 건물은 대학이나 도서관이 아닐까.

정답은 미국 미주리주 캔자스시에 소재한 캔자스 시립도서관(Kansas City Public Library)이다. 정확히 말하자면 도서관 부지에 부설된 주차장의 남쪽 입구 외벽을 장서 모양의 조형물로 건축한 것이다. 이 조형물은 자그마치 폭 약 8m, 높이 3m이니 세상에서 가장 큰 책이라 해도 과언이 아닐 듯하다. 더욱 흥미로운 것은 이 책들은 캔자스 시민을 대상으로 가장 좋아하는 도서를 묻는 설문조사를 통해 선정된 것이다. 그 결과 총 22권의 장서가 캔자스 시립도서관을 대표하는 상징물로 자리 잡았다. 이 책들은 셰익스피어의 고전 『로미오와 줄리엣』, 인디언의 최후의 항쟁을 다룬 『검은 고라니는 말한다』, 판타지소설 『반지의 제왕』, 찰스 디킨스의 『두 도시 이야기』, 『도덕경』, 『시집』, 『원정이야기』, 『샤를로트 웹』, 『투명인간』, 레이 브레드버리의 『화씨 451』 등으로, 캔자스 시민들의 다양한 독서 취향을 엿볼 수 있다. 우리에게도 친숙한 책이 많다. 맘에 드는 책을 골라 읽고 싶은 충동이 샘솟는다. 2006년 이 도서관은 도서관의 새 주차장을 멋지고 유의미하게 상징할 수 있는 조형물을 고심하다가 결국 책 모형이 선정되었단다.

캔자스 시민들은 그들이 가장 재미있게 읽은 장서들을 바라보며 도서관에 대한 무한한 애정과 신뢰를 확인한다. 한 캔자스 시민의 말을 인용해 보자.

> "도서관을 지나칠 때마다 정말 흐뭇합니다. 우리 시립도서관 은 캔자스의 보물이지요."[8]

건물 디자인 자체의 창의성도 감탄할 만하지만, 조형물의 선정과 제작 과정에 시민들이 함께 참여한 결과물이라는 점에서 공공예술 작품으로서의 가치 역시 높이 평가되고 있다. 디자인을 할 때 반드시 추구해야 할 중요한 가치 중 하나는 사회 공동체의 신뢰와 믿음을 구축해야 하는 것인데, 이 덕목을 잘 구현한 성공 사례로 꼽을 수 있는 공공건축물이다.[9] 덕분에 이 도서관은 간단한 아이디어로 공공장소의 정체성을 훌륭하게 시각화한 창의적인 디자인의 대명사로 불리고 있다. 도서관을 찾기도 쉽다. 이 책 모형들은 도서관 인근에서도 잘 보여 도서관 가는 길을 확실하게 안내하는 시각적인 네비게이션이 될 테니까.

캔자스 시립도서관은 본래 1873년에 캔자스 시의 공립학교와 공립도서관(Public School Library)을 겸하는 목적으로 세워졌다가 1889년부터 학교 기능은 사라지고 도서관을 중심으로 한 문화센터기능만 담당하게 되었다. 오늘날의 도서관은 캔자스 시민들이 가장 사랑하는 공간 중 하나로, 150여 년의 역사를 자랑하는 시를 대표하는 명소이다. 오랜 세월 동안 수 차례의 개·증축을 거쳐 현재 시립도서관의 건물은 총 10개로 시민들의 접근성을 높이기 위해 도시의 곳곳에 산재되어 있다.

이 도서관은 멋진 외관만큼이나 그 운영방식도 첨단을 걷고 있다. 오늘날 캔자스 시립도서관은 '만인을 위한 지식(Knowledge for All)'을 제공한다는 기치하에 지식의 관문 역할을 수행하는 기능으로까지 진일보했다. 단순히 책을 대출하거나 열람할 수 있는 전통적인 도서관

의 역할을 넘어 명실공히 시민 대상의 평생교육과 다양한 문화활동의
허브로 자리매김한 것이다. 도서관에는 패밀리센터, 전시실, 영화상
영실을 비롯해 다양한 클럽 활동, 온·오프라인으로 제공되는 교육 프
로그램, 직업교육, 컴퓨터교육, 각종 이벤트 관련 시설, 커피숍, 회의
실, 다양한 분야의 수집품 등 복합 문화 시설들이 갖추어져 말 그대로
융·복합 문화 공간이 아닐 수 없다. 한마디로 이 도서관은 22세기를
대비한 비전을 제시하고 구현하는 창의적인 지식의 공간인 셈이다.
2014년에는 약 250만 명이 도서관을 이용했다는 기록이 있다. 2015
년 기준 캔자스 시민이 290만 명임을 감안할 때, 거의 모든 캔자스 시
민이 최소 일 년에 한 번 정도는 이 도서관을 찾았다는 것을 의미한
다. 이러한 공로가 인정되어 2008년 박물관과 도서관 서비스 부분에
서 연방정부로부터 메달을 받았고, 2013년에는 도서관 잡지가 매기
는 별 5개 평가, 2014년에는 도서관협회로부터 도서관 프로그램상을
수상한 바 있다.[10]

지식 기반 사회에서 미국의 저력은 바로 이와 같은 도서관으로부터
나오는 것이 아닐까. 이런 도서관이 있다면 매일 가고 싶을 것 같다.
그저 부러울 뿐이다.

11
세상에서 가장 멋진 사무실 스위스

사진을 보면 영락없이 스키장의 케이블카이다. 그런데 그 안에서 업무를 보고 있는 사람들의 모습에서 스키장의 탈것이 아님을 짐작할 수 있다. 바로 개성 있는 디자인과 최고의 편의시설로 소문난 스위스 구글(Google)사의 사무실이다.

백문이 불여일견. 사진만 보아도 구글사의 철학을 읽을 수 있을 것 같다. 영국 케임브리지대학교 저지경영대학원 교수인 나비 라드주 (Navi Radjou)는 저성장 시대에는 검소한 혁신을 해야만 살아남을 수 있다고 조언한다. 직원들이 긴장을 풀고 편안한 환경을 만드는 것 또한 검소한 혁신으로 연결될 수 있다는 것이다.[11] 구글의 사무실만큼 이를 제대로 구현한 공간이 어디 또 있을까.

구글사는 1998년 기숙사 방 한 칸과 차고에서 스타트업 기업으로 창업한 이래 오늘날까지 비약적인 발전을 이루어 왔다. 현재 구글사는 전 세계 40개국 이상에 걸쳐 72개의 지사를 두고 있다. 구글은 전 세계의 젊은이들 사이에서 '일하고 싶은 직장' 1위(2008년)로 꼽히고 있는 만큼 그들의 근무환경이 궁금해진다. 그러나 아쉽게도 구글사의 사무실은 보안문제로 일반인들의 입장이 엄격히 금지되고 있다. 전 세계 구글 사무실은 그 지역만의 개성을 담은 것으로 잘 알려져 있다. 그중 단연 반짝반짝한 아이디어와 디자인으로 최적의 근무환경을 제공하고 있는 스위스의 구글 사무실을 살짝 들여다보자.

2004년에 문을 연 스위스 취리히의 구글 사무실은 단 2명으로 시작했지만 현재는 800여 명의 구글러(Googler, 구글사의 사원)가 일하고 있다. 총 3,600여 평 규모의 7층 건물을 사용하는 이곳의 사무 공간은 '일과 놀이의 조화'라는 구호에 걸맞게 사무실과 함께 다양한 휴게시설과 창의적인 공간을 갖추었다. 사무실을 제외한 1인당 휴게 공간이 무려 15m²(약 4.5평)나 된다는 놀라운 사실! 업무시간 중에도 휴식이 필요할 경우에는 언제든지 마음껏 위락시설을 이용할 수 있다. 미끄럼틀, 곳곳에 설치한 오락기, 비디오 게임실, 당구장, 정글 모양의 휴게실, 음악실 등. 또한 사원들의 체력 관리를 위해 아쿠아리움 수면실, 마사지실, 헬스장, 체육관을 제공하고 사내에서 요가, 필라테스, 피트니스 수업 등을 운영하고 있으니 과연 꿈의 근무환경이다. 그렇다고 직원들은 언제 일하는지 반문해서는 안 된다. 일과 놀이라는 두 가지 주제를 절묘하게 융합시킨 최적화된 작업 공간으로서 사무실의 디자인만큼이나 참신하고 혁신적인 아이디어가 꽃피는 곳이다. 지금까지 인류의 중요한 혁신적인 아이디어는 대부분 위와 같은 다양한 휴게 공간과 놀이 공간, 카페테리아, 심지어 복도에서 동료들 간의 자유로운 대화와 비공식적인 회의를 통해 도출되었다고 한다.[12] 마치 과거 영국의 계몽주의 시대의 카페와 프랑스의 살롱이 그러한 역할을 했던 것처럼. 따라서 이를 치밀하게 계산해 넣은 구글사의 공간들은 구글 범프(Google bump)를 가능한 한 촉진시킬 수 있도록 설계되었다. 예컨대, 구내식당에는 일부러 긴 식탁을 배치하여 다른 부서 직원들과 자연스럽게 어울리도록 하고 의자들 간의 간격도 의자를 빼다 부딪힐 정도로 좁게 배치했다. 그러한 조우를 통해 동료와 안면을 트는 것을 구글 범프라 한다.[13]

근무시간 중에 운동을 해도 되고 마사지를 받아도 된다.[14] 그렇다고 직원들이 온종일 이러한 놀이시설을 즐기지는 않는다. 실적과 성과에 기반한 철저한 연봉제를 도입하므로 그만큼 개인의 업무에 대한 책임감도 막중하다. 다양한 위락시설은 결국 보다 창조적이고 즐겁게 일하기 위한 활력소이자 재충전 기반인 셈이다.

취리히 구글사의 설계는 구글러들을 대상으로 한 설문조사와 심리학자가 개발한 인성검사를 통해 직원들의 요구와 심리적 특성 등을 철저히 반영하여 기획되었다. 직원들은 재미있고 즐거운 작업 공간을 원했고, 건축사인 카멘진트 에볼루션(Camenzind Evolution)은 구글러들의 이상을 고스란히 건축물로 녹여냈다.[15] 덕분에 직원 대상 근무환경 만족도 조사에서 90% 이상의 직원이 만족한다는 결과가 나왔다.[16] 직원을 배려하고 긍정적인 방법으로 작업 능률을 제고시키려는 환경의 중요성

이글루 모양의 휴게실

식당으로 가는 미끄럼틀

을 강조한 맞춤형 디자인하우스라고 할까. 이와 같은 매력적인 공간에 세계 유수의 인재들이 매력을 느끼는 것은 당연지사이다.

구글 사무실에서 배울 수 있는 두 가지 중요한 디자인 철학이 있다. 첫째, 건강하고 잘 놀아야 창의적인 아이디어도 얻을 수 있다는 구글의 인사 경영에 대한 탁월한 감각과 투자이다. 둘째, 혁신적인 창의성은 개인에 국한되지 않고 동료들과의 논의나 협업에 의해 얻어질 수 있다는 철학에 초점을 맞춘 과감한 개방형 공간 디자인의 구현이다.

12

암벽 위의 텐트 미국

천 길 낭떠러지의 암벽에 대롱대롱 매달린 텐트!
보기만 해도 아찔하다. 깎아지른 듯한 암벽에 오르는 것도 모자라 절벽에서 잠까지 청하다니, 인간의 도전정신과 담력은 어디에서 나오며 과연 그 한계는 어디까지인가.

암벽 등반가들이 거대한 암벽을 정복하기 위해서는 며칠씩 소요되는 경우가 허다하다. 그러니 도전자들은 암벽에 텐트를 쳐서 잠시 휴식을 취하거나 잠도 자야 한다. 이 용감무쌍한 사람들을 위해 고안된 암벽용 텐트를 포탈렛지(portaledge)라 한다. 최근에는 다행히도 가볍고 설치하기 쉬운 포탈렛지가 개발되어 그런대로 안락하고 쾌적한 수면을 취할 수 있다. 스릴과 위험을 동시에 즐기려는 모험가에게는 비좁긴 하지만 이보다 더 좋을 수 없는 휴식 공간인 셈이다. 만에 하나 텐트가 추락할 경우를 대비하여 바위 위의 안전 고리에 몸에 두른 안전벨트를 단단히 매어 두는 것만 잊지 않으면 된다. 이와 같은 포탈렛지는 미국에서 최초로 발명되었다고 한다. 포탈렛지가 발명되기 전에 등반가들은 어디에서 잠을 잤을까. 과거에는 절벽에 해먹이나 철 구조로 된 무거운 텐트를 설치하여 잠을 잤다. 그러나 포탈렛지의 무게가 아무리 가벼워졌다 해도 여전히 무겁고 또 암벽에 매달려 설치하는 것도 만만치 않다. 그래서 등반 대상지에 맞는 적절한 포탈렛지를 선택해야 하며, 최근에는 간단하게 펴고 접을 수 있는 조립식도 출시되었다.[17]

그런데 암벽 등반가들은 왜 이처럼 위험천만한 모험을 불사할까? 목숨을 걸 만한 무엇이 있길래. 어느 등반가의 변을 인용해 보자.

"나를 극복하고 자연을 극복하는 데서 얻는 쾌감, 그리고 남
　들이 못하는 것을 한다는 우월감이랄까요. 지금도 그런 이유
　가 없지 않지만 이제는 일상의 스트레스를 풀 수 있는 것이
　가장 큰 이유이지요."

　하지만 그는 위험한 암벽을 한 발 한 발 올라가면서 소위 '죽을 맛'
을 느끼며 역설적이게도 삶을 살아가는 진짜 용기를 얻는다고 한다.[18]
　한편 남미 페루의 쿠스코(Cusco)시에는 이 포탈렛지 기술을 활용하
여 급기야 2015년 세상에서 가장 스릴 넘치는 호텔이 등장했다. 무려
골짜기의 암벽 366m 높이에 아슬아슬하게 매달려 하룻밤을 묵을 수
있는 '절벽 호텔'이 바로 그것이다. 쿠스코는 잉카제국의 옛 수도로
잉카의 아이콘과도 같은 마추픽추와 근거리에 있다. 안데스산맥에 둘
러싸인 고산지대의 자연 풍광은 신비에 가까울 정도로 아름답다. 이
러한 입지조건을 최대한 활용한 신개념 허공 호텔이라 할 수 있다. 그
런데 이 호텔방에 입실하기 위해서는 반드시 한 가지 통과의례가 필
요하다. 암벽 꼭대기까지 몸소 올라가야 한다는 것. 철제 케이블과
고리 등의 안전한 등반 장비가 완비된 골짜기를 따라 암벽 꼭대기까
지 올라간 뒤 해 질 무렵 자일을 타고 내려와 비로소 절벽을 벽으로
삼은 '투명한 캡슐 호텔방'에 입실할 수 있다. 계곡 저 높이에 매달려
있는 투명한 캡슐이 보기만 해도 아찔하지만, 호텔 측은 안전을 보장
하고 있다. 어떠한 대기 환경에도 견딜 수 있는 특수 알루미늄 재료와
비와 바람은 물론 눈, 우박, 천둥과 번개에도 끄떡없는 재료들로 제
작되었기 때문이다. 이 캡슐 호텔방은 현재 총 3채로 총 4개의 침실
이 갖춰져 있으며 8명까지 잘 수 있다. 각 호텔방에는 화장실, 다이닝
룸이 갖춰져 있다.[19]
　절벽에 매달려 끝없이 펼쳐진 안데스산맥과 신비로운 골짜기를 바
라보며 즐기는 따뜻한 차와 식사는 투숙객들이 가장 선호하는 서비스
라고 한다. 한편 투숙객들이 꼽은 최고의 볼거리는 석양 풍경이다.

페루의 나투라 비브 스카이로지(Natura Vive Skylodges) 호텔

천길 낭떠러지에서 그윽한 차를 마시며 석양을 즐긴다고 상상해 보시라. 하룻밤 묵는 가격은 최저 950달러(약 105만 원). 필자라면 공짜라도 사양하겠다. 손님을 호객하는 문구 또한 흥미롭다.

"Don't call it a dream, call it a plan!"
(꿈이 아닙니다. 계획만 세우세요!)

13

유대인 희생자들의 추모 공간 폴란드

사진 속에서 먼지가 수북한 채 켜켜이 쌓인 신발들은 마치 신발 전문 고물가게를 연상시킨다. 과연 그러한가. 결론부터 말하면 이 물건들은 폴란드에 있는 아우슈비츠 유대인 수용소에 수용되었던 희생자들이 생전에 신었던 신발이다. 우리에게 익숙한 아우슈비츠라는 이름은 독일어 발음이고 폴란드어로는 오시비엥침이라 한다.

가스실의 희생자, 고압전류가 흐르는 수용소의 철책 등등 영화 속에서 본 몇몇 장면들이 뇌리를 스쳐 지나간다. 바로 소설 『안네의 일기』와 스티븐 스필버그의 영화 〈쉰들러 리스트〉의 배경이 되었던 곳이다. '오시비엥침'은 본래 도시 이름이었는데 불행히도 제2차 세계대전 때 이 도시에 세워졌던 유대인 강제수용소 탓에 오늘날까지 잔혹한 유대인 수용소를 가리키는 대명사가 되었다.

오시비엥침은 인구 약 43,000명이 거주하는 폴란드 남부의 작은 도시로서 크라쿠프 서쪽으로 50km 정도 떨어진 곳에 위치해 있다. 이 수용소는 원래 폴란드의 정치범을 수용하기 위해 1940년 지어졌고, 폴란드인들을 학살하는 데 쓰일 예정이었다. 그런데 점차 시간이 흐르면서 전 유럽인, 특히 유럽 각국에서 국적을 얻은 유대인, 집시, 소련군 포로까지 이곳으로 보내짐으로써 나치 독일이 점령한 나라들의 국민들에게 5년 동안 극도의 공포감을 안겨주었던 곳이다. 지금까지 그 이름만 들어도 등골에 소름이 끼칠 정도로. 1945년 1월 27일 소련군에 의해 해방될 때까지 유럽 각지에서 끌려와 가혹한 노동에 시달리다 이곳에서 학살된 사람은 400만 명 이상이다. 현재 서울 시민의 약 40%에 달하는 어마어마한 수인 것이다. 참혹하게도 매일 수용자 3,000명씩 독가스로 살해하여 화장한 것으로 알려져 있다. 당시 수용소에는 집시, 소련군 포로, 동성애자, 정치범 등도 수용되었지만, 희생자의 90%는 유대인이었다.[20]

오늘날 오시비엥침 수용소는 그 잔혹성을 널리 고발하기 위해 박물관으로 개방되어 커다란 경종을 울리고 있다. 박물관의 1동 2층 4호실 한쪽 벽에는 가스통이 수북히 전시되어 있다. 한 통으로 400명을 한꺼번에 죽일 수 있도록 나치가 개발한 것이라고 하니 전시되어 있는 가스통만으로도 얼마나 많은 사람이 죽었는지 쉽게 짐작할 수 있다. 모두 7톤이 발견되었다는 유대인의 머리카락과 머리카락으로 만든 원단이 있고 그 밖에도 5동에는 브러시 종류, 신발, 트렁크, 식기, 신체 부자유자의 의수족 등 희생자의 소지품이 전시되어 있다. 사진 속의 첩첩이 쌓인 신발들은 이곳에 보관된 희생자들의 소지품 중 빙산의 일각일 뿐이다. 얼마나 많은 유대인이 희생되었는지 짐작도 할 수 없을 정도이다.

그런데 히틀러와 나치는 왜 수많은 유대인을 학살했을까?

지면이 넉넉하지는 않지만, 이 문제만큼은 간단하게나마 짚고 넘어가지 않을 수 없다. 히틀러와 나치가 유대인을 학살한 이유에 대해서는 흔히 히틀러가 내세운 '반유대주의' 때문이라고만 알려져 있다. 하

유대인 희생자들의 머리카락으로 짠 직물

시체소각장

지만 히틀러가 반유대주의자가 된 이유에 대해서는 의견이 분분하다. 그의 심리상태를 분석하기 위해 프로이트의 심리학까지 동원되었고, 일설에는 어머니가 어느 유대인의 정부가 되었기 때문에 사적인 감정이 개입되었다고도 한다.

그러나 히틀러가 유대인을 학살한 근본적인 이유는 인종주의와 민족주의를 내세워 권력을 장악하려는 철저하고도 치밀한 정치적인 계산 때문이라고 할 수 있다. 나치는 정권을 장악하는 과정에서 좌익 세력을 배척함으로써 완전한 독재정권을 수립한다. 좌익의 씨를 말리기 위해서는 처절하고 잔인한 폭력이 사용되었다. 이렇게 독재정권을 수립하자 이제는 새로운 희생양이 필요했다. 나치 지지자들을 지속적으로 결속하기 위해서는 대중의 동조가 필요했기 때문이다. 대중을 모을 수 있는 동력은 바로 유럽인의 반유대주의였다. 인종주의나 민족주의 같은 감성에 토대를 둔 이데올로기를 교묘히 이용한 것이다. 그리하여 1934년 이후 본격적으로 유대인을 박해하기 시작했다. 이제 나치에게 유대인에 대한 탄압은 정치적 수단을 넘어 정치적 확신, 정치적 목표가 되었다.[21] 제2차 세계대전 발발 이후 나치는 주변의 국가들을 점령하면서 유럽 전역의 유대인을 특정 지역으로 이주시키거나 강제수용소에 수감하는 방법으로는 유대인 문제를 해결할 수 없었다. 결국 히틀러의 마지막 카드는 유대인을 아예 절멸하는 것이었다.

유럽에서 반유대주의의 전통은 오래된 것이다. 유대인에 대한 적대적 태도는 유대인과 유대교에 대한 유럽 사회의 편견과 맥을 같이한다.[22] 이와 같이 뿌리 깊이 내재된 유럽인들의 심리적 편견에 대한 이해가 전제되어야만, 왜 독일 국민들과 히틀러의 군인들이 유대인에 대한 학살에 동조했는지 이해가 간다. 반유대주의 정서는 셰익스피어의 희곡 『베니스의 상인』에도 잘 나타나 있다. 이 희곡에 나오는 악덕 고리대금업자인 샤일록은 당시 유럽 사회의 유대인에 대한 편견을 표상하는 전형적 인물이다.

4장

생활 속의 편리한 물건

평범한 물건에도 때론 놀랍고 때론 복잡한 역사가 숨어 있다.[1]

– 앤디 워너

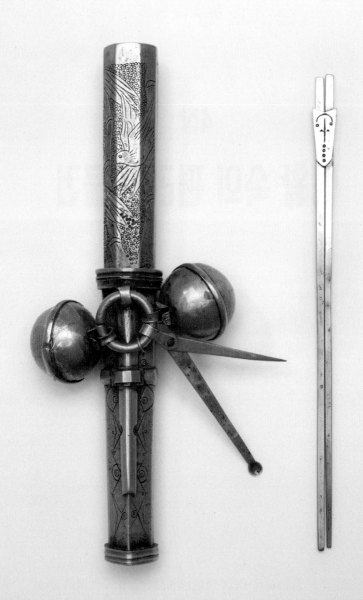

14

조선의 맥가이버 칼 _{한국}

은 장도라고 하면 흔히 열녀 춘향이나 조선시대 여인들이 정절을 지키기 위해 몸에 지녔던 작은 칼을 떠올릴 것이다. 그러나 규방 여인의 전유물로 알려진 장도(粧刀)는 원래 장식·의례·호신 등의 용도로 남녀 모두 차고 다녔던 금속 공예품이다. 근대 문학가 최남선의 『고사통(故事通)』에 언급된 "남녀의 옷고름에 차는 장도는 그 형체와 패용(佩用) 방법이 순전히 몽고풍이 분명하다"라는 기록에 따르면 고려가 원나라에 복속된 이후 남녀 모두 장도를 차기 시작했으며, 그 풍습은 조선시대에 그대로 계승되었다.[2]

사진 속의 은장도(길이 약 16cm)는 아담하고 날렵한 모양에 주로 꽃이 그려진 여성용 은장도에 비해 훨씬 크고 각이 잡혀 있으며, 남성이 좋아하는 새, 사슴과 산수 문양이 새겨져 있다. 필시 조선시대 사대부 남자들이 몸에 지녔을 법한 은장도의 모습이다. 그런데 흥미롭게도 이 물건에는 장도를 기본으로 젓가락, 귀이개를 비롯해 다용도로 사용되었을 법한 뾰족하고 가느다란 침이 달려 있다. 모두 실생활에서 유용한 도구들로 장도와 일체를 이루고 있다. 방울은 장식용이다. 그래도 방울은 나그네가 길을 걸을 때마다 딸랑딸랑 정감 있는 소리를 내어 나그네의 외로움과 두려움을 한껏 달래 주었으리라. 젓가락은 음식을 먹을 때도 쓰였지만, 동시에 은장도의 손잡이 부분이 빠져 나오지 않게 하는 잠금 장치 역할을 하도록 설계되어 있다. 디자인과 실용성의 콜라보라고 할까. 이 물건은 기능적인 측면에서 볼 때 영락없이 조선시대의 '맥가이버 칼'이다. 스위스의 맥가이버 칼처럼 부속

도구들이 착착 접혀 칼집 속으로 일목요연하게 정리되지는 않지만 말이다.

장도 중에서 칼집에 넣어 차는 작은 칼을 패도(佩刀)라 하고, 주머니 속에 넣는 것은 낭도(囊刀)라 한다. 장도는 당시 호신용이자 고기나 과일을 먹을 때 등 생활 속에서 다용도로 사용되었다. 조선시대의 장도는 이처럼 남녀노소가 사용하는 중요한 생활 필수품이었다. 칼이나 가위가 흔하지 않던 시절, 손자의 팽이를 깎아 주거나 나물을 캐는 소소한 용도에서부터 수염이나 머리카락을 자를 때도 사용하였다고 하니까.

게다가 칼에 갖가지 장식을 함으로써 장식적인 목적도 충족시켰다. 재료에 따라 금·은·오동·백옥·청강석(靑剛石)·호박·대모(玳瑁)·산호·상아·쇠뼈·후단·먹감 등의 이름을 붙여 백옥장도, 대모장도, 먹감장도 등으로 불렀다. 장도를 꾸미는 소재는 신분에 따라 달랐으며, 금·은·옥 등의 귀한 재료는 높은 신분을 상징했다. 그중 은장도는 양반이 사용했던 고가의 사치품으로서 장식의 문양에 따라 안태극장도 또는 오동입사장도 등으로 부른다.[3] 그런데 은장도를 지나치게 호화롭게 장식하는 사치풍조가 만연하자 연산군 4년(1498), 중종 17년(1522), 현종 11년(1670)에는 은장도의 패용을 금하는 왕명이 내려지기도 했다. 그러다가 임진왜란 이후 은장도 패용 금지령이 유명무실해지면서 민간에서도 은장도를 패용했다. 그런데 은이나 보석류의 값이 비쌌기 때문에 당시 서민들이 사용한 은장도는 순은이 아니라 구리 합금인 백통장도였다.[4] 현재 은장도라고 알려진 조선시대 유물은 대부분 백통장도로 사진 속의 장도 역시 백통장도이다. 필자가 이 장도를 이십 년 넘게 소장하고 있는데 전혀 녹이 슬지 않는 것을 보면.

이 밖에도 조선시대에는 혼인을 축하하거나 성인이 된 것을 기념하여 장도를 선물해 주는 풍습이 있었는데, 이 풍습에는 받는 사람의 행운을 기원하며 온갖 액운을 막아 주는 의미가 담겨 있다. 이런 장도는 대개 칼자루와 칼집에 십장생과 길상(吉祥) 무늬가 새겨져 있다.[5] 남성의 경우 장도를 저고리 고름이나 허리띠에 명주실로 짜서 만든 끈목에 고리를 꿰어서 찼고, 여성은 치마 속 허리띠에 차거나 노리개의 주체로 삼아 삼작노리개 중 하나로 차기도 하였지만 겉에서는 보이지 않게 했다.[6]

한편 은장도가 열녀의 상징물이 된 것은 조선 후기 임진왜란과 병자호란을 거친 이후로 추정된다. 왜란과 호란 중에 정절을 지키기 위해 여인들이 장도로 자결한 이야기는 널리 알려져 있다. 이러한 일화들로 인해 은장도에는 '여인의 정절'이라는 강렬한 상징과 함께 연상적인 이미지가 구축되었다. 은장도의 면에 남녀간의 사랑의 맹세를 담은 '일편심'이라는 글자를 새기기도 했다. 당연히 열녀 춘향이도 장도를 늘 몸에 지니고 다녔다.

우리나라 고려 때부터 사용한 은장도가 원조인지 스위스의 맥가이버 칼이 원조인지는 모르겠지만, 어쨌든 칼을 중심으로 편리한 도구들을 하나의 물건으로 묶은 다기능 발명품의 원조임에는 틀림없다.

15

수면용 머리받침대 콩고민주공화국

흑인 여성들의 머리 모양을 살펴보면, 대개 머리를 묶거나 복잡한 모양으로 땋고 다닌다. 이는 묶거나 땋은 머리를 좋아하는 기호 때문이 아니다. 흑인의 곱슬머리는 그냥 두면 돌돌 말리거나 머리가 근질거릴 뿐만 아니라 심한 경우에는 두피를 파고 들어가 아프기 때문이다. 그렇다고 퍼머를 해서 머리카락을 곧게 펴면 이내 끊어져 버린다. 그래서 머리를 기를 수가 없고 자연히 머리를 짧게 깎을 수밖에 없다. 설상가상으로 흑인의 머리카락은 숱이 많은데다 너무 곱슬거려 빗질도 잘되지 않는다. 머리를 기르면 머리카락이 하늘로 솟구쳐 마치 인형의 머리나 빗자루 같은 모양이 연출된다. 그래서 머리 모양을 깔끔하게 유지하기 위해 머리를 땋는데, 이렇게 땋은 머리를 스와힐리어로 '수카'라고 한다. 그런데 흑인의 머리카락 특성상 자신의 머리가 땋기도 쉽지 않다. 그래서 오늘날 흑인 여성들은 미용실에 가서 머리를 땋아 자신만의 헤어스타일을 연출하고 있다. 몇 가지 수카 스타일을 소개해 보자. 탄자니아에는 이 나라의 상징인 킬리만자로산의 모양을 본뜬 '킬리만자로 수카'가 있다. 여러 방향으로 가르마를 내어 땋은 지그재그 모양의 수카인데 앨리샤 키스(Alicia Keys)라는 미국의 흑인 가수 이름을 따서 앨리샤 키스 스타일이라 부르기도 한다. 그녀가 지그재그 모양의 수카 스타일을 즐겨 하기 때문이다. 지그재그를 좀 더 화려하게 표현한 '션 폴 지그재그(Sean Paul Zigzag) 수카'는 자메이카 출신의 가수 션 폴이 처음 선보인 헤어스타일이다. 가장 연출하기 쉽고 대부분의 여성들이 많이 하는 수카 스타일로는

선 폴 지그재그 수카

지그재그 수카

예보예보 수카

스트레이트가 있다. 본래 머리와 가발을 함께 엮어 두껍게 머리를 땋는 것은 예보예보(Yebo Yebo) 수카라 부른다. 다른 수카와의 차이점은 가르마가 보이지 않는다는 점이다.[7]

　콩고민주공화국의 루바(Luba)족 여인들은 이렇게 공들여 땋은 머리 모양이 잠을 자는 동안 행여 흐트러지거나 망가질세라 잠을 잘 때 베개 대신 머리받침대에 뺨을 대고 잘 정도이다. 반듯하게 누워 잘 수 없어 다소 불편은 하겠지만, 아름다워지려면 그 정도의 불편쯤은 기꺼이 감수하겠다는 듯 말이다. 사진의 머리받침대는 여인들이 매일 사용하면서 애지중지한 귀한 물건이었던 만큼 사후에는 무덤에 넣어주기도 한다.[8]

　콩고민주공화국은 아프리카 대륙 한가운데에 위치하고 있으며, 서쪽의 콩고와 동쪽의 우간다, 탄자니아 사이에 있다. 콩고민주공화국

과 콩고는 별개의 나라이므로 부디 두 나라를 혼동하지 마시길 바란
다. 루바족은 바루바(Baluba)족이라고도 불리는데, 콩고민주공화국 남
부의 사바나라 불리는 대초원과 숲에 거주하면서 사냥·채집·농경·
목축을 생업으로 삼고 있다. 그들은 신에 대한 믿음이 강하며 조상과
자연 정령을 섬기고, 목공예 솜씨가 뛰어난 부족이다.[9] 이를 방증하듯
사진 속의 정교한 나무 머리받침대는 콩고민주공화국의 대표적인 수
공예 품목 중 하나로 꼽히고 있다.

　최근에는 흑인 여성들이 수카 대신 가발을 이용해 다양한 헤어스타
일을 연출하는 것이 대세이다. 17세기의 프랑스에서는 남녀를 불문하
고 순전히 멋을 내기 위해 가발을 착용했지만, 흑인들의 가발 착용은
멋보다는 생리적인 필요성이 우선이다. 흑인 여성에게 "가슴을 보여
줄래? 아니면 가발 벗은 맨머리를 보여 줄래?" 하고 물으면 차라리
가슴을 보여 주겠다고 할 정도로 맨머리에 민감하다. 그들은 머리를
짧게 깎은 뒤 그 위에 가발을 땋아 붙인다. 이때 가발은 두피 쪽으로
파고드는 모발을 밖으로 잡아당기는 역할을 한다. 그러므로 가발을
쓰는 것은 단순한 치장 이상의 의미이다. 사정이 이렇다 보니 아프리
카에서 가발은 쌀이나 설탕, 우유 등의 생필품과 함께 물가 동향을 결
정하는 핵심 품목이 되었다. 생활이 아무리 쪼들려도 가발을 사지 않
을 수 없기 때문이다. 경제 사정이 어려운 집에서는 딸의 머리를 시원
하게 밀어 주지만, 조금이라도 형편이 나아지면 딸에게 예쁜 가발을
사 준다.[10] 그만큼 흑인 여성에게 곱슬곱슬한 머리카락은 다소 거추장
스러운 부담이다. 최근 가발 착용이 늘어나면서 루바족 여인들은 머리
받침대에 뺨 대신 머리를 대고 편히 잘 수 있을 것 같다.

16

서양 골무 _{영국}

유럽으로 여행을 갈 때마다 용도도 모른 채 그저 앙증맞고 예뻐서 사오곤 했던 것이 바로 사진 속의 물건이다. 물건의 위쪽에 새겨진 오돌도돌한 모양도 단순한 장식이라고 생각했다. 그런데 나중에 알고 보니 이 물건은 서양에서 바느질할 때 사용하는 골무란다. 영어로는 'thimble'이다.

재봉이나 수를 놓을 때 손가락 끝에 끼워 손가락이 바늘에 찔리지 않게 보호해 주는 골무는 아시아 국가들의 전유물로 생각하기 쉽지만, 서양에서도 일상에서 사용하는 물건이다. 우리나라의 골무는 보통 두꺼운 헝겊이 소재이지만, 서양의 그것은 일반적으로 금속이나 도자기 소재이다. 서양 골무의 머리 부분의 표면은 미세한 홈이 파여 오돌도돌하다. 골무를 검지에 끼우고 골무 위쪽 표면의 오목한 작은 홈에 바늘귀를 지지하여 누르면 손가락을 보호해 주는 동시에 바늘이 잘 들어가기 때문이다. 손가락 끝에 끼우다 보니 골무의 키가 날씬하고 크기도 앙증맞다. 사진의 골무는 커 보이지만 실제 골무의 높이는 2.5cm, 지름은 2cm 정도이다.

그런데 골무는 동서양을 막론하고 본래의 용도에서 벗어나 사용되기도 한다. 예컨대 고무 골무는 동서양을 막론하고 주로 돈을 세거나 종이, 티켓 등을 세는 데 사용되고 있다. 이 골무는 마모되면 버리는 일회용으로 오돌도돌한 표면 덕분에 물건을 쉽게 집을 수 있다. 그래서 고무 골무는 수많은 사건 기록 장부를 뒤적여야 하는 우리나라 판사들의 애장품 제1호로 알려져 있다. 고무 골무는 0부터 3까지 크기가 다양하여 사용자의 손가락 굵기에 따라 선택할 수 있다. 이 밖에 활을 쏠 때 엄지에 걸어서 쓰는 깍지 골무도 있는데, 소재는 가죽이나 뿔이다. 용도에 따라 골무의 소재와 모양이 달라지는 것이다.

우리나라의 골무와 비교할 때 서양 골무는 재질이 매우 다양하다. 금속이나 도자기가 주종을 이루지만, 가죽, 고무, 목재, 심지어 유리로 된 것도 있다. 자연 재료인 고래뼈, 동물의 뿔이나 상아, 대리석, 참나무 소재의 골무도 있고, 드물게는 진주, 다이아몬드, 사파이어, 루비 등 값비싼 보석류로 제작된 골무도 있다. 그만큼 서양에서 이 물건이 많은 관심과 사랑을 받고 있다는 방증이 아닐까.

세계 최초의 골무는 약 4,500년 전까지 거슬러 올라간다. 중국에서 명주가 생산되어 바느질에 필요한 바늘이 발명됨으로써 골무도 함께 발명된 것이다. 우리나라에서는 기원전 1세기에 낙랑에서 사용된 것으로 추정되는 은제(銀製) 골무가 발견되었다. 유럽에서는 영국에서 골무가 10세기경에 발견된 기록이 있고, 14세기까지 유럽 전역으로 퍼져 나갔다고 한다.

서양에서 골무는 바느질 외에도 용도가 매우 다양하고 그에 따른 일화들도 흥미롭다. 16세기 이후 은 골무는 여성을 위한 이상적이면서도 상징적인 선물로 통용되었다. 예컨대, 전통을 자랑하는 독일의 마이센 도자기 회사에서 출시한 금으로 장식된 정교한 도자기 골무는 실용의 목적을 넘어 기념품으로 선사하거나 가문의 유품으로 증여하기 위해 특별히 제작되었다. 사진 속의 골무는 1851년 영국에서 대박람회(The Great Exhibition)를 기념하기 위해 특별히 만든 은제 골무이다.

근현대에 이르러 골무는 그 앙증맞은 크기에 걸맞게 독주나 화약의 양을 재는 데 사용되기도 했다. 이를 근간으로 골무의 크기에 빗대어 'just a thimbleful(아주 조금)'이라는 흥미로운 영어 표현이 생겨나 오늘날까지 사용되고 있다. 또한 창녀들이 고객에게 자신의 도착을 은밀히 알리기 위해 골무로 창문을 조심스레 두드리는 데 사용하였다는 기록도 있다. 그 밖에 영국의 빅토리아 여왕 시대(1819~1901)에 여교

사들이 말썽꾸러기 학생들의 머리에 골무를 낀 손으로 꿀밤을 주기도 했다. 마크 트웨인의 소설 『톰 소여의 모험』에서 폴리 이모가 톰이 말썽을 부릴 때마다 골무를 낀 손으로 톰의 머리를 쥐어박는 대목을 기억하는 독자도 꽤 있을 것이다. 바늘로부터 손가락을 보호하기 위한 임무를 띠고 태어난 골무가 아이러니컬하게도 골무 주인의 변덕에 따라 사람에게 일격을 가하는 무기로도 쓰일 수 있는 것을 보면 참으로 골무의 운명도 얄궂다. 또 포목점에서는 향수의 원료인 백단유를 넣은 골무를 벽이나 천장에 매달아 나방을 쫓는 데 사용했다. 골무는 사랑의 정표로 사용되거나 지금의 기념주화처럼 중요한 행사를 기념하는 기념품으로 제작되기도 했다. 일례로 세계 산업박람회를 기념하기 위해 특별한 모양의 기념 골무가 제작되기도 했다. 제1차 세계대전 당시 영국 정부가 마치 우리나라의 IMF 때 온 국민이 금을 모았듯이 은 골무를 모아들여 병원 장비를 마련하는 데 사용했다는 일화도 전해진다. 마지막으로, 골무 3개를 선물로 받은 사람은 영원히 결혼을 못한다는 속설도 있다.[11]

서양의 고무 골무

조그마한 등치에 비해 쓰임새가 다양할 뿐만 아니라 골무마다 재미난 사연과 의미가 숨겨져 있기에 서양에는 골무 수집가가 많다. 골무에 관심이 있는 독자라면 영국의 웨스트요크셔 지방의 핼리팩스(Halifax)에 있는 뱅크필드(Bankfield) 역사박물관을 한 번쯤 둘러보아도 좋을 것이다. 세상의 모든 골무를 만날 수 있을 테니까.

영국의 찰스 왕세자와 다이애나 왕세자비의 결혼을 기념하기 위해 제작한 도자기 골무

17

촛불 끄개 네덜란드

고전 영화 〈애수〉의 백미는 로버트 테일러와 비비안 리가 캔들 클럽의 어둠 속에서 '올드 랭 사인(Auld lang syne)'을 들으며 이별의 왈츠를 추었던 장면일 것이다. 이는 아직도 많은 사람의 심금을 울렸던 명장면으로 기억되고 있다. 이 장면에서 놓칠 수 없는 소품 하나가 바로 촛불 끄개이다. 오케스트라 단원들이 하나둘 차례로 퇴장하면서 촛불 끄개로 촛불을 끈다. 이 대목에서 이 물건은 낭만적인 밤의 정취를 한껏 돋보이게 하는 우아한 소도구 노릇을 톡톡히 했다. 고혹적인 흑백영화에서 촛불 끄개는 깊은 밤을 배경으로 새하얗게 빛을 발했다. 만약 그 장면에서 촛불 끄개 대신 입김을 불어서 촛불을 껐다면 어땠을까. 명장면의 옥의 티가 되었을지도 모른다.

촛불 끄개는 글자 그대로 촛불을 끄는 도구이다. 사진에서 보는 바와 같이 촛불 끄개는 크게 두 부분으로 구성되어 있다. 곧 손잡이 부분과 종 모양의 덮개 부분이다. 종 모양의 덮개를 사용하여 심지의 불꽃을 지그시 눌러 촛불을 쉽게 끌 수 있다. 촛불 끄개로 촛불을 끄면 입김으로 끌 때보다 연기와 매캐한 냄새를 최소화하고 안전하게 끌수 있는 장점이 있다. 환경, 안전과 미를 동시에 아우르는 작지만 큰 발명품이다. 오늘날에도 사용되고 있으며, 디자인이 다양하고 아름답기 때문에 선물로도 애용된다. 언제부터 촛불 끄개가 사용되었을까. 그 발명 유래는 대충 이렇다. 가스와 전기가 발명되기 전 불을 밝히기위해 서양에서는 일반적으로 양초를 사용했다. 숙녀와 귀부인들이 입김으로 촛불을 끄는 것은 안전하지 않을 뿐만 아니라 그다지 우아하

지 않다고 여겨 18세기에 촛불 끄개가 발명되었다고 한다. 이후 이
물건은 서양 사회에서 오늘날까지 가정과 종교 제단(祭壇)에서 사용되
는 필수 품목으로 자리 잡았다.

교회에서 초는 예수의 존재를 상징하므로 예배 중에 촛불을 켜고
끄는 일은 매우 신성한 의식이다. 기독교에서 초의 밀랍은 예수의 몸
을, 심지는 예수의 영혼을, 불꽃은 신성을 상징한다.[12] 교회의 복사가
따라야 할 촛불 끄는 매뉴얼에 따르면, 촛불 끄개의 정확한 사용법은
다음과 같다.

> "종 모양의 덮개를 불꽃에 지그시 덮어 연기가 사라질 때까
> 지 누르면 된다. 심지가 망가지지 않도록 너무 힘을 주어 누
> 르지 말라."[13]

요컨대 촛불을 켜서 예수의 영혼을 예배당으로 모시고, 예배가 끝
나면 촛불을 꺼서 예수의 영혼을 떠나시게 한다는 의미이다. 다시 말
해 촛불 끄개로 예수가 예배 의식 공간에서 떠나시게 하되, 살포시 눌
러 예수의 영혼이 다치지 않게 하라는 의미로 해석된다.

불교 사찰의 촛불 끄개

한편 불교의 사찰에서도 전통에 따라 오래전부터 촛불 끄개를 사용하여 촛불을 끄고 있다. 불가에서는 촛불을 끌 때 입으로 불어서 끄지 않는다. 엄지손가락과 검지손가락으로 심지를 잡아서 끄거나 아니면 촛불 끄개를 사용한다. 이때 촛불 끄개는 미적인 도구라기보다는 살생을 하지 않으려는 배려의 수단이다. 입김을 불다가 날벌레 등이 촛불에 닿아 타 죽은 것을 미연에 예방하려는 것이다. 또한 입김이나 손바람으로 촛불을 끌 경우 자칫 잘못하다간 초를 넘어뜨려 화재의 위험을 초래할 수 있기 때문이다. 우리나라의 사찰에서 사용하는 촛불 끄개의 모양은 서양의 그것과 비슷하다. 이 물건을 통해 겉모양과 용도는 비슷하더라도 궁극적인 목적은 서로 다를 수 있다는 점을 놓치지 마시길 바란다.

5장

건강과 예술 치료

어떤 사회든지 질병과 죽음은 단순히 생물학적인 차원에
서 해석되고 처리되는 것이 아니다. 그것은 특정한 지식과
신앙체계, 역할, 의료 행위와 조직적인 사회적 행위가 포함
되는 일종의 문화현상인 것이다.[1]

– 한상복 외

18

루이 14세 시대의 변기 _{프랑스}

사 진의 바로크풍의 섬세한 의자들과 도자기 찻잔은 우아하기 그
지없다. 그런데 왜 사진 **1**의 의자에서 엉덩이가 닿는 방석 부
분이 뚫려 있고 뚜껑까지 달려 있는 걸까.

아이러니컬하게도 이 아름다운 의자(사진 **1**)와 우아한 찻잔 모양의
도자기(사진 **3**)는 그다지 아름답지도 우아하지도 않은, 사람의 '그것'
을 받아 내는 도구이다. 이쯤 해서 눈치를 챈 독자도 있겠지만, 우선
정답을 말하자면,

'18세기 프랑스 왕족과 귀족들이 용변을 보던 변기와 요강'

로코코 시대에는 하수시설이 없었으니 당연히 수세식 변기는 꿈도
꿀 수 없었다. 대신 의자 방석 부분의 한가운데에 구멍을 뚫고 그 밑
에 '그것들'을 받아 낼 구리나 도자기로 만든 그릇을 넣은 '셰즈 페르
세(chaise percée)', 글자 그대로 '뚫린 의자'를 사용했다. 이는 소위 '용
변용 의자'로 셰즈 다페르(chaise d'affaire)라 부르기도 했다. 셰즈 페르
세의 역사는 오래전으로 거슬러 올라가는데, 루이 14세 시대의 베르
사유 궁전 내부에는 무려 274개의 셰즈 페르세가 있었다는 기록이 남
아 있다. 18세기 중후반까지 파리에는 제대로 된 하수시설이 없었기
때문에 용변용 의자는 18세기 내내 애용될 수밖에 없었다.[2] 비록 볼일
을 보는 용도라 할지라도 왕궁의 명성에 걸맞게 너도밤나무로 만든
몸체에 세심하게 조각을 새겨 넣은 고급품이다. 게다가 이러한 특별

한 용도의 의자들은 정말 변기가 맞나 싶을 정도로 호사스럽기 그지없다. 루이 14세는 이에 그치지 않고 볼일을 보고 나면 레이스나 양모 중에서도 최고급이라는 메리노 울을 휴지 대용품으로 사용했다.[3]

이 호사스러운 의자의 사용법은 시간의 흐름에 따라 변화가 일어났다. 루이 14세 시대에는 이 남사스러운 의자를 사람들이 북적이는 방안에 들여다 놓고 다른 사람들의 시선에 아랑곳하지 않고 엉덩이를 드러내고 볼일을 보았다. 그러다가 18세기에 들어서 볼일을 보는 것이 사적인 용무, 남에게 보이기 부끄러운 일로 간주되었다. 이에 따라 비로소 저택 내에 오늘날의 탈의실이나 화장실에 해당하는 가르드 로브(garde-robe, 옛날 화장실)라는 은밀한 공간이 생기면서 셰즈 다페르는 개인의 사적인 생활영역에 안착했다.[4] 귀부인의 우아한 이미지를 좋아하는 사람들에게는 다행스럽게도 18세기 여성들은 의자를 사적 공간인 침실에 두고 혼자 조용히 볼일을 보았다.[5] 가르드 로브를 자세히 살펴보면 18세기의 화장실 문화에 대해 보다 잘 알 수 있는데, 이를 확실하게 보여 주는 물건이 바로 셰즈 다페르와 비데(bidet)이다.

한편 사진 **2**는 여성 전용 비데이다. 이 비데는 루이 14세의 손자이자 18세기를 대표하는 귀족 중 한 명인 팡티에브르 공작의 소장품으로 당시 귀족들의 화려한 생활상을 엿볼 수 있게 해 주는 물건이다.[6] 비데를 사용하고 있는 여인의 사진(p. 95)을 보자. 사진에서 일반 의자와 달리 여인이 의자의 등받이 부분을 마주하며 사용한다는 점에 주목하자.

사진 **3**은 장미 문양이 그려지고 금테까지 둘러져 더 없이 우아한 궁정의 찻잔처럼 보인다. 그러나 실상은 당시 귀족들의 침실용 요강이다. 실물을 보면 그 크기는 우리나라의 요강 만하다.

남부럽지 않게 호사스러운 변기 의자도 재미있지만, 배설에 대한 프랑스인의 관습이 유럽의 다른 나라들과 크게 달랐다는 점 또한 흥미롭다. 17세기 프랑스인들은 배설에 대해 프라이버시 같은 의미를 두지 않았기 때문에 화장실 문의 가운데 부분에만 칸막이가 있고 머

비데를 사용하고 있는 여인

리와 발이 보이는 옥외 화장실이 유행했다. 그 전통은 지금까지도 일부 남아 있어 프랑스의 공중화장실은 대부분 남녀 공용이다. 식당 화장실도 남녀 공용이 많지만, 프랑스인들은 개의치 않는다.[7] 우리가 갖고 있는 프랑스에 대한 이미지와는 사뭇 동떨어진 부분이다.

19

발 각질 제거기 _{인도}

사진 속의 물건은 언뜻 보기에는 좀 있어 보이는 집의 현관이나 거실을 장식하는 세련된 황동조각 장식품 정도로 보인다. 그런데 이 물건을 뒤집으면 바닥에 우둘투둘한 격자 문양이 규칙적으로 새겨져 있다. 예사롭지 않은 이 바닥을 보면 이 물건은 그저 장식이 아니라 뭔가 쓰임새가 있을 것 같다. 날렵한 말이 정교하게 조각되어 있는 이 물건의 바닥 길이는 6cm, 전체 높이는 8cm이다. 도대체 어디에 쓰는 물건일까. 사실 금속성의 거친 바닥은 뭔가를 문지를 때 사용하는 물건이라고 한다. 이쯤 되면 이 도구의 쓰임새를 눈치 챈 독자도 있을 것이다.

이 물건은 발뒤꿈치의 각질이나 발바닥의 티눈, 굳은살을 제거하는 데 사용된 인도의 발 각질 제거기(1900~1909년경 제작)이다. 황동으로 이루어진 바닥은 원형, 사각형, 마름모형, 육각형, 타원형 등 다양한 형태로 디자인되어 있다. 물건들의 크기는 고만고만하다. 바닥의 길이는 일반적으로 6~7cm, 높이는 7~9cm 정도로 손에 쥐기 쉽다. 물건의 손잡이 부분이 압권이다. 손잡이 부분이 다양하고 정교한 동물상으로 장식되어 있다. 동물들은 동양의 12간지 동물 외에 공작을 비롯한 각종 새, 코끼리, 사자, 다람쥐 등 동양인들에게는 친숙한 동물들이다. 이 아름답고 깜찍한 물건은 인도에서 18~20세기에 사용되었는데, 보통 사람들은 구경도 할 수 없었고 왕실에서만 사용되었다. 당시에는 제아무리 지체 높은 왕과 왕비라 할지라도 맨발로 다녔기 때문에, 청결하고 아름다운 발을 유지하기 위해서는 이와 같은 물건이 필수품이었을 것이다. 기능과 디자인이 절묘하게 콜라보를 이룬 훌륭한 본보기가 되는 별난 물건이다. 발의 티눈과 각질을 제거하는 소품 하나에서도 인도의 전통 문화와 장인정신의 섬세함을 엿보는 것은 즐겁지 않을 수 없다. 인도의 공주가 당시 자신이 태어난 해의 띠인 닭을 기념하기 위해 닭 모양이 조각된 '발 미용도구'를 왕으로부터 하사받았을지도 모를 일이다.

일 년 내내 따뜻한 인도에서는 오랜 세월 동안 신발을 신지 않고 맨발로 다녔다. 그러한 연유로 인도에는 손만큼이나 발을 애지중지하는 남다른 '발 사랑' 문화가 있다. 어머니들은 자신의 아기의 발에 마사지를 해 주고, 젊은이들은 어르신들의 발을 귀히 여겼다. 때로는 적의 발 앞에 엎드려 용서를 구하기도 했다. 또 연인들은 헌신적인 사랑을 보여 주기 위해 서로의 발을 애무하기도 했다. 오늘날까지 마을마다 발을 가꾸는 도구를 만드는 장인이 한 명 이상은 있을 정도이다. 그 도구란 바로 돌이나 금속 재질의 발 각질 제거기로서 힌두어로 vajri라 부른다. 이러한 물건이 기원전 2500년에 사용되었다는 기록도 있다. 인도의 종교 서적이나 소설에는 발에서 뿜어져 나오는 위대한 힘에 대한 묘사가 넘치고, 이와 같은 발의 마력은 인도의 고유한 문화적 아이콘 중 하나로 간주되고 있다.[8]

사진 속의 물건이 주는 재미는 이것으로 다가 아니다. 물건의 바닥을 이루는 판의 높이가 1~2cm로 동물 조각상을 받치는 받침대 역할을 하는 동시에 마름모, 초승달, 톱니 등 다양한 모양의 구멍이 뚫려 있다. 이 바닥 면의 내부를 들여다보면 작은 돌이나 금속 추가 들어 있어 물건을 사용할 때마다 '딸랑딸랑' 귀여운 방울소리가 난다.

왜 발을 닦는 도구에 방울을 달아 소리가 나게 한 것일까.

인도에서 목욕은 예나 지금이나 때때로 집이 아닌 공공장소, 예컨대 냇가나 강가에서 행해지기도 한다. 인도인들에게 목욕은 단지 신체의 위생뿐만 아니라 정신과 마음에 쌓인 때와 죄를 벗기고 정화시키는 종교적인 측면에서도 매우 중요한 의식이다. 이를 위해 일 년에

다양한 발 각질 제거기

수 차례 강가나 바라나시의 갠지스강 등에서 목욕을 하는 의식을 치르는 인도인들을 흔히 볼 수 있다.[9] 바로 이때 종은 여성에게 필수품이 된다. 옛날 인도의 북서부에 위치한 라자스탄 지방의 여인들은 옥외에서 목욕을 할 때 남자들이 가까이 오지 못하도록 작은 종을 몸에 패용했다. 그래서 이 종을 특별히 '목욕 종(washing bell)'이라 불렀다.[10] 목욕할 때 사용하는 각질 제거기에도 이와 같이 종을 달아 다른 사람들의 접근을 막으려 했던 것이다.

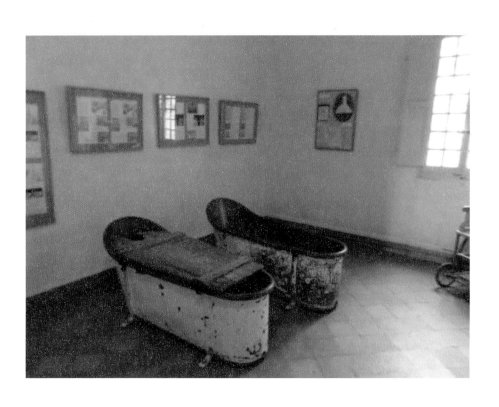

20

반 고흐의 심신 치료 욕조 <small>프랑스</small>

많은 설문조사 결과에 따르면, 사람들이 가장 좋아하는 화가 중 한 사람은 빈센트 반 고흐(Vicent van Gogh)라고 한다. 사람들은 왜 그리 반 고흐에게 열광하는 것일까. 이는 크게 두 가지 이유 때문이다.

첫째, 그의 그림은 한번 보면 쉽사리 기억에서 사라지지 않는 강렬한 인상을 주기 때문이다.

둘째, 마음의 병에 시달리다 끝내 젊은 나이에 자살로 생을 마감하기까지의 그의 인간적인 고통과 지독한 고독에 공감하기 때문이다.

고흐가 평생 마음의 병에 시달렸다는 사실은 누구나 알고 있다. 그런데 당시 그가 마음의 병을 어떻게 치료했는지에 대해서는 잘 알려져 있지 않다. 사진 속의 욕조가 바로 그의 심신 치료 방법에 대한 실마리가 되는 도구이다.

사망하기 일 년 전인 1889년 고흐는 프랑스 남부의 작은 마을 생레미드프로방스(Saint-Rémy de Provence, 이하 생레미)에 있는 생폴드모졸(St Paul de Mausole) 정신병원에 입원하여 약 일 년간 치료를 받았다. 당시 병원에서는 고흐의 증상을 간질에 의한 단순 발작으로 진단했다. 오늘날 고흐의 병에 대해 이런저런 설이 있지만, 대체로 다음과 같은 의견이 중론이다.

> "측두엽 이상에 의한 간질을 앓았던 것으로 여겨지며, 매독으로 인한 정신착란으로 보기도 한다. 예전부터 그런 징후가

보였는데, 넉넉지 못한 생활비와 모델료, 그림 재료를 충당하기 위해 식사도 부실하게 하고 극심한 음주로 인해 더 악화된 것으로 보인다."[11]

믿기지 않겠지만, 그의 마음의 병을 치료하기 위한 방법은 고작 일주일에 두 번 찬물로 목욕하는 것이 전부였다고 한다. 고흐는 바로 사진 속의 뚜껑이 있는 욕조에 몸을 담궈 병을 치료했다. 나무로 만들어진 욕조는 몸 하나를 겨우 넣을 수 있을 만큼 작고 초라하기 그지없다. 20세기를 코 앞에 바라보던 시기에, 그것도 미술사의 한 획을 그은 천재 예술가의 심신 치료에 사용되었던 도구라고 하니 도저히 믿어지지 않는다. 비과학적인데다가 열악하기 짝이 없는 치료 도구이다. 사진에서 보는 바와 같이 보잘것없는 두 개의 욕조만 덩그러니 놓인 작은 욕실은 고흐의 병실 옆에 나란히 붙어 있다.

고흐는 네덜란드의 작은 마을에서 태어나 37세를 일기로 짧은 생애를 살았지만, 그의 삶은 실로 파란만장했다. 특히 자살로 생을 마감하기 전 3년 동안의 삶은 그야말로 불꽃같은 유랑민의 삶이었다. 프랑스에서 보낸 그의 마지막 3년은 가장 고통스럽고 처절했지만, 아이

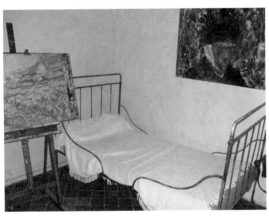

생레미드프로방스에 있는 고흐의 병실

고흐 병실의 창문

러니컬하게도 그가 남긴 대부분의 걸작들은 이 시기에 그린 것이다.

파리에서의 생활에 염증을 느낀 고흐는 프랑스로 건너온 이듬해인 1888년 2월 파리를 떠나 프랑스 남부 아를로 거처를 옮겼다. 왼쪽 귀를 자르고 붕대를 감은 자화상이 보여 주었던 그의 자해 행위는 그해 크리스마스 이브 전날 일어났다. 그날 그는 마음의 병을 치료하기 위해 아를에 있는 한 정신병원에 보내졌다. 당시 담당 의사는 그의 상태에 대해 일시적으로 과도한 흥분상태였을 뿐이라고 진단했다. 오늘날 아를은 반 고흐의 족적 덕분에 먹고 사는 도시라고 해도 과언이 아닌데, 당시 아를 시민들은 그를 아를에서 내쫓자는 진정서를 제출했다. 그를 미치광이로 여기고 혹여 자신들에게 피해를 입힐까 두려워한 나머지 아예 도시에서 떠나게 만든 것이다.[12]

아를에서 쫓겨난 고흐는 생을 마감하기 일 년 전인 1889년 5월, 간병인과 함께 아를에서 32km 떨어져 있는 생레미의 생폴드모졸 정신병원에 자진해서 입원한다. 현재 이 병원은 박물관으로 개조되어 일반인에게 공개되고 있다. 오늘날에는 고흐의 방에 이젤을 전시해 놓았지만 당시에는 병실에서 스케치 정도만 할 수 있었을 뿐 병원의 엄격한 규율에 따라 그림을 그리는 것조차 허용되지 않았다. 이와 같이 열악한 조건 속에서도 그는 밀밭과 짚단에 기대어 쉬는 농부, 푸른 하늘과 작열하는 태양, 석회석으로 이루어진 알피유산의 모습을 화폭에 담았다. 병실의 쇠창살 너머로 보이는 세상을 통해 슬픈 눈으로 포착했던 남프랑스의 고독한 밤을 그 유명한 〈별이 빛나는 밤에〉라는 작품으로 승화시켰다.

지금으로부터 불과 120년 전만 해도 마음의 병을 치료하는 치료법이 너무도 열악했다. 게다가 가난했던 고흐는 제대로 된 치료는 꿈도 꿀 수 없었을 것이다. 고흐가 1세기만 늦게 태어났다면 현대 의학에 힘입어 완전히 다른 생을 살았을지도 모를 일이다. 그의 흔적과 걸작품들이 후세에 길이 칭송된다 하더라도 이미 세상을 떠난 그의 지난했던 삶이 보상받을 수 있을까.

21

로마 시대의 타볼레타 이탈리아

사진은 십자가에 못 박힌 예수, 예수를 골고다 언덕의 처형대로 끌고 가는 모습, 기독교 성인(聖人)을 칼로 처형하려는 모습이 그려진 작은 성화들이다. 이와 같이 성화가 그려진 널빤지(版)를 라틴어로 타볼레타(tavoletta)라고 한다. tavoletta는 현대 영어 tablet의 어원이기도 하다. 여느 성화와는 달리 이 성화에는 손잡이가 달려있다. 그런데 왜 성화에 손잡이가 달려있을까?

14기부터 19세기 말까지 로마에는 매우 가치 있고 특별한 임무를 수행하는 흥미로운 단체가 있었다. 이들은 곧 처형될 사형수들이 교수대까지 가는 길의 동반자가 되어 생의 마지막 순간에 사형수들에게 '타볼레타(tavoletta)'를 보여 주는 임무를 담당한 일종의 종교단체였다. 타볼레타는 대개 십자가에 못 박힌 그리스도나 성모, 요셉, 요한 등의 성자를 묘사했다. 많은 영화에서 성직자들이 종종 사형수들의 마지막 순간에 성경 구절을 들려주었던 것처럼 종교화들이 사형수의 생의 마지막 순간에 마음의 위안을 줄 수 있다고 생각했던 것이다. 이미지가 가진 구원의 능력에 대한 믿음을 이보다 더 극단적으로 보여 주는 사례를 찾아보기는 힘들겠지만, 이 단체는 기독교 회화가 추구했던 임무 가운데 하나를 충실히 실천에 옮긴 것뿐이다. 요컨대 어려운 순간마다 가장 본질적인 관념들을 강렬하게 재현해 주는 이미지를 눈앞에 보여 줌으로써 우리가 살 수 있도록, 그리고 죽을 수 있도록 도와주는 것이다.[13]

그렇다면 왜 사형수들은 그리스도 이야기를 묘사한 성화를 보고 마

타볼레타를 보여주는 종교단체
(San Giovanni Decollato)의 단원

음의 평화를 얻게 되는 것일까. 성경 이야기는 보편적인 주제를 최대한 극적인 어조로 끌어올려 전달한다.[14] 성화들은 그리스도의 정신을 일깨우며, 죽음 앞에서는 특히 천국 영생을 환기시킨다. 비록 몸은 오늘 이렇게 죽지만 영혼은 살아서 하느님 안에서 영원히 살 수 있다는 것이다. 그러니 사형수들에게 십자가에 못 박힌 예수의 그림만큼 더 강력한 이미지가 있을까. 예수처럼 죽지만 어떠한 형태로든 부활하여 살 수 있다는 강한 믿음을 줄 것이다. 성모는 가장 소중한 존재인 아들이 십자가에 못 박혀 죽는 것을 지켜보았고 아들의 죽음을 눈물로 슬퍼했다. 아이를 자애롭게 안고 있는 성모자상은 이 세상을 곧 등져야 하는 사형수들에게 큰 위안이 아닐 수 없다.

위의 사진에서 이 단체의 단원들은 머리부터 발 끝까지 검은 천으로 가려 마치 하느님이 보낸 익명의 성인이라도 된 듯 그들의 종교적 임무를 성스럽게 수행하고 있다. 요즘 국제적으로 문제가 되고 있는 IS의 복장과 흡사해 보이지만, 그들의 임무는 본질적으로 다르다.

대부분의 기성 종교에서 죽음의 문제는 핵심적인 주제이다. 기성 종교들은 누구라도 두려운 사후 세계에 대한 확실한 비전을 갖고 있기에, 불완전하고 유약한 중생들은 종교에서 위안을 얻고 때로는 열광하며 편안하게 의탁할 수 있는 것이다. 이는 가톨릭에서 환자와 노인들에게 병자성사를 하는 맥락과 일맥상통한다. 병자성사는 환자와 노인들에게 그리스도의 수난과 죽음과 부활에 동참하여 그리스도인답게 병고를 이겨내고, 위로와 용기를 얻으며, 또 영생으로 거듭날 수 있다는 더 큰 희망을 줌으로써 마음의 평화를 누리게 한다. 요컨대 죽음에서 생명으로, 이 세상에서 하느님께 건너가는 강력한 힘을 얻게 해 준다.[15]

잘 알려져 있다시피 중세시대의 그림은 대부분 기독교의 종교화이다. 기독교가 널리 전파되면서 교권의 강화와 함께 종교화도 비약적으로 발전했다. 중세를 벗어난 르네상스 시대와 바로크 시대에도 화가들은 여전히 기독교 종교화를 많이 그렸다.[16] 그만큼 종교는 오랜 역사와 함께 인간의 삶 속에 깊숙이 뿌리를 내려 삶의 근간이 되었기 때문이다.

서양미술에서는 전통적으로 그 주제와 대상에 따라 회화의 위계를 나누었는데, 여섯 개의 등급(풍속화, 역사화, 인물화, 풍경화, 정물화, 종교화) 중 종교화는 최고의 정점을 차지했다. 인간의 심상 치유라는 관점에서도 종교화는 가장 효과적인 우위에 있는 것이다.

한편, 종교화가 심상 치유의 일익을 담당한다는 것은 다른 종교에서도 입증되고 있다. 불교 미술 치료의 경우 만다라 문양을 감상한 후 임산부의 정서적 안정, 청소년의 불안과 공격성 감소, 일반 성인의 우울성향 감소, 자율신경계 안정, 그리고 뇌졸중 환자의 우울 표현에 효과가 있었다는 연구 결과가 이를 뒷받침하고 있다.[17] 미술 치료란 미술과 치료라는 두 영역에서 예술이라는 수단을 이용하여 신체적·심리적 안녕을 도모하는 총체적 중재 방안이다. 인간은 언어적 형태보다 먼저 심상(image)으로 사고하고 느끼고 표현하는 존재이기 때문이다.[18]

어차피 인간은 태어나자마자 죽음을 향한 종착역으로 긴 여정을 떠난다. 죽음으로 나아가는 걸음걸음마다 마음속 깊은 불안을 털어 내고 마음의 평화를 얻기 위해 예술과 문학이라는 타볼레타가 절실히 필요한 것이 아닐까.

22

질병 치료용 가면 스리랑카

지구상에서 가면만큼 역사가 길고 보편적으로 사용되었던 물건도 많지 않다. 가면은 본래의 얼굴을 가리는 익명성과 다른 인물이나 동물 또는 초자연적인 존재 등을 표상하는 가장성(假裝性)을 지닌다는 점에서 인간의 무한한 상상력과 신비주의를 엿볼 수 있다. 이 물건은 가면의 수만큼이나 다양한 목적과 용도로 사용되어 왔고, 아직도 사용 면에서 현재진행형이다.

원시적 종교 의식에서 빠지면 안 될 두 가지 도구는 가면과 춤이다. 가면과 춤이라는 이중적 주술을 매개로 인간은 초인간적인 존재로 현신(現身)하고자 했다. 요컨대 종교적 감정과 정서를 강렬하게 표현하고 동작 그 자체에서 생겨나는 주술력을 더욱 효과적으로 상승시키려는 수단으로서 가면과 춤은 문화인류학사에서 가장 널리 쓰인 필수 도구였다.[19]

스리랑카 사람들 역시 여러 가지 목적으로 얼굴에 가면을 착용했다. 질병 치료를 비롯하여 다양한 염원과 의미를 담은 가면은 전통 춤과 공연 등의 의식에 등장하고 있다. 가면의 용도에 따라 그 명칭도 다르다. 이야기 공연에 사용되는 가면은 코람(Kolam), 종교적 목적으로 사용되는 가면은 소카리(Sokari), 질병 치료에 사용되는 가면은 산니(Sanni)라 한다.[20] 특히 스리랑카의 소수민족인 신할레스(Sinhalese)족은 가면으로 질병을 치료하는 것으로 알려졌다. 과거 식민지 시절의 국호였던 실론(Ceylon) 시기에는 공식 처방전에서 질병을 19개 종으로 분류하고, 각 질병마다 질병을 지배하는 귀신이 있다고 믿었다.

그래서 주술사가 환자 앞에서 질병 치료용 가면을 쓰고 춤을 추어 질병을 치료했다. 이때 쓰는 가면을 라카사(Rakasa)라 부르는데, 병의 종류에 따라 19종의 라카사가 있다.[21] 주술사는 19개의 가면 중 그 질병을 치유할 수 있는 가면을 쓰고 춤을 춘다. 라카사는 무서운 병을 물리쳐야 할 강력한 힘을 싣기 위함인지 매우 무서운 형상을 하고 있다. 치유 방법은 이렇다. 주술사는 소화불량 환자를 위해서는 소화불량을 치유해 주는 가면(사진 **1**), 신경마비 환자를 위해서는 신경마비를 치유해 주는 가면(사진 **2**), 전염병 환자에게는 전염병을 치유해 주는 가면(사진 **3**)을 쓰고 환자 앞에서 춤을 춘다. 이 춤은 하루에 해질녘, 한밤중, 동틀 무렵 등 세 번 반복한다. 이러한 의식을 통해 환자에게서 병을 지배하는 귀신을 불러내 가면을 쓴 춤꾼, 즉 주술사에게로 들어가도록 유인하는 것이다. 그러니 치료용이라기보다는 치유용 가면이라 지칭하는 것이 더 적절할지도 모른다. 원인을 모르는 병에 걸린 경우에는 19종의 귀신 얼굴이 모두 그려진 큰 가면을 쓰고 춤을 춘다.[22]

의학이 비약적으로 발달한 21세기 현대인의 관점에서 볼 때, 이 질병 치유 가면은 과학적 근거가 전혀 없는 한낱 주술적인 소도구로 치부될 것이다. 그런데 꼭 그런 것만은 아닌 듯하다. 질병 가면을 통한 치유에서 중요한 것은 원인을 잘 모르는 질병으로 인해 고통을 겪고 있는 사람에게 심리적으로 도움을 줄 수 있다는 신빙성 있는 연구 결과들이 있기 때문이다. 상징적 혹은 여타 비물질적인 요인에 의해 진짜 치료 효과를 강화할 수도 있는데, 서구 과학에서는 이를 위약 효과(placebo effect) 혹은 의미 효과(meaning effect)라 한다. 현대 미국에서도 질병의 종류에 따라 치료제의 처방 효력의 10~90%가 위약(僞藥) 효과라는 흥미로운 연구 결과가 이를 뒷받침해 주고 있다.[23]

주술사가 가면을 쓰고 병을 고치는 사례는 오늘날에도 다른 대륙에서 종종 찾아볼 수 있다. 남아메리카 브라질의 마투그로수 고원의 싱구강 인근에 사는 인디언 부족인 바우자(Wauja)족도 환자의 병을 낫게 하는 가면 아투주바를 쓰고 춤을 춘다. 주술사는 피리 소리에 맞춰 환자의 정신을 사로잡은 영혼이 무엇인지 알아내고, 환자의 병을 낫게 하려고 여성스러운 가면 아투주바를 쓰고 열심히 춤을 춘다.[24] 또 북아메리카의 이로쿼이(Iroquois)족은 세균과 바이러스가 건강에 해로울 뿐만 아니라 인간에게 고통을 주는 나쁜 영혼이라고 믿었다. 그리고 환자를 치료하기 위해 의식을 할 때마다 액막이 가면을 쓰고 최면상태에 빠진 채 격렬한 춤을 춘다. 액막이 의식을 치른 환자는 마치 몸이 다 나은 것처럼 마음이 개운해지는 것을 느낀다고 한다.

한편 이와 비슷한 주술적인 치유 방법은 옛날 중세시대의 기독교에서도 찾아볼 수 있다. 중세 유럽의 지도를 보면 성지가 점점이 표시되어 있는데, 그중 상당수는 고대 로마 시대에 지정되었다. 이는 기독교가 로마인들을 포교하면서 로마 제국에 번성했던 기성 종교의 수호신 전통을 수용한 결과이다. 기독교는 이런 성지마다 순례자가 성인(聖人)의 시신 중 특정 부위를 만지기만 해도 신체적 또는 정신적 질환을 치유할 수 있다고 약속했다. 예컨대, 치아 때문에 고생하는 신자들은 로마에 있는 산 로렌초 성당으로 달려가면 되었다.[25] 스리랑카의 실론에서라면 치통 치료용 가면을 써야겠지만.

6장

잊혀져 가는 발명품 vs. 새로운 발명품

기술의 혁신은 역사상 그 어느 때보다도 많은 물건의 생산과 사용을 가능하게 했을 뿐만 아니라 우리가 인간끼리는 물론 물질 세계와 관계를 맺는 방식에까지 변화를 가져왔다. … 거의 200만 년을 견뎌 온 다른 유물들과 마찬가지로 우리가 지난 세기에 생산한 물건 역시 우리의 관심사와 창의성과 열망을 전하며, 앞으로도 계속해서 미래 세대에 자신의 존재를 드러낼 것이다.[1]

– 닐 맥그리거

23

마야의 상형문자 달력 _{멕시코}

사진 속의 물건은 신비스럽고 수수께끼 같은 부적처럼 보이는데, 실은 고대 마야인들이 사용했던 달력이다. 마야(Maya) 문명은 아즈텍 문명과 함께 멕시코를 대표하는 귀중한 고대 문명으로 잘 알려져 있다. 마야는 올멕(Olmec)족, 이사파(Izapa)족의 계보를 거쳐 현재의 멕시코 남부, 과테말라의 북부, 넓게는 태평양 연안에서 대서양 연안의 유카탄반도까지 마야인들의 수많은 독립왕국이 있었고, 이들은 동일한 언어, 문화와 종교를 공유했다. 마야인들의 정확한 기원은 아직도 베일에 싸여 있지만, 대략 기원전 900년에서 기원후 300년 사이에 전성기를 맞았고 고도로 발달한 과학과 거석으로 축조한 유적, 뛰어난 예술작품 등 찬란한 문명의 족적이 오늘날까지 남아 있다. 4세기 이후 점차 쇠락의 길을 걸었지만, 15세기까지는 광대한 영역에 걸쳐 명맥은 유지하고 있었다. 그러나 애석하게도 16세기경 스페인 원정대와 가톨릭 선교사들이 마야인들을 침탈하여 그때까지 잘 보존되어 왔던 마야인들의 고문서들을 무자비하게 파괴함으로써 오늘날 고대 마야인들의 과학과 문명을 연구할 수 있는 길을 원천봉쇄하고 말았다. 따라서 마야 문명에 대한 현대의 연구는 주로 천문과 달력이라는 매우 제한적인 영역에 국한될 수밖에 없게 되었다.[2]

유럽을 비롯한 구대륙에서는 주로 달과 태양의 움직임을 반영한 역법을 만들어 사용한 반면, 마야인들은 이러한 역법 외에도 자신들의 과학과 철학을 기반으로 독특한 여러 가지 달력을 발명하였고 각각의 달력들을 서로 대조하거나 결합하여 사용했다.[3] 마야력의 용도에 관해서는 수많은 가설이 있으며 아직까지 명확하게 설명할 수 없다. 마야인들이 사용했던 달력 체계는 매우 복잡하며 여러 가지 달력을 발명했다. 그중에서 가장 중요한 달력은 52년을 주기로 하는 '짧은 달력(Cuenta Corta)'으로 '하아브(Haab)'와 '촐킨(Tzolkin)' 두 가지가 있다. 태양의 움직임을 관찰하여 만든 하아브 달력은 1년이 365일로 이루어졌고, 실생활에서 사용되었다. 촐킨 달력은 1년이 260일로 이루어져 있으며, 실생활에서 사용되기보다 제례의 일정을 정하거나 미래를 예언할 때 사용되었던 종교적인 달력이다.

얼핏 보아도 사진 속의 마야 달력은 난해한 상형문자들이 겹겹이 둘러져 있어 그림의 떡일 뿐이다. 사진 속의 마야 달력은 태양력인 하아브 달력이다.

한 달은 20일, 1년은 18개월로 이루어져 있으며, 여기에 '우아옙(Uayeb)'이라 부르는 5일짜리 19번째 달이 덧붙여져 결국 1년은 365일이 된다. 그들은 하아브 달력에서 여분인 19번째 달의 닷새는 재앙이 닥칠 수 있는 매우 불길한 날로 여겼다. 따라서 마야인들은 이 재앙을 피하기 위해 19번째 달에는 외출이나 목욕을 삼갔으며 일하는 것도 가급적 피했다. 하아브 달력에는 현재 우리가 사용하는 그레고리력처럼 날짜를 보정하기 위해 사용하는 윤날은 없지만, 태양의 1년 주기에 맞춘 상용력으로 실생활에서 사용되었다.[4] 사진 속 중앙의 얼굴은 태양신, 그 원주 밖의 네 개의 네모 칸 안의 형상은 이미 흘러간 시대의 태양신을 상징한다. 그리고 그 주변의 원주 안 20개의 형상은 바로 한 달 20일을 상징하는 부호이다.[5]

종교적 목적으로 사용된 촐킨 달력과 일상에서 사용되었던 하아브 달력이 동일한 시점에서 출발하여 다시 동일한 날에 맞아떨어지는 날에 필요한 날은 총 18,980일이다. 이것을 365로 나누면 52년이 된다. 이는 마치 동양의 십간(十干)과 십이지(十二支)의 조합이 최소공배수로 60주년의 주기를 갖는 방식과 같다. 이와 같이 산출된 '52'년이라는 숫자 단위는 마야인의 모든 의식과 생활을 지배하는 근간이 되었다.

52년 주기로 세상이 시작되고 끝난다고 믿었기 때문이다. 따라서 그들은 52년 주기에 따라 마야 달력을 제작하고, 기존 파라미드 옆에 52년마다 새 피라미드를 세웠으며, 52년째 되는 날에는 살던 도시를 버리고 다른 곳으로 옮겨 가 새 도시를 세웠다. 한편 그들은 52번째 생일을 맞이한 사람에 대해 세상의 한 주기의 종말을 이겨 내고 살아남은 원로로 극진히 대접했다. 그들에게 52번째 생일은 동양의 환갑과 비슷한 개념이라고도 할 수 있다.

1, 2천 년 전에 살았던 고대 마야인들의 정교한 과학적 지식과 천문학의 탐구정신에 입이 떡 벌어질 뿐이다.

24

잉카족의 매듭문자 키푸 _{페루}

1917년 제1차 세계대전 당시 오스트리아의 첩보요원이 적국의 정보를 캐내기 위해 비밀리에 프랑스에 잠입했다. 그의 임무는 프랑스 군부대의 번호를 알아내는 것이었다. 그는 정보를 얻은 후 다음과 같이 두 줄의 노끈을 통해 비밀리에 자국에 정보를 전달했다.

아래 그림의 노끈에 얽힌 암호를 풀어 보면, 부대의 번호는 412연대와 503연대이다. 도대체 이 노끈에 숨겨진 암호의 비밀은 무엇일까. 우선 암호를 해독하는 방법부터 알아보자. 굵은 매듭은 경계선이고, 작은 매듭은 암호 숫자를 의미한다. 따라서 노끈을 해독해 보면 위쪽의 노끈은 412, 아래쪽의 노끈은 503을 나타낸다. 너무 단순하고 허술해 보이는 방법이지만, 그러한 허점을 이용하여 첩보요원은 프랑스 국경의 검문을 쉽게 통과할 수 있었다. 그런데 사실은 그가 암호를 고안한 것이 아니라, 잉카(Inca) 제국이 사용했던 매듭문자의 전통을 활용하여 암호화한 것이다.[6]

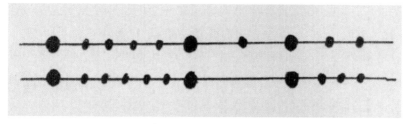

오스트리아 첩보요원의 암호화가 숨겨진 노끈

오늘날의 페루의 조상인 잉카족은 수준 높은 문명을 창출했지만 문자를 사용하지 않은 까닭에 안타깝게도 찬란했던 잉카의 문화를 문자 기록으로 남기지 못했다. 그리하여 잉카 문명은 오늘날까지 베일에 싸여 있다. 오늘날의 공무원 신분에 해당하는 암송자에 의해 수 세대에 걸쳐 전승된 구비전설을 통해서만 잉카의 역사를 부분적으로 짐작할 수 있을 뿐이다. 요컨대 잉카 제국의 암송자는 '구두로 기록하는 역사 저술가'였던 셈이다.

당시 잉카 제국에 비록 문자는 없었지만, 광활한 영토의 질서를 유지하기 위해서는 황제의 명령을 지방 관리들에게 전달할 의사소통의 도구가 필요했다. 바로 이 노끈이 일종의 '통신문' 역할을 했다. 즉, 잉카 제국에서는 잘 다듬어진 도로 곳곳에 전령사를 두어 의미를 담은 노끈을 보여 줌으로써 의사소통을 한 것이다. 이 밖에 이야기나 신화, 노래 가사 등도 노끈에 기록했다. 이러한 노끈을 케추아어로 키푸(khipu 또는 quipu)라 부른다. 1m 남짓한 굵은 끈에 가는 노끈들을 줄줄이 매달아 특정 내용을 전달하는 방식으로, 이것이 문자의 역할을 대신하기에 결승문자(結繩文字) 또는 매듭문자라고 불렀다.[7]

잉카의 결승문자는 기본적으로 굵은 끈 사이에 가느다란 끈을 묶어 정보를 나타낸다. 보다 자세히 말하자면, 매듭 방향(앞쪽·뒤쪽)이나 회전수, 혹은 끈의 종류(무명실·양털)나 색깔로 다양한 정보를 전달할 수 있었다. 최근의 연구 결과에 따르면, 각 매듭은 1,536개의 정보 단위를 나타낼 수 있다고 한다. 요컨대 노끈을 매는 방법과 색깔에 따라 동식물, 광산물, 지역 등의 의미를 나타내고, 인구·거리·연·월·일·천문·지리 등 온갖 숫자와 양도 표시할 수 있다. 노끈의 첫 단을 1단위로 삼고, 노끈의 위쪽 부분으로 갈수록 큰 단위의 수를 의미했다. 끈의 색깔 또한 유의미하다. 노란색은 황금, 흰색은 은, 붉은색은 병사, 검은색은 달력 날짜, 갈색은 감자 등을 의미했다. 예컨대 전령이 붉은 끈에 매듭이 지어진 키푸를 보여 주면, 이는 '병사 몇 명을 보내라'는 의미였다. 그래서 잉카 시대에는 학교에서 키푸 해독법을 배운 사람들이 전령사 신분으로 지방에 파견되어, 새끼줄에 끈과 매듭을 엮어 황제의 지시와 정보를 전달했다. 이와 같은 전통은 오늘날까지 남아 있어 일부 잉카의 후손들은 이 매듭을 이용해 가축의 수를 세곤 한다.[8] 그뿐만 아니라 숫자나 의미를 전달하는 용도는 아니지만 오늘날 잉카의 후손들은 키푸를 몇 가지 의식에 사용하고 있다. 일례로 마을의 관리가 이취임식을 할 때 키푸는 행사장을 장식하는 상징물로 사용된다.[9] 과거 잉카 시대의 키푸가 여전히 살아남아서 새로 부임한 관리의 정신적·정치적 지주 역할을 하는 강력한 상징물이 되었다고 할까. 그 옛날 잉카의 엘리트 전령사가 마을과 마을을 돌며 키푸를 수단으로 왕의 사신으로서 정보를 전달했듯 어느덧 키푸는 사회적인 명예와 권위를 상징하게 된 것이 아닐까.

키푸 또한 오랜 시간의 켜 속에서 물건의 용도가 변화된 또 하나의 예이다.

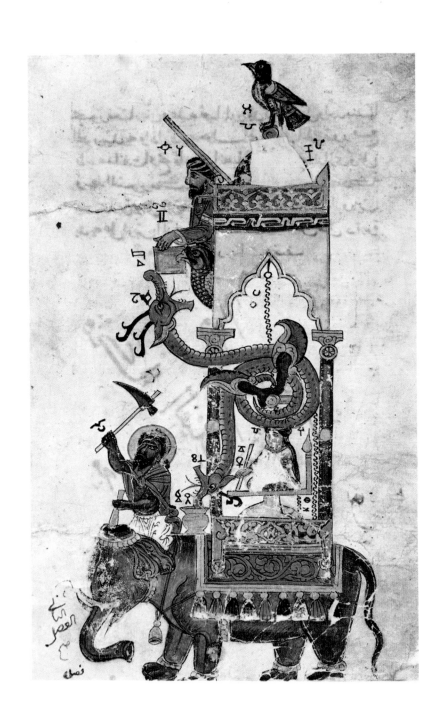

25

다문화 시대의 코끼리 시계 터키

"우리가 무엇을 하고 바라며 기대하고 꿈꾸거나 두려워하든, 우리의 존재와 상관없이 시간은 언제나 계속해서 갈 것이다. 모든 행위가 시작되어 끝나는 시간이 있을 것이다. 오래전부터 인간들은 시간을 알고, 계산하고, 또 표시하고 싶어 했다. 무슬림들도 그러하였다. 이슬람 교도들은 우리는 시간을 멈추게 할 수 없고 항상 시간을 잃고 있으니, 의로운 행동을 하며 시간을 잘 쓰기 위해서는 시간을 아는 것이 중요하다는 점을 깨닫고 있었다. 또한 그들은 율법에 따라 매일 정해진 시간에 기도할 시간을 알아야 했다."[10]

터키 동남부 디야르바키르 출신의 발명가 이스마일 알-자자리는 1206년까지 그 지역의 아르투크 왕조의 왕들을 위해 다양한 모양과 크기의 시계를 발명했다. 그중 단연 으뜸인 것이 사진 속의 일명 코끼리 시계이다. 코끼리 시계는 일찍이 다른 나라들의 다양한 문명의 산물을 한데 융합한 걸작품으로 높이 평가되었다. 이 기발한 시계의 부품은 기본적으로 인도인이 영감을 준 수력 계시장치(啓示裝置)를 사용해 자동화되어 있다. 아울러 이집트의 불사조, 그리스의 수압 기술, 중국의 용, 인도의 코끼리, 아라비아풍 옷을 입은 작은 조각상이 이 발명품에 구현되어 있다. 한마디로 이 발명품에는 스페인에서 중국에 이르는 여러 나라의 문화적·기술적 업적이 절묘하게 통합되어 이슬람 세계와 인류 문명의 다양성을 표상하고 있는 것이다.[11] 13세기에 일찍이 세계화를 예견한 미래학자의 글로벌한 발명품으로 탄복을 자아내게 한다. 한편 당시 나시르 알-딘(Nasir al-Din) 왕은 후세에 기록으로 남기기 위해 알-자자리에게 그가 만든 모든 발명품을 총망라한 책을 집필하게 했다. 왕의 명령에 따라 1206년 마침내 완성된 책 제목은 야심차게도 『독창적 기계장치에 대한 지식의 서(*The Book of Knowledge of Ingenious Mechanical Devices*)』였다. 요즘 같으면 기계공학 개론서라고 할까. 이 탁월한 기계공학 서적의 항목에 코끼리 시계도 당당히 포함되어 있다.

발명가 알-자자리가 거둔 최고의 성과는 펌프나 엔진, 다른 많은 기계에 필수적인 회전운동을 직선운동으로 바꾸는 크랭크 바퀴, 연결봉, 피스톤 시스템을 창조적으로 조합했다는 것이다. 코끼리 시계는 계시장치로 숨겨진 물탱크 속으로 천천히 가라앉는 사발을 사용했는데, 이것은 가티카-얀트라라는 인도의 기계장치의 한 형태이다. 이 장치는 밑바닥에 조그만 구멍이 뚫린 구리나 코코넛으로 만든 반구형

두바이의 한 백화점에 전시된 코끼리 시계 모형

사발로 만들어져 있다. 물이 담긴 더 큰 항아리에 떠 있는 이 사발은 사발 안에 점차 물이 차면서 가라앉는다. 사발이 바닥에 닿으면서 사발 안의 물의 무게에 의해 쿵 하는 소리가 나며, 그 소리를 들은 시간 기록원이 사발을 들어 올리면 이 과정이 다시 되풀이되었다. 이 장치는 불교나 힌두교 사원에서 큰 인기를 끌었으며, 후에 인도의 무슬림 사원에서 널리 사용되었다.

코끼리 시계가 발명되기 전, 이집트에서 그리스 시대까지의 많은 문화권에서는 기원전 1500년경 이집트인들이 발명한 물시계를 사용했다. 돌로 된 그릇 바닥의 구멍에서 일정한 속도로 물방울이 떨어지고 그릇 안쪽 벽에 물이 빠져나간 눈금의 위치에 따라 시간을 측정할 수 있었다.[12] 이를 고대 그리스어로 '클렙시드라(klepsydra)'라 불렀는데, 그 의미는 흥미롭게도 '물도둑'이다. 밑 빠진 독에 물을 붓듯 하염없이 물이 빠져나가는 것에 빗대어 붙은 별명일 것이다. 어쨌든 클렙시드라는 현대에 사용되는 시계의 원형으로 간주되고 있다.

뻐꾸기 시계는 정시마다 뻐꾸기가 튀어나와 '뻐꾹' 소리를 내며 시간을 알린다. 그렇다면 코끼리 시계는 어떻게 시간을 알릴까?

"30분마다 시계의 맨 윗부분의 돔 위에 앉아 있는 새가 지저귀는 일련의 소리와 동작이 이어진다. 이어 공이 시계의 꼭대기에서 굴러 내려와 시간 글자판을 돌리며, 분(分)을 보여주기 위해 필사원과 그의 펜이 자동으로 회전한다. 마침내 공이 떨어지며 코끼리 운전수의 나무망치가 심벌즈를 친다. 30분이 지난 것이다."

당시 최신 발명품이었던 코끼리 시계는 아무나 소유할 수 없었다. 따라서 이 시계는 시간을 알려 주는 본래의 기능 외에도 소장자의 지위, 위엄, 부를 상징하기도 했다. 또한 인물들이 동적으로 움직이며 시간을 알려 주기에 로봇공학의 원조로 칭송하는 이도 있다.[13]

26

기념주화 자동판매기 _{프랑스}

고 대의 재주 많은 발명가 알렉산드리아의 헤론(10~70)은 성수가
나오는 기계를 발명하여 이집트의 한 성지에 두었다. 순례자들
이 동전 주입구에 동전을 넣으면 수도꼭지에서 성수가 콸콸 쏟아졌
다.[14] 그로부터 2,000여 년이 지난 1990년대에 성수 대신 주화가 쏟아
지는 자동판매기가 등장했다. 왼쪽 사진은 남프랑스 아를의 로마식
원형경기장 입구에 설치된 기념주화 자동판매기이다. 그리고 아래의
사진은 거기서 나온 기념주화이다.

　예전에는 해외 여행을 가면 그곳을 대표하는 유적지나 기념물을 담
은 엽서를 사는 것이 정석이었다. 그런데 요즘엔 '스마트한' 휴대전화
가 상용화되면서 엽서 대신 기념주화가 더 잘 팔린다고 한다. 기념주
화를 사려고 굳이 은행까지 갈 필요도 없다. 기념주화 자동판매기를
통해 쉽게 구입할 수 있으
니까. 프랑스의 관광지에서
이 기계를 통하지 않고는
주화를 구입할 수 있는 다
른 방법은 없을 것이다. 어
찌 보면 환전인 셈이다. 동
전을 넣으면 또 다른 동전
이 내 손안에 굴러들어 오
니까.

　프랑스는 1998년부터 유
적지나 유명 관광지에 기념

시저의 두상이 새겨진 기념주화

주화 자동판매기를 설치하여 전 세계 관광객들의 사랑을 받고 있다. 2000년대 이후 이 기념주화는 관광지의 최고 인기 상품이라고 한다. 기념엽서의 판매량이 줄어들면서 엽서의 대체 기념품인 셈이다. 기술의 발달이 기념품의 풍속도도 변화시켰다고 할까. 기념주화 가격은 단돈 2유로(약 2,500원)로, 프랑스 관광지 어디에서나 살 수 있는 에비앙 생수 가격 5유로(약 6,250원)보다도 훨씬 저렴하다. 유명한 관광지 입구에는 어김없이 이 작지만 위대한 발명품이 근위병 대신 우리를 맞이하고 있다. 예컨대, 노르트담 사원, 사크레 퀴르 대성당, 몽생미셸, 모네의 생가가 있는 지베르니, 브르타뉴 지방의 샹보르 성, 베르사유 궁전, 에펠탑 등 도처의 관광지에서 기념주화를 구입할 수 있다. 그런데 이 주화는 여행지에서 들고 온 여타 전리품이 제공하지 못하는 또 다른 기쁨이 있다. 바로 이 주화 가격이 골동품의 그것처럼 해가 갈수록 오르고 있다는 사실이다.

우연히 프랑스의 기념주화 판매 사이트(www.medailestouristiques. com)에 접속해 보니, 필자가 프랑스 남부 아를의 원형경기장에서 구입했던 주화가 2016년에 7유로에 판매되고 있었다. 2010년에 2유로에 구매했으니 1년에 1유로(약 1,250원)씩 오른 셈이다. 그런데 모든 기념주화의 가격이 동일한 비율로 상승하는 것은 아니다. 2010년 당시 아를의 원형경기장에서 판매한 주화는 세 종류였다. 필자가 구매한 것은 그중 시저의 두상이 디자인된 것이다. 나머지 주화 중 하나는 원형경기장이 새겨져 있었고, 다른 하나는 로마인의 생활상이 새겨져 있었다. 역시 한 번 황제는 영원한 황제인가 보다. 2016년 기준으로 시저가 새겨진 동전은 7유로, 원형경기장이 새겨진 주화는 5유로, 로마인의 생활상이 새겨진 주화는 3.5유로에 팔리고 있었다.

기념주화의 앞면에는 통상 해당 유적지나 기념물이 새겨져 있다. 그리고 모든 기념주화 뒷면에는 주화를 주조한 프랑스 조폐국 건물과 함께 '파리 조폐국(Monnaie de Paris)'이라는 글자가 선명하게 새겨져 있다. 아울러 동전 뒷면의 가장자리에는 프랑스라는 단어가 8개의 주

파리 조폐국

요 외국어로 쓰여 있다. 제작 구상 단계부터 철저하게 세계인들을 겨냥하여 디자인한 것이다.

프랑스 조폐국 '모네 드 파리(Monnaie de Paris)'는 우리나라의 한국은행에 해당되는 기관으로, 프랑스 역사상 가장 오래된 정부기관 중 하나이다. 일찍이 864년에 프랑스 왕 찰스 2세가 설립했다. 기념주화의 주조 비중이 커지면서 1973년부터는 일반 화폐와 기념 화폐의 제작을 담당하는 부서를 분리하여 이원체제로 운영하고 있다. 수집용 메달과 기념주화를 디자인하여 제작하고 박물관 운영을 담당하는 본부는 파리의 심장부를 관통하는 센 강변을 따라 길게 뻗어 있는 '콩티(Quai de Conti) 가(街)'에 위치해 있다. 한편 현행의 일반 화폐 제작을 담당하고 있는 본부는 프랑스 남서쪽에 위치한 페삭(Pessac)이라는 소도시에 있다. 예상과 달리 기념주화 제조소가 본사로서 파리 한복판에, 일반 화폐 제조소는 파리에서 약 2시간 거리의 보르도 근처에 있는 것이다. 이는 프랑스에서 기념주화의 제작이 그만큼 중요한 위치를 차지하고 있다는 방증이다. 파리에 있는 본부에서는 매년 12만 개의 기념주화와 12만 개의 금화를 제작하고 있다.[15]

역시 프랑스는 동전도 예술이다. 늘 기발하고 독창적인 아이디어에서 한 발 앞서간다.

7장

기상천외한 악기

인류 최초의 피리는 대부분 동물의 뼈에 구멍을 내 만들었고, 지금도 몽골의 야산갈링과 티베트의 르캉글링은 떠돌다 병들어 죽은 사람의 영혼을 달래 주기 위해 장례식에서 연주되는 악기로 사람의 무릎뼈를 이용해 만든다. … 뉴질랜드 원주민인 마오리족의 악기 은구루는 피리의 일종인데 입으로 불지 않고 코로 불어 소리를 낸다. … 이들은 세계 여러 나라의 다양한 자연 환경, 풍습, 문화까지도 엿볼 수 있게 해 준다.[1]

– 세계민속악기박물관

27

거미의 독을 빼내기 위한 탬버린 이탈리아

사진의 탬버린 위쪽에 커다란 거미 한 마리가 그려져 있다. 거미가 예사롭지 않다. 탬버린이야 우리에게 친숙한 물건이지만, 별난 물건의 이야기 실마리는 바로 탬버린에 그려진 이 흉측한 거미에서 뽑아져 나온다.

이 탬버린에 그려진 커다란 거미는 이탈리아 남부 지방에서 서식하는 독거미로 이탈리아어로 타란텔라(tarantella)라 한다. 타란텔라는 늑대거미과로 어미 거미는 크기가 무려 15~25cm나 될 정도로 등치가 크다. 또한 타란텔라는 이탈리아의 남부 나폴리의 민속춤으로도 잘 알려져 있다. 이 춤은 이탈리아의 캄파니아 지방에서는 타무리아타(Tammuriata)로, 살렌토 지방에서는 피치카(Pizzica)라는 이름으로 불리고 있다. 도대체 타란텔라 거미와 타란텔라 춤이 무슨 연관이 있기에 동명(同名)으로 불리고 있을까.

타란텔라 춤의 유래에는 비슷하지만 약간 다른 두 가지 설이 있다. 오래전부터 전해 내려오는 한 가지 설은 이렇다.

> "이탈리아 남부 지방엔 타란튤라(Talantula)라는 흉측한 독거미가 있단다. 거미에 물리면 히스테리컬하게 되어 죽을 때까지 발광하듯이 춤을 추게 되는 무도병(舞蹈病)에 걸려 자칫하면 목숨을 잃을 수도 있지."

이 첫 번째 설보다 그럴듯하게 보이는 또 다른 설은 이렇다.

"타란텔라라는 독거미에 물리면 옛날부터 전해 내려오는 치료법이 있어. 땀에 흠뻑 젖을 정도로 몸을 흔들어 대서 독이 땀을 통해 몸에서 빠져나가게 해야 해. 그래서 거미에 물린 사람에게 빠른 춤을 추게 했단다. 이 춤을 나중에 거미의 이름을 따서 타란텔라 춤이라고 부르게 되었지."[2]

몸속의 독이 빠져나갈 정도의 빠른 춤이라면 도대체 얼마나 빠르게 추어야 할까. 사진의 탬버린은 타란텔라 춤을 출 때 흥을 고조시키기 위해 특별히 제작되었기 때문에 타란텔라 탬버린이라 불렸으며, 독거미 그림이 타란텔라 탬버린의 상징이 되었다.

타란텔라 춤의 유래는 위와 같다지만, 오늘날 이탈리아 남부 지방에서는 남녀가 상대에게 구애를 할 때 추는 사랑의 춤을 가리킨다. 구애의 춤 역시 빠른 박자로 추는 춤이다. 이탈리아 남부 지방의 축제나 카페, 무도장에서 타란텔라 탬버린의 흥겨운 리듬에 맞추어 타란텔라 춤을 추는 연인들을 흔히 볼 수 있다. 오늘날의 타란텔라 춤은 3박자, 6박자로 아주 빠르게 추는 이탈리아 남부 지방의 전통 춤의 대명사로 불리고 있다. 이 춤은 장조와 단조가 교대로 나타나는 것이 특징이다. 19세기 중엽의 예술음악으로서 자주 작곡되었으며 특히 리스트, 쇼팽, 베버, 멘델스존, 로시니 등이 작곡한 음악 작품들이 널리 알려져 있다. 예컨대, 멘델스존의 교향곡 제4번 〈이탈리아〉 마지막 악장은 이탈리아 남부의 빠른 춤곡인 '살타렐로'와 '타란텔라' 리듬을 담고 있다. 서로 명칭은 다르지만 살타렐로와 타란텔라가 귀에 전해지는 느낌은 크게 다르지 않다. 양쪽 모두 빠른 3박자, 또는 이의 변형인 6박자나 12박자로 되어 있다.[3] 차이콥스키도 이탈리아 여행 중 이 춤곡에 영감을 받아 〈이탈리아 기상곡〉을 작곡했는데, 마지막 1분 동안 현란한 타란텔라 박자로 피날레를 멋지게 장식했다. 빠른 12박자가 등장하는 그의 유명한 교향곡 〈비창〉의 3악장도 타란텔라 춤곡의 곡조를 띠고 있다.

나폴리 지방의 타란텔라 민속춤

타란텔라 춤은 경쾌하고 역동적인 감흥 덕에 민속춤으로 그치지 않고 다양한 예술 장르에까지 그 저변을 확대했다. 일례로 고전발레 〈백조의 호수〉 제3막과 브르논빌의 발레 〈나폴리〉에 이 춤이 인용되었다. 또 뒤마의 소설 『몬테크리스토백작』을 원작으로 스위스에서 초연된 뮤지컬 〈몬테크리스토〉에도 인용되었다.[4] 최근의 한 연구에서는 타란텔라 춤이 본래 이탈리아와 스페인의 일종의 검무(劍舞)였다고 밝혔다.[5]

결국 거미 타란텔라가 타란텔라 춤, 타란텔라 음악, 타란텔라 탬버린까지 광범위하게 거미줄을 친 셈이다.

28

연주용 카우벨 _{스위스}

사진의 종은 스위스 여행을 다녀온 사람이라면 누구나 한 개 정
도는 소장하고 있을 법한 스위스를 대표하는 기념품이다. 이는
스위스 알프스 지방의 카우벨(cowbell)이다. 사실 양, 염소, 야크 등
다른 동물의 목에도 종을 달았지만, 유독 소에게 달아 주었던 종이 카
우벨이라는 이름으로 살아남았고 세상 사람들로부터 지극한 사랑을
받아 왔다. 그럼에도 카우벨은 우리에게 전혀 별난 물건은 아니다.
그런데 이 커다란 쇳덩이로 연주를 할 수 있다는 것을 아시는지. 평범
한 이 종이 악기로 사용될 때에는 별난 물건의 반열에 당당히 오를 수
있다.

이 카우벨을 스위스-독일어로 '트라이클러(Trychler)'라 부른다. 트
라이클러는 금속, 나무 등 재질이 다양하고 모양도 원형, 직사각형
등 다양하다. 동물의 종류, 성별, 나이에 따라 종의 모양이 달라진다.
이 종들은 형태와 크기에 따라 다양한 소리가 난다. 종의 모양과 재질
이 다양한 것은 목동들이 멀리서 종소리만 듣고도 어떤 가축이 어디
에서 풀을 뜯고 있는지 그 소재를 파악하기 위해서이다. 동물에 따라
종의 이름을 구별하여 부르기도 한다. 예컨대, 스페인에서는 번식용
암말에 다는 종을 투르코(truco), 암양이나 암염소에 다는 종은 에스킬
라(esquila), 수태한 암컷 동물과 새끼들에 다는 종은 에스킬레타
(esquileta)로 부른다.

사진에서 보는 바와 같이 트라이클러는 크게 금속과 가죽의 두 부분
으로 구성되어 있다. 긴 가죽 부분을 소의 목을 감싸듯 둘러매면 된다.

다양한 트라이클러

8월 1일은 스위스의 건국기념일로, 매년 이날이 되면 스위스의 건국을 기념하기 위해 전통 악기 알펜호른과 트라이클러의 연주 소리가 마을마다 메아리친다. 스위스의 대표적인 전통 문화 의식의 한 장면이다. 스위스를 여행할 때 소들이 가파른 비탈을 오르내릴 때마다, 언덕 위의 풀을 뜯어먹을 때마다 목에 단 종들이 조화롭게 자아내는 아름다운 선율이 알프스를 배경으로 음악처럼 울려 퍼지는 광경을 쉽게 볼 수 있다. 음악가들이 이 종소리에서 영감을 받아 아름답고 독특한 선율을 울리는 악기로 발전시킨 것이다.

연주용 트라이클러는 체명악기(體鳴樂器)로 분류된다.[6] 체명악기에는 두 가지 연주 방법이 있다. 하나는 추가 없는 종의 겉 표면을 드럼용 채(stick)로 두드려서 소리를 내는 방법이고, 다른 하나는 추가 달린 종을 좌우로 흔들어 소리를 내는 방법이다. 트라이클러는 일반적으로 후자의 방법으로 연주된다. 트라이클러 연주는 각 트라이클러에 음계를 주어 연주하는데, 연주 방법이 어렵지 않아 누구든지 쉽게 연주할 수 있다. 이 트라이클러 연주는 손에 쥘 수 있을 정도의 작은 종의 손잡이를 쥐고 종의 추를 흔들어 연주하는 핸드벨 연주와 구별되어야 한다. 각 핸드벨은 각각의 음을 가지고 있어 해당하는 음색을 낸다. 즉, '도' 음을 내는 핸드벨, '레' 음을 내는 핸드벨 등을 울려서 연주를 하는 것이다. 이와 달리 트라이클러는 커다란 추를 흔들어 소리를 울리는 체명악기이기 때문에 그 소리는 핸드벨보다 훨씬 웅장하고 금속성의 소리가 두드러진다.

이와 같은 독특한 음색을 살려 트라이클러 연주는 재즈곡이나 교향곡에 삽입되기도 했고, 드럼 연주와 함께 편성된 경우도 많다. 예컨대, 독일의 작곡가 리하르트 슈트라우스의 〈알프스 교향곡〉(1916년 초연)에는 양과 소 떼를 상징하는 소리로 활용되었다. 흔들리는 방울 소리의 음색이 독특하며, 고운 선율은 스위스의 전통 음악과 잘 어우러진다. 또한 말러는 교향곡 제6번에서 카우벨 악기를 활용했다. 그는 멀리 떨어진 들판에서 풀을 뜯어 먹고 있는 소들이 들려주었던 방울소리를 아름다운 선율로 구현해 냈다. 악보에는 물결 표시만 되어 있다. 덕분에 몇 개의 벨을 얼마나 크게 몇 번 울릴지는 전적으로 연주자의 몫이다. 보다 명징한 소리를 낼 때에는 몸통 안쪽에 쇠로 된 방울을 단 종을, 부드럽고 꿈꾸는 듯한 소리를 낼 때에는 나무 추를 단종을 흔든다. 이와 같은 타악기들은 음색에 독특한 색감을 더하고 기존의 악기로는 표현하기 어려운 극적 효과를 낼 수 있다.[7]

29

악기 테레민 러시아

최근 청소년들 사이에 인기 있었던 미국 드라마 〈빅뱅 이론(Big Bang Theory)〉을 보신 독자라면, 주인공 셸든이 요상한 전자악기를 연주하며 친구들을 괴롭히는 장면을 기억할 것이다. 바로 그 악기의 이름이 테레민(Theremin)이다. 음악이라기보다는 오히려 귀신이 곡하는 소리에 가까운 소리를 내는 이 악기는 1926년 러시아의 음향물리학자이자 발명가인 레온 테레민(Léon Theremin)이 발명했다. 레온 테레민은 우연히 라디오에서 나는 잡음을 듣다가 영감을 얻어 '이 잡음을 통제할 수 있다면 아름다운 음악을 만들 수도 있겠다'라는 발상에서 이 악기를 만들었다고 한다. 테레민이라는 악기 이름은 발명자의 이름에서 유래된 것이다. 테레민이 신시사이저(Synthesizer)의 원류가 되는 악기라고 하면 이 악기의 성격을 보다 쉽게 이해할 수도 있다. 극 중에서 셸든은 이 악기를 연주하기는 커녕 제대로 된 음도 내지 못한다. 테레민이라는 악기의 특성상 음의 높낮이나 강도 모두 연주자의 손 동작의 위치에 따라 결정되므로 소리를 내기는 쉽지만 숙련된 소리를 내기는 매우 어렵기 때문이다.

사진에서 볼 수 있듯이 테레민의 외관 구조는 매우 간단하다. 정사각형 박스에 금속으로 된 안테나가 수직으로 돌출되어 있다. 왼손으로 음의 높낮이를 조절하고, 오른손으로는 음의 강약을 조절하는 방식으로 한 번에 한 음만 생성 가능하다. 이는 두 고주파 발진기의 간섭에 의해 생기는 소리를 이용한 최초의 전자악기이다. 한쪽 발진기의 주파수는 일정하게 유지하면서 다른 쪽 발진기의 주파수를 안테나에 접근시키거나 멀리하면서 변화를 주면 마치 톱이 우는 듯한 소리가 나는데, 여기에서 발생된 소리를 스피커를 통해 내보내는 구조이다. 이 악기의 가장 독특한 특징은 안테나 주위에 흐르는 미약한 전자파를 이용하기 때문에 악기를 손이나 도구 등으로 직접 접촉하지 않고도 연주가 가능한 지구상의 유일한 악기라는 것이다.[8] 그래서 연주하기가 가장 어려운 악기 중 하나로 꼽히고 있다. 마치 마술사가 마술을 부리기 위해 양손으로 마력을 불러들일 때 하는 제스처처럼 네모난 상자 위의 공중에서 손가락을 연신 움직이며 연주한다. 이때 피아노나 기타처럼 일정한 음이 나오지 않고 바이올린처럼 연속된 음이 만들어진다. 아름다운 소리를 내려면 손의 위치가 관건이기에 연주자는 미동도 없이 꼼짝 않고 서서 연주해야 하므로 다소 곤혹스럽다. 이 또한 인내심과 숙련을 요한다.

이 악기를 개발한 레온 테레민은 악기 소리만큼이나 신산스런 삶을 살았다고 한다. 러시아에서 내전이 일어난 지 얼마 안 되어 그는 아메리칸 드림을 꿈꾸며 미국으로 건너가서 이 악기로 특허를 받았다. 그의 바람대로 경제적인 성공을 거두지는 못했지만, 이 전자악기는 몇몇 유명한 음악가들의 관심을 끌었다. 그리하여 1930~1940년대에 테레민 연주자들은 미국 전역을 돌면서 클래식 음악 등을 연주했다. 미국에서 나름 안락한 삶을 살고 있던 레온 테레민은 1938년 돌연 미국을 떠났다. 그러니 그가 미국을 떠난 이유에 대해 추측과 억측이 난무할 수밖에. 그중 가장 유력한 설은 소련이 KGB 요원들을 보내서 그를 납치했고, 1991년 다시 미국으로 돌아오기 전까지 시베리아의 연구실에 갇혀서 소련 정부를 위해 일했다는 것이다. 일설에는 그가 빚에 쫓기다가 구 소련으로 도피해 있던 중에 스탈린 밑에서 일을 하게 되었다고도 한다.[9]

제2차 세계대전이 끝나고 미국의 전성기가 오자 테레민은 다시 주목을 받기 시작했다. 테레민에 영향을 받은 무그(R. Moog) 박사는 보다 현대적 전자악기인 무그(Moog)라는 최초의 신시사이저를 개발하게 된다. 따라서 테레민은 최초의 전자악기라는 의의 외에도, 현실과 가까운 소리 혹은 진짜 악기와 비슷한 소리를 내는 데 폭넓게 기여하고 있는 신시사이저의 원류라는 점에서 역사적 가치가 부여된다.[10]

1994년 미국에서 테레민과 관련된 다큐멘터리가 방영된 이후 많은 음악가들이 테레민을 보다 적극적으로 사용하기 시작했다. 현대적인 신시사이저로 테레민의 소리를 거의 완벽하게 모방할 수는 있으나, 오늘날에도 많은 음악가들이 테레민을 연주하고 있다. 귀신의 울음소리를 연출하기 위해 이보다 더 좋은 악기는 없을 듯하다. 그 덕에 공포 영화의 으스스한 음향효과를 내기 위해 단골로 사용되어 왔다.

이 악기는 원래 주로 고전음악 연주에 사용되었으나, 1945년 알프레드 히치콕 감독의 공포영화 〈스펠바운드〉에서 이 악기 소리가 최초로 등장한 이후 대중음악에 폭넓게 사용되었다. 비치 보이스의 유명한 곡인 〈굿 바이브레이션(Good Vibration)〉의 코러스에서 나오는 고음이 테레민으로 연주한 것이다. 또 레드 제플린의 곡 〈호울 로타 러브(Whole lotta love)〉의 라이브 버전에서 기타 솔로 전에 나오는 기묘한 음향효과를 낼 때도 쓰였다. 포티쉐드의 〈허밍(Humming)〉의 공포스러운 도입부에도 사용된 바 있다.

8장

세상에서 단 하나뿐인
예술품과 경호원

"표현의 자유는 무제한"
– 윌리엄 켄드리지

30

반 고흐의 양면 그림 <small>네덜란드</small>

사진의 그림은 반 고흐의 자화상이다. 너무나도 잘 알려진 이 그림이 별난 물건이 될 수 있는 이유는 무엇일까. 바로 자화상의 뒷면에 또 다른 그림이 그려진 소위 양면 그림이기 때문이다.

빈센트 반 고흐는 고국인 네덜란드를 떠나 파리에 체류(1885~1888)하는 동안 무려 20점 이상의 자화상을 그렸다. 당시는 초상화가로서의 기술을 연마하기 위해 전력투구했던 시기로, 모델료를 지불할 돈이 없어 스스로를 초상화의 모델로 삼았다고 한다. 그림의 앞면은 파리 시절 그렸던 자화상 중 하나이다.

자화상 뒷면의 그림은 〈감자 껍질 벗기는 사람〉이다. 프랑스로 떠나기 직전인 1885년 2~3월 네덜란드 누에넨(Nuenen)에서 그린 작품이다. 어두운 색조, 거친 질감, 뭉툭한 선이 특징인 네덜란드 시절(1881~1885)에 그렸던 전형적인 작품들과 맥을 같이한다. 이 작품은 고흐 자신이 가장 좋아했던 그림인 〈감자를 먹는 사람들〉과 분위기와 색조 면에서 매우 흡사하다. 이 작품들은 모두 가난한 농부들의 삶을 묘사한 시리즈물로 간주되고 있다.[1] 그는 가난하고 힘들지만 소박한 삶을 살아가는 농부들에 대해 늘 깊은 공감과 진실한 애정을 가지고 있었다.[2]

그런데 왜 고흐는 캔버스의 양면에 그림을 그렸을까? 그 이유는 지독한 가난 때문이었다. 캔버스를 절약하기 위해 캔버스의 앞뒤에 그림을 그린 것이다. 어디 그뿐인가. 두 번 세 번 덧그린 그림도 많아 누드화 위에 다시 자화상을 그리기도 했다. 또 캔버스 대신 나무상자

감자 껍질 벗기는 사람(1885)

를 뜯어낸 나무판 위에 그림을 그리기도 했다. 게다가 조악한 싸구려 붓으로 그림을 그리다 보니 고흐의 그림에는 빠진 붓털이 수없이 붙어 있다. 이와 같이 열악한 환경에서 그린 그의 작품들에서 가장 안타까운 점은 그만의 강렬하고 탁월한 색채감을 오늘날 온전히 느낄 수 없다는 것이다. 그가 사용한 저급한 물감은 쉽게 변색되고 바랬기 때문이다. 예컨대, 〈회색 펠트 모자를 쓴 자화상〉에서 파란색의 상의와 배경은 원래 보라색이었다고 한다. 그리고 센 강변을 묘사한 작품에서도 분홍색 물감에 사용된 선홍색 색소는 탈색되었고, 백색 안료는 시간이 지남에 따라 노란빛을 띠었으며, 밝은 태양빛도 본래의 화사함을 잃어버렸다.[3]

미술사학자 발터 니그는 고흐의 처절했던 가난과 그 이유를 다음과 같이 설명하고 있다.

"빈센트는 작품을 판다는 생각으로 그림을 그리는 걸 철저하게 거부했다. 이것이 옳지 않다고 느꼈다. … (이러한) 빈센트의 성향은 그를 참 배고프게 했다. 먹을 것이라고는 딱딱한 빵 한 조각밖에 없을 때도 많았고 생계를 꾸려 나가기가 막막할 때도 허다했다. … 그림을 주고 감자 몇 알을 받기도 했다. 남들이 먹다 버린 음식 찌꺼기를 찾아 쓰레기 더미를 뒤지기도 했다."[4]

그러나 가난이 그림에 대한 그의 지독한 사랑과 예술혼을 막을 수 없었다. 그에게 그림은 삶 자체였기 때문이다. 그는 평온과 행복의 모든 파도, 고통과 절망의 모든 전율이 그림 속에서 길을 찾는다고 믿었다. 모든 상심은 애끓는 이미지 속에서 길을 찾고, 모든 그림은 자화상 속에서 길을 찾았다. "나는 내가 느끼는 것을 그리고 싶다. 그리고 내가 그리는 것을 느끼고 싶다"라고 말하곤 했다.[5]

살아 생전에는 그림을 몇 점 팔아 보지도 못했던 고흐가 다음과 같은 희망과 집념으로 스스로를 다독이며 혹독한 가난을 버텼을 것을 생각하니 마음이 짠하다.

"언젠가는 내 그림이 물감 값보다 더 많은 가치가 있다는 것을 알게 될 날이 올 것이다."[6]

31

소금광산의 조각품 폴란드

흔히 폴란드의 3대 명소로 오비시엥침 수용소, 크라코프의 바벨 성, 비엘리츠카 소금광산을 꼽는다. 오비시엥침에는 유대인 학살의 흔적이 남아 있고, 폴란드의 수도였던 크라코프의 바벨 성은 한때 잘 나갔던 시절의 영광을 상징하기에 명소로 불릴 만한 충분한 가치가 있다. 그런데 한낱 소금을 캐내는 광산이 별날 것이 뭐 있어 명소가 되었을까. 도대체 소금광산에 무엇이 있길래. 크라코프 근교의 작은 마을 비엘리츠카에 있는 소금광산이라면 이야기가 달라진다.

사진을 보면 정교하게 만들어진 예배당을 샹들리에가 환히 비추고 있다. 예배당 안에는 여느 성당에서나 흔히 볼 수 있는 십자가상, 제단, 다양한 성구 등이 보인다. 이 귀한 예술품들의 소재는 대리석? 크리스털? 아니면 얼음? 모두 아니다. 바로 '소금'이다.

비엘리츠카 마을의 이름을 따서 붙인 비엘리츠카 소금광산의 지하 갱도 내부는 이와 같이 소금으로 만든 예술 조각품들로 가득 차 있다. 그것도 예술가들이 아니라 소금광산의 광부들이 암염(巖鹽)을 깎아 조각했단다. 광부들은 소금을 채굴하는 고된 노동에도 불구하고 언제 시간을 냈는지 입이 떡 벌어질 정도로 많은 예술 작품을 남겼다. 광부들 대신 일을 해 주었다는 전설 속의 난쟁이들, 왕, 교황, 성인, 요정의 조각상 등 마치 소금으로 만든 마담 투소 박물관이라고 할까. 그뿐이 아니다. 암염으로 만든 예배당도 몇 개 있다. 언제 죽을지 모르는 위험한 지하 갱도에서 광부들이 예배당을 지어 신앙심으로 자신들을 추스렸던 것일까. 이와 같은 전례 없는 조각품들의 가치가 인정되어

이 광산은 1978년 유네스코 최초로 세계의 자연 및 문화유산으로 등재되었고, 이 책의 한 꼭지를 차지하게 되었다.

광산 노동자들은 지하 갱도의 빈 공간을 예배당 외에도 개성 넘치는 방, 운동장, 성인이나 유명인을 기념하기 위한 공간으로 활용했다. 각각의 방에는 방의 명칭에 걸맞은 멋진 부속품이 가득 채워져 있다. 1493년 코페르니쿠스의 소금광산 방문을 기념해서 만든 코페르니쿠스 방, 킹가 공주의 전설을 조각한 전설의 방 등 미로처럼 얽히고 설킨 좁은 갱도를 따라가다 만나는 아름다운 방들과 내부의 정교한 조각품들은 경이로움 그 자체이다.

비엘리츠카 소금광산의 백미는 앞의 사진에 소개된 '축복받은 킹가 예배당'이다. 이는 1895년에 지어졌는데, 헝가리에서 폴란드로 시집오면서 이 소금광산을 지참금으로 가져온 킹가 공주를 기리기 위한 성스러운 공간이다. 광산의 지하 갱도 100m 깊이에 있는 길이 55m, 폭 18m, 높이 12m의 예배당은 규모에서나 미적 측면에서나 지상의 성당에 결코 뒤지지 않는다. 이 공간을 만들기 위해 캐낸 소금만 해도 2만 톤이 넘는다고 하는데, 상상할 수 없는 어마어마한 양이다. 갱도 안은 음향효과도 뛰어나 예배당에서 콘서트도 열린다. 또 바다에서 채취한 소금에 비해 순도가 높은 암염의 치유 효과가 널리 알려지면서 1964년에는 호흡기계 환자들을 위한 요양원도 들어섰다. 130m 깊이에는 광산의 채굴 역사, 기술 발전사, 채굴 도구와 기계, 광산의 지도 등을 한눈에 볼 수 있는 소금박물관도 있다.[7] 이 밖에도 인공호수, 콘서트홀, 연회장, 카페, 레스토랑, 우체국 등의 부대시설이 갖추어져 있다. 이 정도면 광산이라기보다 지하 세계에 세워진 복합 문화 공간이다. 그것도 요즘 대세인 친환경 소재로만 만들어진.

이 소금광산의 내부를 대충 둘러보는 데도 약 2시간이 소요된다. 광산의 지하 세계는 제1단계(64m)부터 제9단계(327m)까지 이루어져 있다. 우선 378개의 나무 계단을 걸어 내려가면, 지하 64m 깊이의 제1단계에 도착한다. 현재 소금광산에는 총 2,040개의 방이 있고, 그

킹가 예배당 벽에 새겨진
부조 '최후의 만찬'

소금광산의 유래를
재현한 모형

방들을 연결하는 복도의 길이는 약 200km에 달한다. 관광객들에게 허용된 곳은 지하 64~135m(제3단계)까지이다.[8] 그런데 2시간 동안 둘러보아도 전체 광산의 약 1%에 지나지 않는다고 하니 광산의 방대한 규모를 짐작할 수 있다.[9] 광산은 약 5,000년이 넘는 역사를 자랑하고 있다. 11세기에 발견된 이 광산은 1996년까지 소금을 채취하던 광산이었다가, 오늘날에는 세계 12대 안에 꼽히는 관광명소로 탈바꿈했다.

소금을 캐내는 강도 높은 노동에도 불구하고 노동의 고통을 켜켜이 결정(結晶)된 소금 조각상들과 지고의 예술품들로 승화시킨 노동자들의 땀과 열정에 한없는 경의를 표할 뿐이다.

32

피에르 만조니의 통조림 이탈리아

깡통 안에는 무엇이 들어 있을까. 참치 혹은 꽁치? 밀봉이 되어 있다 보니 내용물을 예측하기가 쉽지 않다. 그런데 깡통의 옆 면에 새겨진 안내문을 자세히 읽어 보니, 내용물의 정체가 쓰여 있다.

Artist's Shit

CONTENTS, 30 GR NET

FRESHLY PRESERVED

PRODUCED AND TINNED

IN MAY 1961

놀랍게도 깡통 안의 내용물은 똥! 위의 문구를 우리말로 옮겨 보면 다음과 같다.

"예술가의 똥, 30g 정량. 신선 보존. 1961년 5월 생산 포장됨"

이 기상천외한 똥 통조림은 피에르 만조니(Pierre Manzoni)의 예술 작품으로, 작품명은 〈예술가의 똥(Merda d'artista)〉이다. 똥도 예술가 에게서 나온 것이라면 예술이라는 말인가. 깡통 안에 든 그것은 명백 히 작가 자신의 대변(大便)이다. 이탈리아의 전위적인 행위예술가 만 조니가 자신의 똥을 90개의 작은 깡통에 밀봉하여 작품화했던 것이다. 깡통의 윗면에는 만조니의 자필 서명과 함께 일련번호가 매겨져 있다. 작가는 자신의 똥값을 당시의 금값에 준하여 산정했다. 깡통 하나당 동일한 무게의 금과 같은 값을 매긴 것이다(똥값＝금값). 작가는 자신의 배설물을 깡통에 밀봉하는 것으로도 모자라, 그것들을 뉴욕 한복판의 화랑에서 전시하기도 했다. 이와 같은 현대미술의 극단적인 행태에 대해 당시 대중은 "그것도 예술이냐"라는 조소로 일관했다. 1960년대 이후의 예술가 세대들은 예술이란 행위, 이벤트, 아이디어와 소재 등을 통해서도 창조할 수 있다고 믿기 때문에 대중과 행위예술가들 사이에 다소간의 간극이 있을 수밖에 없다.[10]

그런데 제조일로부터 반세기가 지난 오늘날에는 오히려 그의 똥 통조림 가격이 폭등했다. 통조림 하나에 3만 달러가 넘고, 최고가는 7만 5천 달러를 호가했다. 우리 돈으로 1억 원에 육박하는 황당한 '똥값'이 아닐 수 없다.

이 대변(大便) 작품에 대한 만조니의 변(辯)은 이렇다.

"세상에 의미 없는 것은 없다. 모든 것에 의미가 있다."

그러니 그의 똥 통조림 작품은 이 같은 메시지를 구현한 하나의 작품일 뿐이다. 현대미술이 개념미술을 추구함에 따라 상식을 저버린 그로테스크하고 기상천외한 영역이 허용된다고는 하지만, 만조니의 이 작품은 지나치게 억지스럽고 자아도취에 빠진 작가의 결과물로밖에 보이지 않는다. 그러나 한 치만 양보해서 생각해 보자. 그의 말대로 세상 만물은 나름대로 존재의 의미가 있다. 인간의 배설물도 그것이 배출되기 전까지 엄연히 인간의 몸속에 있었던 것이다. 이와 같이 작가가 부여한 철학적인 개념 때문에 만조니의 똥 통조림은 한낱 더러운 배설물에 그치지 않고 예술가의 끼가 넘치고 창의적으로 생산된 예술 작품으로 잔존할 수 있었다.[11] 흔히 예술가는 어떻게든 튀어야 살아남는다고 하지 않던가.

만조니의 개념미술은 그 과정과 결과물이 엉뚱할지는 모르겠지만 의외로 진지한 발상에서 시작되었다. 1950년대 이후 미국이 세계 미술시장의 허브로 부상하면서 부유층을 중심으로 미술시장에 투자의 광풍이 불었다. 미술 세계마저도 자본주의에 의해 좌지우지되는 현실에 염증을 느낀 예술가들은 기존 미술의 시류를 한껏 조롱하고자 했다. 개념미술 예술가들은 갤러리에 소장할 수 없는, 물질적인 작품은 없고 작품에 투영된 개념만이 살아 있는 작품을 제작하려던 나름대로의 철학에 기반한 것이다.

이와 관련하여 재미있는 일화가 있다. 1994년 덴마크의 한 예술품 수집가가 만조니의 '똥 통조림' 작품 중 하나를 사들여 라네르스 미술관에 보관을 의뢰했다. 그런데 미술관의 실수로 실온에 보관해 두었다가 깡통에 녹이 슬어 내용물이 일부가 새는 사건이 일어났다. 아뿔사! 귀한 예술품이 훼손된 것이다. 이에 화가 난 수집가는 소송을 제기하여 결국 라네르스 미술관으로부터 25만 덴마크 크로네(약 5천만 원)를 배상받았다.[12] 이 일화는 만조니의 예술성과 작품의 가치를 재조명하는 계기가 되었다.

33

돼지 몸통의 문신 _{벨기에}

사진의 돼지는 조폭 돼지인가? 아니면 명품 돼지인가?

이도 저도 아니다. 벨기에 출신의 현대 작가 빔 델보예(Wim Delvoye, 1965~)를 대표하는 예술 작품일 뿐이다. 작가는 이 책과 궁합이 잘 맞는 그로테스크하고 별난 작품을 추구해 왔다. 개성 강한 예술 집단 내에서도 반항아라 불릴 정도니까. 그는 소위 '네오 콘셉트 아티스트(Neo Concept Artist)'로서, 미술시장에서는 '돼지 문신 작가'로 알려져 있다. [13]

그는 1992년부터 죽은 돼지의 가죽에 문신 작업을 했다. 그러다가 1997년부터는 살아 있는 돼지의 가죽에 루이뷔통 로고, 종교화, 할리데이비슨, 월트디즈니의 만화 캐릭터인 인어공주와 이상한 나라의 앨리스, 장미, 아기 천사, 레닌의 얼굴 등 다양한 상징을 아름답고 정교하게 문신으로 남겼다. 아무래도 살아 움직이는 돼지에 문신을 새기는 것이 보다 생명력이 있기 때문인 듯하다. 그런데 그의 독특한 행위예술의 길은 순탄치 않았다. 벨기에의 동물보호협회와 동물 애호가들이 그의 행위예술을 일종의 동물 학대라고 비난함에 따라 결국 그는 2004년부터 활동 무대를 중국으로 옮겨야 했다. 아직까지 중국에서는 동물에 대한 일종의 가혹행위가 문제가 되지 않기 때문이다.

알록달록하게 문신을 새긴 돼지들은 자신이 현대미술사의 한 페이지를 장식할 수 있다는 운명도 모르는 채 오늘날 베이징 외곽에 있는 이른바 '예술농장(Art Farm)'이라 불리는 돼지농장에서 사육되고 있다. 이 명품 돼지들(?)은 살아 있을 때 수집가에게 분양되거나, 자연사한 후 가죽만 박제되어 판매되고 있다.[14] 이 돼지 가죽 작품은 개당 자그마치 최고 9천만 원이다. 그중 인어공주 문신이 새겨진 작품은 명품 브랜드인 샤넬사에 팔려 딱 두 개의 한정판 가방으로 재탄생되기도 했다.[15]

대중의 시선과 관심으로 먹고 사는 것이 예술가의 생리라고는 하지만 도대체 예술가들은 왜 이러한 기행을 일삼는 것일까? 델보예 같은 작가들이 추구하는 개념미술은 '미술의 비물질화'를 표방하는 사조의 일부로 1970년대에 본격적으로 그 서막을 열었다. 간단히 말해 개념미술은 창의적인 아이디어야말로 미술의 근간을 이루는 핵심 요소로서, 이로부터 영감을 받아 실제 미술작품으로 구체화시키는 작업은 부수적인 것에 불과하다는 신념을 추종하고 있다.[16]

예술과 삶의 경계에서 오는 충돌과 동요를 문신이라는 고유한 언어로 필설해 온 델보예에게는 '현대미술의 파렴치한', '돼지 문신작가', '현대의 다다이스트', '불경한 예술가', '잔인한 도발 행위자', '냉소적 바니타스' 등의 여러 별명들이 따라 다닌다.[17] 그 이유는 적나라하고 그로테스크한 예술 감각으로 사물의 본래 의미를 뒤엎고 기존의 가치관에 반하는 패러독스를 추구하기 때문이다. 그의 기행은 현대사회와

돼지 몸통에 새겨진 다양한 문신

극단적인 예술지상주의에 치우친 현대미술 세계를 비아냥대는 또 다른 강렬한 언어로 풀이될 수 있다.[18]

한편 미국의 문화인류학자 바바라 밀러(Babara Miller)는 현대의 새로운 표현문화의 발생 요인에 대해 다음과 같이 분석하고 있다.

> "표현문화의 변화는 새로운 소재와 기술의 사용을 통해서 그리고 새로운 아이디어, 기호 혹은 의미의 도입을 통해서 발견된다. 이러한 변화는 식민주의, 전 지구적 관광 혹은 정치적 변화 같은 사회의 다른 측면에서의 변화와 함께 발생하는 경우가 흔하다."[19]

밀러의 언어로 풀이하자면, 작가는 타투라는 현대의 아트 테크놀로지를 활용하여 세상의 못마땅한 가치와 질서에 대항하여 돼지 몸통에 혼신을 다해 자아를 쏟아내고 있다는 것이다. 마치 서구의 지하철역과 인적이 드문 빈민가의 벽에 괴상하고 기이한 낙서가 넘쳐나듯이.

가재는 게 편이라고, 남아프리카공화국의 현대미술가 윌리엄 켄드리지(William Kentridge)는 표현의 자유에 대해 다음과 같이 일갈한다.

> "표현의 자유는 무제한"[20]

그러나 표현의 자유를 내세우는 만큼 예술가의 상업적 이윤 추구를 위해 말 못하는 짐승에게 잔혹행위를 가한다는 비난을 비껴갈 재간은 없을 것이다.

34

에르미타주 박물관의 고양이 경호원 러시아

프 랑스의 루브르 박물관, 영국의 대영박물관과 함께 세계 3대 박
물관으로 꼽히는 러시아의 에르미타주 박물관(Hermitage
Museum)에는 사람이 아닌 동물이 미술품들을 지킨다고 한다. 과연 어
떤 동물일까?

"박물관의 지킴이는 바로 고양이"

상트페테르부르크에 위치한 에르미타주 박물관에는 현재 고양이
65마리가 매일 주야로 경호를 하고 있다. 3백만 점이나 되는 귀중한
예술품을 극성스러운 쥐들로부터 보호하기 위한 것이다. 박물관의 지
하실에 둥지를 튼 고양이들은 전시실을 제외한 박물관 구석구석을 어
슬렁거리며 쥐를 몰아낸다.[21] 고양이 지킴이들의 임무가 막중한지라
이들은 경호원 신분증과 의료보험증을 갖고 있을 정도로 사람 못지않
은 대우를 받고 있다. 박물관과 함께 관람객들로부터 사랑을 듬뿍 받
고 있는 고양이 경호원들은 어느덧 수백 년의 역사를 지닌 박물관의
일부가 되었다.

어쩌다가 고양이가 에르미타주 박물관의 경호원이 되었을까. 여기
에는 에르미타주 박물관을 기획하고 건립한 예카테리나 2세의 공이
컸다. 예카테리나 2세(1729~1796)는 독일 프로이센의 작은 공국 출신
으로 16세의 나이에 러시아의 표트르 3세에게 시집와서(1744) 남편을
축출하고 33세의 젊은 나이에 러시아의 차르(황제) 자리에 올랐다. 여

왕의 공로는 대제라는 타이틀이 무색하지 않을 정도로 혁혁했다. 우선 그녀는 탁월한 정치적 수완과 능력 덕에 무려 34년간(1762~1796) 왕좌의 자리를 누렸다. 게다가 그녀는 개인적인 예술적 취향과 더불어 강대국의 위상에 걸맞게 예술품 수집에도 지대한 열정을 쏟았다. 예카테리나 2세가 당시 러시아의 강력한 국력과 부를 뽐내기 위해 방대한 양의 예술품을 수집한 결과, 에르미타주 박물관을 세워 이를 채우고도 남을 정도가 되었다.

에르미타주 박물관은 본래 제정러시아 시대의 황제가 겨울 동안 기거하던 겨울궁전이었다. 당시 그녀가 사들인 미술품들은 그녀의 전용 미술관으로 겨울궁전의 외딴 방에 걸려 있었다. 그녀는 겨울궁전을 사랑한 나머지 애칭으로 프랑스어 '에르미타주(Hermitage, 은거 또는 은둔지의 의미)'라고 불렀는데, 이것이 박물관 이름으로 고착되었다. 에르미타주의 러시아어 발음은 '예르미타시'이다. 그런데 애지중지하는 예술품들이 초대받지 않은 손님, 즉 쥐들에 의해 훼손되는 것을 보다 못한 그녀는 그림들을 지키기 위해 고양이로 하여금 박물관의 쥐를 잡게 하라는 어명을 내렸다. 이 시기가 1700년대 중반이었으며, 그때부터 270여 년의 세월이 흐른 오늘날까지도 고양이들이 박물관을 지키는 전통이 이어져 내려오고 있다.

사진의 고양이 그림은 경호원의 초상화이다. 이 작품은 에르미타주 박물관이 발행하는 잡지에 게재하기 위해 화가 엘더 자키로브(Eldar Zakirov)가 그린 것이다. 재미있는 점은 이 고양이들이 예카테리나 2세가 고양이들을 고용하기 시작한 18~19세기 당시 궁정인들의 제복을 입고 있다는 것이다. 고양이들에게 그 시절 궁정인들의 이미지를 덧씌워 초상화로 제작했다.

이러한 고양이 경호원의 인기에 힘입어 에르미타주 박물관은 특허청으로부터 '에르미타주의 고양이들(Эрмитажный кот)'이라는 상표권 등록까지 따냈다. 이 박물관이 얻어 낸 상표는 기념품, 애완용품, 사무·문방용품, 식료품 등 15개 종류의 상품과 서비스 관련 품목이다.

에르미타주 박물관 전경

에르미타주 박물관의 고양이

현재 박물관이 운영하고 있는 온라인 기념품 쇼핑몰에는 박물관에 소
장 중인 예술 작품을 모티브로 제작된 '에르미타주 고양이들'의 기념
품 목록이 올라와 있다.[22]

　쇼펜하우어가 애지중지했던 반려견을 당시 이웃 꼬마들이 '꼬마 쇼
펜하우어'라고 불렀듯이, 오늘날 에르미타주의 묘공(貓公)들을 '마담
예카테리나'로 불러야 마땅할 것 같다.

9장

출생, 성년, 결혼의 통과의례

출생, 성인, 취업, 결혼, 노쇠, 죽음 그리고 내세까지 인간이 겪는 통과의례는 지역, 인종, 종교, 사회, 나라 등에 따라 저마다 독특한 양상을 보인다. 동일한 의미의 통과의례일지라도 다채롭게 구현되는 문화의 양상이 흥미롭다.

35

딸의 날을 기념하는 인형 _{일본}

사진은 일본의 화려한 전통 의상을 입은 남녀 한 쌍의 인형이다. 게다가 아래의 노랫말을 보면 이 인형의 주인공은 명백히 일본의 천황과 왕비이다. 이 인형들은 천황 부부와 관련된 기념일을 위한 물건일까? 아니다. 이 인형들은 일본의 모든 딸을 지켜 주는 수호신 역할을 한다. 그래서 딸이 있는 집에서는 어김없이 이 인형을 만날 수 있다. 딸이 태어나자마자 부모나 조부모가 탄생을 축하하며 건강하고 착한 여성으로 성장하라는 기원의 의미로 이 인형을 선물해 준다. 사실 이 인형은 만에 하나라도 자라면서 딸에게 나쁜 일이 일어나거나 병에 걸렸을 때 딸을 대신하여 액운과 질병을 이겨 내기를 기원하는 수호적인 상징물이다.

다음은 딸의 날 부르는 노랫말이다.

1절
어여쁜 종이 등에 불을 밝혀 봐요.
인형 받침대를 복사꽃과 항아리로 예쁘게 꾸며 봅시다.
악단의 피리 소리와 북소리를 맘껏 즐기세요.
오늘은 즐거운 인형의 날![1]

2절
황금빛, 붉은빛, 초록빛의 알록달록한 연단에 앉은
천황과 왕비 인형의 새침한 얼굴을 보세요.

요정처럼 새하얀 왕비의 얼굴을 보세요.

시집가던 날 언니 얼굴이 생각나네요.

딸의 안녕을 위해 인형을 선물하는 것만으로 그치지 않는다. 일본에서는 매년 3월 3일이 되면 이 히나 인형(ひな人形)으로 집 안을 장식하고 딸을 위해 친구들이나 친척들을 초대하여 축하 행사를 갖는다. 말하자면 일본의 모든 딸의 생일 또는 축제라고나 할까. 이날을 일본어로 '히나마츠리(ひな祭り, 딸의 날)'라 부른다.[2] 히나마츠리는 공휴일은 아니지만 딸의 무병장수와 행복을 염원하는 축일이다. '딸의 날'은 '인형의 날', '공주 축제'라고도 불리며, 집 안을 복숭아꽃으로 장식하여 모모노셋쿠(桃の節句)라고도 한다.[3]

이날의 행사는 우선 잘 보관해 두었던 히나 인형을 꺼내 집 안을 장식하는 것으로 시작된다. 딸이 많은 집은 그만큼 히나 인형도 많다. 인형이 깨지면 부정을 탄다고 믿기 때문에 차분한 마음가짐으로 조심스레 꺼내야 한다. 인형 이외에도 등(燈), 접시, 음식 등 딸이 시집갈 때 가져갈 혼수품을 모방한 크고 작은 장식품들도 꺼내 깨끗이 닦아 집 안을 화려하게 장식한다. 이렇게 인형들과 집기들을 꺼내 닦고 장식하기까지 족히 하루가 걸린다. 마치 한껏 격식을 차린 여자아이들의 인형놀이 같은 느낌이랄까.

3월 3일에만 먹는 특별한 음식도 있다. 우선 주 요리로 '지라시스시(ちらし寿司)'를 먹는다. 이는 초밥의 한 종류인데, 밥을 큰 그릇의 바닥에 깔고 그 위에 잘게 썬 회나 달걀 등을 올려놓은 음식이다. 큰 그릇에 담긴 밥 위에 주홍색 연어, 노란색 달걀, 초록색 샐러리 등으로 장식하기 때문에 알록달록하고 먹음직스러운 스시 케이크가 연출된다.[4] 후식으로는 떡, 쌀과자, 곡주를 먹는다. 마름모꼴의 홍색, 백색, 녹색의 3색 무지개떡인 '히시모찌(菱餅)'는 딸의 날에만 먹는 특별한 떡인데 색깔마다 각각의 의미가 있다. 후식으로 먹는 '히나아라레(ひなあられ)'는 말린 찹쌀을 볶아서 설탕으로 단맛을 낸 오색 쌀과자이

다. 이 밖에 여자아이를 형상화한 앙증맞은 달콤한 과자도 먹는다. 달달한 '시로자케(白酒)'는 찐 찹쌀에 소주와 누룩을 넣고 빚은 술로, 이 술을 마시면 병이나 재난을 예방할 수 있다고 한다. 딸의 날 행사가 끝나면, 늦어도 3월 중순까지 인형을 창고로 치워야 한다. 그렇지 않으면 그 집 딸은 영영 시집을 못 간다는 속설 때문이다.[5]

딸의 날에 먹는 사탕

일본의 딸의 날은 중국에서 유래했다. 고대 중국에서 3월에 태어난 많은 여자아이가 보통 3일 후에 죽었기 때문에 가족들이

지라시스시

술을 준비하고 시신을 강물에 떠내려 보냈다는 제사에서 시작되었다. 이 의식은 훗날 중국의 3월 3일 물의 축제로 자리를 잡았다. 이 축제는 사람에게 닥친 재앙이나 질병을 인형에 빙의(憑依)한 후 인형을 강에 흘려 보내 액운을 쫓는 행사였다.[6] 중국의 이 풍습이 일본으로 건너와 여자아이들의 인형놀이와 결합하여 에도 시대(1603~1867)에 히나마츠리라는 축일로 재탄생된 것이다. 이 축제는 처음에는 왕가의 여성들 사이에서만 성대하게 치러지다가 이후 일반 서민들에게도 보급되었다. 히나 인형들이 왜 왕실 복장을 하고 있는지 이제야 이해가 간다.

36

성인(成人)을 표식하는 댕기 라오스

각 나라의 성인이 되는 나이도 다르고, 성년의 날을 기념하는 날
짜도 다르다. 우리나라에서는 만 19세가 되는 5월 셋째 월요
일, 중국에서는 만 18세가 되는 5월 19일, 일본에서는 만 20세가 되
는 1월 둘째 주 월요일(국가 공휴일)이 성년의 날이다. 성인식을 치르
는 의례 또한 나라마다 매우 다양하다. 중국의 경우 성년의 날에 붉은
색 색종이를 찢어서 하늘에 날리고, 모자를 하늘로 던지면서 성인이
된 것을 축하한다. 일본에서는 여성은 화려한 머리띠와 함께 기모노
를 입고, 남성은 정장을 입고 사진관에서 기념사진을 찍는다. 태평양
건너 마사이족은 성인식의 일환으로 어머니가 아들의 머리를 삭발한
다. 몇몇 아프리카 국가에서는 소년과 소녀들이 할례를 한다. 아프리
카의 하마루족은 소 등을 네 번 뛰어오르는 시험에 통과함으로써 성
년이 된다. 또 남아메리카 아마존강 유역의 티구나족 소녀들이 성년
이 되기 위해서는 머리카락이 완전히 뽑히는 고통을 감내해야 한다.
남태평양의 펜타코스트 원주민들은 성인이 되기 위해서 체력과 담력
을 갖추어야 하기 때문에, 포도넝쿨이나 칡뿌리를 몸에 휘감고 30m
정도 높이의 탑에서 뛰어내려야 한다.

 라오스 북부의 중국 접경 지역에 거주하는 소수민족 '꺼(Ge Jia)'족
의 성인식은 어떨까? 꺼족이 거주하는 마을은 수도 비엔티안에서 북
쪽으로 300km 떨어진 므앙싱에서 2시간 정도 오지 쪽으로 차를 타고
가야 하는 외딴 곳에 있다. 이 마을은 이따금 사탕수수를 구매하기 위
해 중국 상인들이 트럭을 타고 오갈 뿐 외부와 거의 완벽하게 격리된

지역이다. 분주하고 복잡한 세상으로부터 격리되어 있었던 만큼 그들만의 전통 문화가 고스란히 보존되어 있다. 이 조그만 마을에도 역시 성년식이 거행된다. 사진을 보면 꺼족 여성들이 '깜찍 발랄'한 전통 의상을 입고 있다. 우선 치마 길이가 미니스커트처럼 짧다. 무릎 위로 깡총 올라간 치마 아래로 보이는 다리에 착용한 형형색색의 천을 이어붙인 토시가 마치 말괄량이 삐삐의 오색 스타킹처럼 귀여움을 더한다.[7] 그런데 유심히 살펴보면 어떤 소녀는 치마 앞에 알록달록한 오색의 댕기 비슷한 띠를 늘어뜨렸는데, 어떤 소녀는 그것이 없다. 그리고 댕기의 유무에 따라 소녀들의 머리 장식도 다소 차이가 난다. 배꼽 아래로 긴 댕기를 늘어뜨린 소녀는 양쪽 귀 밑으로 치렁치렁 늘어진 장식이 달린 밝은 색 모자를 쓰고 있다. 반면 치마 앞에 댕기를 늘어뜨리지 않은 소녀는 댕기를 단 다른 소녀들에 비해 비교적 간단한 모양의 짙은 색 두건을 쓰고 있다. 바로 이 여성들의 차림새에 성인의 표식이 있다. 무엇일까?

'정답은 머리 장식과 허리춤에 늘어뜨린 댕기'

꺼족은 그들만의 독특한 전통적인 성인식을 아직까지 고수하고 있다. 가혹하게도 소녀가 14세가 되어 진정한 성인이 되려면 마을 청년 회장과 하룻밤을 보내야 하는 것이다. 이와 같은 성인식을 치른 여성만이 비로소 허리춤에 댕기를 달고, 머리에는 독특한 모자를 써서 성인의 표식을 하고 다닌다.[8]

지구상의 많은 지역과 여러 나라의 다양한 성인식 문화를 깊이 있게 연구한 미국의 인류학자 바바라 밀러는 성인식의 의의를 다음과 같이 규정하고 있다.

"유년기로부터 성인기로 가는 과정에는 문화적인 사건뿐 아니라 특정한 생물학적 사건도 거치게 된다. 그리고 이것이

성인기로 가는 과도기가 된다. … 대부분의 경우 성인이 되는
의식은 성(性)으로 분화되어 있으며, 여성과 남성이 성인이
라는 역할을 가지게 되는 것의 중요성을 강조한다. 이런 의
식들은 어떤 방식으로든 성년이 되는 표식을 신체에 남기려
고 한다. 이런 표식에는 희생, 문신, 성기 수술이 포함되기
도 한다."[9]

이와 같은 바바라 밀러의 이론에 따르면, 꺼족은 성인이 되기 위한
신체의 표식이 희생의 모습을 띤 경우로 분류될 수 있다. 어린 소녀에
게 너무 가혹하고 일방적인 통과의례가 아닐 수 없다.

37

지붕 위의 붉은 항아리 _{터키}

터키의 시골 마을을 여행하다 보면 사진처럼 지붕 위에 항아리나 병이 올려져 있는 것을 가끔 볼 수 있다. 항아리나 병은 대수롭지 않은 물건이지만, 지붕 위에 올라가 있는 그것은 분명 예사로운 물건이 아니다. 터키에서는 왜 지붕 위에 항아리나 병을 두는 것일까?

이는 "마을 사람들! 우리 집에 혼기 찬 처녀가 있다오"라는 의미란다. 말하자면, 혼기가 찬 딸을 시집보내기 위해 동네방네에 공개 구혼을 하는 것이다. 터키공화국의 아타튀르크 초대 대통령 이후 근대화가 이루어지면서 오늘날 도시에서는 이런 풍습이 거의 사라졌다고 하지만, 아직도 터키의 북쪽과 서쪽 시골 마을에서는 고스란히 지켜지고 있다.

오늘날에는 콜라병 등 가벼운 유리병이 지붕 위나 울타리에 놓여 있지만, 전통적으로 붉은 항아리를 지붕 위에 놓아 두었다고 한다. 이슬람교의 전통이 강했던 오스만 제국 시대에 여인들은 얼굴을 바깥에 내보일 수 없었다. 따라서 항아리를 지붕 위에 올려 두는 것은 딸의 결혼을 성사시키기 위한 고육지책이었다. 집에 혼기가 찬 딸이 있어 시집을 보내려는데 얼굴을 보여 줄 수 없으니, 이러한 방식을 통해 공개적으로 알리는 것이다. 오늘날까지 일부 시골에서는 이 방식으로 공개 구혼을 한다. 혼기 찬 딸이 둘이면 콜라병 두 개, 딸이 셋이면 세 개를 올려놓는다. 흥미로운 것은 날씬한 딸이 있으면 콜라병을, 뚱뚱한 딸이 있으면 간장병을 올려놓는다는 사실이다. 사진은 서쪽 지방의 파묵칼레(Pamukkale) 근처에 있는 데니즐리(Denizli)에서 최근에 포착된 것이다. 지붕에 두 개의 병이 놓여 있다. 하나는 술병, 다른 하나는 물을 담아 두는 물통으로 분명 두 명의 혼기 찬 딸이 있는 집이다.

지붕 위에 병이 올라오면 마을의 중매쟁이는 예비 신부의 집을 방문하여 우선 결혼 지참금의 액수를 타진한다. 결혼 지참금이 결정되면 본격적으로 중매쟁이의 본업에 들어가 신랑 후보를 물색한다. 그다음 신랑 후보를 필두로 총각의 부모를 비롯하여 가까운 일가친척들의 한 무리가 예비 신부 집으로 선을 보러 간다. 신랑 후보 측은 예비 신부 집에서 처녀가 만들어 내온 커피 맛을 보고 결혼 여부를 정한다. 커피의 본고장인 터키 사람들은 처녀가 커피를 입맛에 맞게 잘 만들면 살림도 잘할 것이라는 기대에서 그 처녀를 아내로 맞아들이기로 결정하는 것이다. 총각 측에서 결혼 여부를 결정하더라도 처녀는 결혼 여부에 대해 가타부타 말을 해서는 안 된다. 오로지 손수 내린 커피 맛을 통해 자신의 속내를 넌지시 암시할 수 있다. 지역에 따라 처녀는 총각이 마음에 들면 커피에 설탕을 넣어 내놓고, 마음에 들지 않으면 후춧가루나 소금을 넣어서 거절의 뜻을 암암리에 내비친다. 맞선 보는 날 터키 시골 처녀들이 끓여 내오는 커피 맛의 상징과 의미는 이렇다.

- ♣ 커피 맛이 매우 달면 – '좋아요'
- ♣ 약간 달면 – '좀 생각해 볼게요'
- ♣ 설탕을 아예 넣지 않으면 – '싫어요'
- ♣ 설탕 대신 소금을 넣으면 – '재고의 여지도 없네요'[10]

맞선을 본 후 총각 측에서 청혼을 하면 예비 신부 가족은 얼른 "좋아요"라고 말하는 대신, "좀 생각해 보고 의논해서 알려 드리겠습니다"라고 대답하는 것이 상례이다. 신랑감이 마음에 들어도 혹시 더좋은 혼처가 들어올 수 있기 때문에 대답을 다소 유보하여 시간을 벌려는 심산이다. 딸을 조금이라도 더 나은 집안에 시집보내고 싶은 부모의 마음은 동·서양 고금을 막론하고 모두 같은 듯하다. 맞선을 본 다음 어머니가 딸에게 결혼 의사를 물으면, 처녀 또한 "좋아요"라고 즉답을 하는 대신 "어머니와 아버지께서 어련히 잘 알아서 해 주시겠어요"라고 대답한다. 사실 이는 암묵적으로 긍정의 의미인데, 우회적인 화법이 보다 예의바르고 속 깊은 태도로 간주되어 칭송되기 때문이다. 한편 총각이나 처녀 측에서 결혼을 결정할 때 당사자는 물론이고 일가친척도 꼼꼼히 살핀다. 일가친척의 유전자가 배우자에게 영향을 미칠 수 있다고 생각하기 때문이다. 그래서 맞선을 볼 때 양가의 일가친척을 대동하는 것이다. 이러한 과정을 통해 혼인이 성사되면 신랑 후보는 처녀의 집을 나설 때 지붕 위의 병을 깨트린다.[11] 신랑이 낙점되었으니 더 이상 넘보지 말라는 의미이다.

가끔 지붕 위에 깨진 병이 놓여 있는 경우가 있는데, 이는 두 가지 의미 중 하나이다. 하나는 결혼이 이미 성사되었다는 의미이고, 다른 하나는 그 집 처녀를 마음에 둔 총각이 있다는 의미이다. 그 집의 처녀를 마음에 둔 총각이 병을 깨트림으로써 '이 집 규수는 내가 점찍었으니 접근 금지'라는 간접적인 의사 표시를 한 것으로 볼 수 있다. 만일 어떤 총각이 그 집 둘째 딸을 마음에 두고 있다면 꼭 두 번째 병을 깨트려야 하며, 잘못 깨트린 병에 대해서는 책임을 져야 한다.[12]

38

전시된 혼수품 불가리아

웬 이불을 저렇게 많이 널어 놓았을까. 봄맞이 대청소? 아니면 이사 준비?

이도 저도 아니다. 불가리아의 서쪽 리브노보(Ribnovo) 마을에 사는 포막(Pomaks) 사람의 혼수품이란다.

수도 소피아에서 약 200km 떨어진 로도프(Rhodope)산맥 한 자락에 위치한 동화처럼 예쁜 숲속 마을에 포막인이라 불리는 슬라브족 무슬림들이 살고 있다. 인구 약 3천 명이 옹기종기 모여 사는 작은 시골 마을이다. 그들은 국적이나 민족보다 이슬람교를 통해 끈끈하게 결속되어 있다. 불가리아 사람들의 90％는 그리스정교도이고, 10％만이 이슬람교를 믿는다. 이 마을은 터키가 불가리아를 침략하면서 불가리아인들을 강제로 이슬람으로 개종시킨 곳이다. 이러한 연유로 이곳은 이슬람의 문화와 불가리아 고유의 전통 문화가 융합되어 그들만의 독특한 문화를 꽃피우고 있다. 그중에서도 특히 전통 결혼식은 매우 이색적이어서 호기심을 자아낸다. [13]

리브노보의 무슬림들의 결혼식 잔치는 무려 사흘에 걸쳐 치러진다. 이것만 보아도 그들에게 결혼식이 얼마나 중요한 의식인지 짐작이 간다. 우리나라와 비슷하게 신랑은 신혼부부를 위한 집을 마련하고, 신부는 살림살이를 준비한다. 이 마을에서 결혼식은 11월부터 이듬해 3월 사이에 볼 수 있다. 나머지 기간에는 마을 사람들이 생업으로 인해 사흘씩이나 소요되는 결혼식을 올릴 여유가 없기 때문이다. 다른 계절에는 돈을 벌기 위해 다른 나라나 지방으로 갔다가 겨울이 되면 전통 결혼식을 즐기기 위해 돌아온다. 그런데 결혼식이 거행되는 사흘 동안 무엇을 할까.

첫째 날, 마을의 결혼식은 사진에서와 같이 딸의 혼수품을 친지들과 동네 사람들에게 자랑하는 것으로 시작된다. 사람들이 잘 볼 수 있도록 신부의 집 앞 골목에 높은 널빤지를 세우고 그 위에 혼수품을 펼쳐 놓는다. 어디 그뿐인가. 집 안 마당에는 신혼집으로 가져갈 가구부터 값비싼 가전제품까지 온갖 살림살이를 전시해 놓는다. 신부 어머니는 딸이 태어나는 순간부터 '딸의 혼수품 장만'이라는 장기 프로젝트를 계획하고 추진한다. 어머니는 마치 전리품을 쌓아 놓듯 평생 동안 딸의 혼수품을 손수 만들어 집 안에 차곡차곡 쟁인다. 밤새 수를 놓고 바느질을 하는 날도 많다. 20여 년에 걸쳐 완성된 장기 프로젝트의 위대한 결과물이 드디어 빛을 발하는 날이다. 침대 시트, 베개 커버, 이불, 앞치마, 식탁보, 양말을 비롯해 각종 레이스와 카펫 등이다. 마을 주민들은 이 혼수품을 구경하기 위해 몰려든다. 어머니의 정성어린 수작업 외에도 신부의 가족들은 딸의 결혼식 자금과 혼수품을 마련하기 위해 평생 열심히 저축한다. 그러니 피와 살 같은 혼수품을 온 마을 사람들에게 자랑하는 것은 당연지사다. 혼수품을 집 앞에 전시하는 것만으로도 모자라 결혼식 날 신부 가족과 친지들은 무거운 혼수품을 이고진 채 마을을 한 바퀴 돌며 퍼레이드를 벌인다. 이는 신부 집안의 부를 과시하고 신부 어머니의 정성과 솜씨를 뽐내기 위한 것이다. 한편 신부 집에서 혼수품을 전시하는 동안 신랑과 신부는 마을 한가운데에 있는 광장에서 전통 춤인 호로(horo) 춤을 추며 행렬을 이끌고, 마을 젊은이들은 춤을 추며 뒤따라간다. 신부 측에서 이와 같은 축제를 벌이는 사이 신랑 측에서는 신랑 집에 친지들과 신랑의 친구들을 초대하여 음식을 푸짐하게 대접한다.

두 번째 날은 첫째 날과 반대이다. 이날의 잔치는 신랑 가족이 주도한다. 신랑 친척들은 양 한 마리의 몸통에 물을 들이고 양의 양쪽 뿔에 사과를 꽂아 행렬의 선두에 세우고, 널빤지를 들고 행렬을 뒤따라간다. T자 모양의 널빤지에 주렁주렁 달린 물건들은 신랑이 신부와 처가의 가족들에게 줄 귀한 선물이다. 선물로 현금을 주기도 하는데, 현금 역시 널빤지에 붙여 퍼레이드를 한다.

결혼식 셋째 날, 드디어 예식을 올리는 날이다. 혼수품 전시 이외에 결혼식의 백미는 바로 '겔리나(Gelina)'라 불리는 신부 화장이다. 신부의 집에서 마을 아녀자들이 신부에게 화장을 해 준다. 신부 얼굴에 귀

신부화장 겔리나(Gelina)

신처럼 새하얀 분을 몇 겹으로 칠한 다음 그 위에 알록달록한 비즈를 붙여 장식을 하고 마지막으로 그 위에 붉은색 베일을 씌우면 신부 화장이 끝난다. 이와 같이 독특한 '겔리나'는 이 지역 방언으로, 순결한 처녀에게만 허용되는 독특한 화장법을 지칭한다.[14]

한편 포막 사람들의 결혼식이 별난 만큼 이혼 의식 또한 별나다. 이혼할 때 판사도 성직자도 필요 없다. 남편이든 아내든 배우자에게 "이제 더 이상 당신과 살고 싶지 않아요"라고 세 번 외치는 것만으로 이혼이 성립된다.[15]

10장

신에 대한 숭배

초자연적 존재에 대한 신앙과 그에 관련된 행위를 종교로 규정한다면 종교는 인류 역사상 그리고 지구상 어디에든지 보편적으로 존재한다고 할 수 있다. 우리는 여러 종교에서 사용하는 것과 마찬가지로, 풍요를 기원한다든가 액운을 방지하거나 쫓아내거나 현재와 미래에 관한 해답을 얻기 위해 사용했던 여러 가지 종교적 의미를 지닌 유물들을 발견하여, 고대 도시나 주거지에서도 어느 특정한 종교적 의미를 지닌 장소가 따로 설정되어 있었음을 알게 된다.[1]

– 한상복

39

쌍둥이 어머니의 조각상 카메룬

아 직 우리에게 아프리카와 그 문화는 지도상의 거리만큼이나 멀게만 느껴진다. 그렇지만 적어도 아프리카라고 하면 쉽게 인물이나 동물, 기물 모형의 다양한 조각상, 아프리카 전통 춤과 가면 등이 떠오른다.

사진의 나무로 만든 인물 조각상은 아프리카 대륙을 대표하는 상징물 중 하나이다. 실제 서아프리카의 많은 왕국들에서는 왕의 즉위식은 물론 왕실의 장례식, 농사 관련 의식을 비롯하여 다양한 행사장을 많은 조각상으로 장식했다. 왕궁의 입구 혹은 왕실의 무도회장을 장식했던 세련되고 정교한 조각상들은 왕실의 역사와 왕권 그리고 정통성을 상징하는 중요한 정치적·종교적 도구로 사용되었다. 이 조각상들은 주로 왕을 비롯하여 고위급 신하들, 쌍둥이의 어머니와 같이 종교적으로 중요한 인물을 본떠 만들어졌다. 왕과 신하들이 조각상의 소재가 된 것은 쉽게 이해가 간다. 그들은 왕국의 권력의 정점에 있었으니까. 그런데 '쌍둥이의 어머니'는 왜 조각상의 소재가 되었을까.

전통적으로 서아프리카 중에서도 특히 카메룬 왕국과 카메룬 남쪽에 위치한 나이지리아의 요루바 지역에서는 쌍둥이와 쌍둥이 어머니가 신성시되었다. 이 지역에서 쌍둥이의 출생은 매우 이례적인 일이었기에 쌍둥이는 신의 특별한 은총을 받은 초자연적인 축복으로 간주되었기 때문이다. 그러니 가뭄에 콩 나듯 탄생하는 쌍둥이도 반가웠지만, 그 쌍둥이를 낳은 어머니는 몇 곱절 더 귀한 존재로 대접받았던 것은 당연한 것이었다.

춤을 추고 있는 듯한 사진 속의 조각상은 방와(Bangwa) 지역의 여인상으로 무늬개오지로 만든 목걸이와 팔찌는 멋을 부리기 위한 장신구에 그치는 것이 아니다.[2] 바로 이 여인이 쌍둥이의 어머니임을 암시하는 중요한 표식이다. 여인은 오른손에 종(鐘)을 들고 있는데, 이 또한 쌍둥이 어머니임을 과시하는 상징물이다. 20세기 초까지 존속한 카메룬 왕국에서는 생업인 농사의 풍작을 기원하는 의식에서 쌍둥이 어머니들이 평화를 상징하는 나뭇가지를 손에 들고 대지에 축복을 기원하는 모습을 흔히 볼 수 있었다. 이 지역에서 쌍둥이의 어머니는 쌍둥이를 낳았다는 이유 하나만으로 왕과 마찬가지로 번성과 강력한 힘을 상징했다. 사진과 같은 조각상이 카메룬어로 '니유이 은뎀(nyui ndem, 신의 어머니)'이라 불리는 것도 이러한 문화적 배경에서 비롯되었다.

카메룬 왕국에서 쌍둥이가 태어나면 그날로 왕궁으로 데려가 왕의 양자로 삼았고, 덩달아 쌍둥이의 어머니도 정치적으로 중요한 자리를 차지할 수 있었다. 쌍둥이가 신성시되는 전통에 힘입어 모든 여자 쌍둥이들은 후궁이 되었으며, 그 결과 왕의 자녀 중 쌍둥이가 나올 확률도 높아졌다. 초자연적인 힘에 의해 잉태된 쌍둥이가 왕과 가까이함으로써 왕에게 일반 백성들은 감히 넘볼 수 없는 강력한 힘을 줄 수 있다고 믿었기 때문이다.[3] 이웃 국가인 나이지리아 일부 지역에서 쌍둥이가 천둥, 번개, 폭풍의 신(神)인 샹고(Shango)의 핏줄로 존중을 받았던 전통도 같은 맥락이다.

사실 오늘날 아프리카에서는 지역에 따라 쌍둥이에 대한 관념이 극단적으로 갈린다. 카메룬을 비롯해 나이지리아의 요루바 지역에서는 쌍둥이를 신성한 존재로 여기는 전통이 지금까지 이어져, 그들은 매우 귀한 대접을 받고 있다. 쌍둥이는 몸은 두 개로 나뉘어 있지만 하나의 영혼을 공유하는 영험한 피조물로 신성시되는 것이다.[4] 이와 달리 나이지리아의 이그보(Igbo) 지역에서는 정반대이다. 쌍둥이를 악령이 깃들었거나 악마의 저주로 잉태된 불길한 존재로 간주한다. 어머니가 악마의 저주를 받았거나 두 남자와 잤기 때문에 쌍둥이가 태어났다고 믿기 때문이다. 얼마 전까지만 해도 이 지역에서는 저주스러운 쌍둥이의 출생을 액땜하기 위해 쌍둥이가 태어나자마자 쌍둥이 중 동생을 죽이는 잔인한 풍습이 남아 있었다.

오늘날 나이지리아 요루바 지역에서 쌍둥이가 태어날 확률은 다른 지역보다 월등히 높다. 쌍둥이가 태어날 확률이 세계의 평균이 0.2%인 반면, 요루바 지역의 확률은 2%로 10배 정도 높다. 그러나 안타깝게도 쌍둥이 중 한 명은 영유아기에 사망하는 경우가 많다. 이 지역 사람들은 쌍둥이가 하나의 영혼을 공유하기 때문에 살아 남은 쌍둥이는 반쪽짜리 영혼으로서 온전하게 살아갈 수 없다고 생각한다. 그렇기 때문에 쌍둥이 어머니는 죽은 쌍둥이의 영혼이 빙의(憑依)된 조각상을 평생 보살핌으로써 그 영혼이 살아 있는 쌍둥이의 영혼과 결합하여 비로소 온전한 하나가 되기를 염원한다. 그래서 쌍둥이 어머니는 살아 있는 다른 쌍둥이와 마찬가지로 목각 인형에게 음식을 먹이고, 몸에 붉은색이나 파란색으로 칠을 해서 단장을 시키고 옷을 갈아입히기도 한다. 이 빙의된 인형을 카메룬어로 '이베지(ibeji)'라 한다.[5] 그래야 죽은 쌍둥이가 해코지를 하지 않고, 사산·불임 등의 불행으로부터 집안을 지킬 수 있다고 굳게 믿기 때문이다.

이베지

40

자이나교의 마스크 _{인도}

사진의 인물들은 인도 자이나(Jaina)교의 승려들이다. 이 승려들은 흰 법복을 입고 빗자루를 든 채 하나같이 얼굴에 마스크를 착용하고 있다. 황사가 기승을 부리거나 감기가 유행하는 계절도 아닌데, 왜 마스크를 쓰고 있는 것일까.

인도에 뿌리를 둔 자이나교의 일반적인 교리는 불교나 힌두교와 비슷하지만, 극단적인 무소유와 불살생을 핵심 교리로 표방하는 독특한 종교로 알려져 있다. 승려들과 신도들 모두 사진에서처럼 마스크를 쓰고 다니는 것은 바로 심오한 종교적인 교리 때문이다. 자이나교에서는 아무리 미미한 생명체라도 절대 살생하면 안 된다. 심지어 사람이 숨을 쉴 때 미생물이 사람 몸속으로 들어가 죽는 것도 일종의 살생으로 간주한다. 그러니 생활 속에서 살생을 철저히 예방하기 위해서는 한여름에도 마스크를 착용하는 번거로움 정도는 참아 내야 한다. 이쯤 되면 흰색 마스크는 자이나교의 핵심 교리를 대변해 주는 상징물이라 할 수 있다. 별난 종교에 별난 종교적 수행 도구라고나 할까.

종교의 나라라고 해도 과언이 아닌 인도는 힌두교와 불교, 자이나교, 시크교의 발상지인데다가, 이슬람교와 기독교까지 전파되어 토착종교와 함께 다양한 종교가 공존해 왔다. 인도의 주 종교인 힌두교 외에도 이슬람교, 기독교, 시크교, 불교, 자이나교가 소수 종교로서 인도인의 생활 깊숙이 자리 잡고 있다. 인구 대비 분포 비율은 힌두교 81.5%, 이슬람교 11.2%, 기독교 2.7%, 시크교 2.4%, 자이나교 1%, 불교 0.7%이다.[6]

자이나교는 불교와 비슷한 시기에 인도에서 창시된 종교로, 기원전 9세기부터 존재했을 것으로 추정된다. 교조인 바르다마나(Vardhamana)는 왕족 출신으로 30세경에 출가하여 13년의 고행정진 끝에 크게 깨달아 지나(Jina, 勝者) 또는 마하비라(Mahavira, 大勇)라고 일컬어졌다. 바로 여기서 '자이나'라는 종교의 이름이 유래했다. 카스트 제도를 초월하여 해탈을 주장했으며, 불교와는 다른 고행을 강조하고 신을 숭배하지 않는 것이 특징이다.

자이나교는 본래 힌두교에서 유래되었기 때문에 힌두교의 영향을 많이 받았다. 두 종교의 공통된 주요 교리는 '아힘사(ahimsa)'와 '업보(karma)' 두 가지이다. 힌두어 아힘사는 불살생의 계율을 의미한다. 이는 자이나교에서 가장 중시하는 교리로 엄격하게 준수할 것을 요구한다. 이러한 엄격함 때문에 인도를 넘어 세계적인 종교가 된 불교와 달리 자이나교는 오늘날까지 인도의 토착 종교로만 잔존하는 이유 중 하나이다. 농작물을 갉아먹는 해충도 죽이면 안 되는 것은 물론, 수돗물도 헝겊에 한 번 걸러 먹으며, 벌레를 밟지 않도록 길을 걸을 때도 빗자루로 길을 쓸면서 다녀야 한다. 또한 쌀이나 밀처럼 낱알 하나를 다 먹어서 생명을 완전히 살생하는 식물은 먹지 못하고, 감자나 양파 등 싹을 틔울 수 있는 뿌리식물도 먹지 못하며 오직 잎사귀만 먹어야 한다. 신도들은 무소유의 계율에 따라 옷을 입어서도 안 된다. 인도에 가면 간혹 나체로 길거리를 다니는 사람들을 볼 수 있는데, 바로 이들이 자이나교 승려이다.

자이나교 교도에게 허락된 몇 안 되는 소유물은 방울이 달린 빗자루와 헝겊, 마스크이다. 혹 실수로라도 물속 생명을 해칠까 싶어 강을 건너거나 배를 타고 다른 나라로 가지도 못한다. 다른 생명을 해칠 마음을 품는 것 자체도 일종의 살생이라 간주하고 일상에서 이의 철저한 실행을 요구하다 보니, 웬만해서는 자이나교 교인이 될 수 없을 것 같다. 자이나교 교인은 인도에서 1%에 불과한 소수 종교이긴 하지만, 자신들이 그리도 중하게 여기는 미생물처럼 오늘날까지 3천여

년 동안 끈질기게 살아남은 것을 보면 경이로울 뿐이다.[7]

한편 자이나교는 공의파(空衣派)와 백의파(白衣派)의 두 계파로 나뉜다. 공의파는 철저한 무소유를 위해 의복도 필요 없다고 하며 의복 대신 '하늘을 입은 사람'이라는 의미에서 공의파로 불린다. 따라서 나체주의의 수행을 표방한다. 반면, 백의파는 흰옷을 입고 수행한다. 여기서 흥미로운 점은 일 년 내내 무더운 인도에서는 과거에도 거의 벗고 다니는 문화가 있었기 때문에 나체 수행자들을 그다지 이상한 눈으로 보지 않는다.[8]

자이나교 교인들은 아무리 조심을 해도 살생을 피할 수 없다는 것을 인정하고 살생에 등급을 두었다. 죽일 의도가 없었고 생물체가 아주 작고 미미한 경우, 실수로 살생을 저질렀다 하더라도 그리 악한 업보로 간주되지 않는다. 하지만 악행을 저지른 것은 사실이기 때문에 선행을 통해 악한 업보를 상쇄시켜야 한다.[9] 가능한 한 살생을 하지 않아야 하는 교리 때문에 생업 활동도 제한적일 수밖에 없다. 대부분의 자이나교 교인들이 부유층에 분포되어 있는 이유도 이 때문으로 풀이된다.

41

마니차 _{중국 티베트}

<big>**사**</big>진 속의 물건은 얼핏 보기엔 동양적인 냄새가 물씬 풍기는 호 사스러운 아이들 장난감 같다. 그런데 이 물건은 장난감과는 거리가 먼 성스러운 도구로, 티베트 불교의 경전이 들어 있는 일종의 법구(法具)이다. 그런데 그저 불교의 경전을 보관하는 도구에 그치지 않는다. 티베트 불교 신자들은 이 통을 손으로 돌리며 수행을 한다. 티베트나 몽골, 네팔 등에 가면 길거리에서 이 통을 연신 손으로 돌리 며 걸어가는 사람들을 종종 볼 수 있다. 이 통을 티베트어로 마니차 (摩尼車)라 부르는데 경통(經筒), 법륜(法輪), 기도륜(祈禱輪)을 의미한 다. 이러한 한자어들은 생소하고 난해해 보이지만, 마니차의 종교적 용도를 알고 나면 이해가 갈 것이다.

우선 마니차의 형태를 자세히 보자. 마니차는 빈 깡통이 아니다. 원통형의 외피를 벗겨 내면, 마니차의 중앙에 막대기가 꽂혀 있고 그 막대에 불교의 경전이 둘둘 말려져 있다. 그리고 원통 외부에 무게추 가 달려 있어 마니차의 손잡이를 조금만 회전시켜도 추의 원심력에 의해 빙글빙글 자동으로 돌아간다. 물건을 장식하는 효과도 큰 원통 의 겉면에는 불교의 진리의 말씀인 만트라(mantra)가 새겨져 있다. 마 니차의 크기는 손에 쥘 수 있는 휴대용부터 거대한 범종 형태까지 다 양하지만 생활 속에서 일반적으로 사용되는 것은 휴대용 마니차이다. 신도들은 순례를 갈 때에는 물론 집에서, 심지어 길을 걸어가면서도 휴대용 마니차를 들고 다니며 빙글빙글 돌린다. 한편 티베트 불교 사 원의 대웅전 주변에는 어김없이 황금색으로 빛나는 대형 마니차가 세

워져 있는데, 원통 안에는 그 크기만큼이나 빼곡히 경전의 사본이 채워져 있다. 티베트인들은 통 안에 경전의 사본을 많이 감아 넣을수록 그만큼 더 많은 복을 받는다고 믿는다.

고대 중국의 한 순례자의 기록에 따르면, 마니차는 서기 400년경부터 사용되었다고 한다. 마치 마니차가 빙글빙글 돌아가듯 억겁의 수행의 역사가 1600여 년이 지난 오늘날까지 굴러 온 셈이다. 얇은 종이에 쓰인 경전의 언어는 고대 인도어 또는 티베트어이다. 마니차를 돌리며 수행하는 발상은 부처의 가르침을 위한 전통적인 은유적 표현인 '다르마(dharma)의 바퀴를 돌려라'에서 유래했다.[10] 마니차의 유래와 관련하여 또 다른 설도 있다. 옛날 티베트에 문맹자들이 많다 보니 눈으로 경전을 읽는 대신 비유적으로 바람이 수행자에게 경전 내용을 전해 주는 마니차를 만들었다는 설이다.[11]

티베트의 불교 신자들은 사찰에 있는 마니차를 돌리면서 부처의 말씀이 온 세상에 퍼져 나가기를 기원한다. 그들은 왼손으로는 백팔염주를 돌리고, 입으로는 관세음보살의 자비를 기원하는 염불인 '옴 마니 팟메 훔(Om Mani Padme Hum)'을 암송하면서, 오른손으로는 마니차를 돌린다. 세 가지 수행을 동시에 행하려니 만만찮은 집중력이 필요할 것 같다. 이 염불의 의미는 다음과 같다.

- ♣ 옴(Om): 천지가 개벽한 태초 이전부터 울려 온 우주의 기(氣)를 의미
- ♣ 마니(Mani): 여의주를 의미하며, 깨끗한 지혜를 상징
- ♣ 팟메(Padme): 연꽃을 의미하며, 무한한 자비를 상징
- ♣ 훔(Hum): 우주의 수많은 존재 중 각각의 개별적인 존재가 담고 있는 소리를 의미[12]

티베트 불교 신자들은 마니차가 돌아가면서 일으키는 바람(기, 에너지)이 사람 대신 경전을 읽어 주는 것과 같다고 생각한다. 요컨대 마

절에 설치된 큰 마니차

니차를 한 번 돌리면 경전을 눈으로 한 번 읽은 것과 같아, 그만큼 업보가 경감되고 축복을 받을 수 있다는 것이다. 이러한 의미에서 마니차를 많이 돌리면 돌릴수록 축복을 더 많이 받는다고 생각하기 때문에 틈만 나면 마니차를 돌린다. 자연과 더불어 살아왔던 티베트인들이 자연의 힘으로 부처의 가르침을 배울 수 있다고 생각한 순진한 발상이라 할 수 있다.

최근에는 손의 힘이나 바람의 힘 대신 전기의 힘으로 돌아가는 디지털 방식의 마니차가 출시되었다. 오늘날의 첨단 마니차는 비록 마니차의 명칭대로 회전하지는 않지만, 부처의 말씀을 음성으로 들으며 찬찬히 음미할 수 있다. 그뿐만 아니라 디지털 방식의 마니차는 부처의 말씀을 크거나 작게 소리를 조절할 수 있고 잠깐 멈추게 할 수도 있다. 이 마니차는 다소 삭막하고 건조해 보이기는 하지만, 본래 의도했던 수행에 보다 충실할 수 있을 것 같다. 내용도 모르는 채 무작정 경전을 돌리는 대신, 최소한 부처의 말씀을 들으며 그 의미를 되새길 수 있을 테니까.

42

쿠마리의 제3의 눈 _{네팔}

사진의 앳된 소녀는 나이에 어울리지 않는 현란한 머리장식과 의상을 입고 있다. 또 이마에는 강렬한 인상을 주는 검은 눈동자도 그려져 있다. 이 검은 눈동자의 의미를 알기 위해서는 힌두교의 종교적 배경에 대한 이해가 필요하다.

힌두교는 코끼리 신, 소의 신 등 많은 신을 섬기는 다신교이다. 그런데 네팔의 힌두교에서는 독특하게도 살아 있는 여신을 섬긴다. 이 신을 네팔어로 '쿠마리(Kumari, 처녀의 의미)'라 부른다.[13] 네팔의 네와르족은 쿠마리를 숭배하는 전통을 1천 년 이상 유지해 왔고 오늘날에도 진행형이다. 쿠마리는 어린 소녀 중에서 간택되어 초경이 있을 때까지 여신으로 추앙받는다. 현재 총 10명의 쿠마리가 있다. 그중 네팔의 가장 큰 도시에서 활동하는 쿠마리는 '로얄 쿠마리'라 불리며 더욱 신성시되고 있다.

한편 힌두교뿐만 아니라 불교에서도 쿠마리를 섬기는데, 두 종교의 신자들이 공통으로 섬기는 쿠마리는 종교적인 화해의 상징으로 간주되기도 한다. 네팔에서 힌두교와 불교 신자들은 쿠마리가 석가모니의 환생이라고 믿기 때문이다. 따라서 쿠마리가 되기 위해서는 석가모니의 후예인 소수민족 샤카족의 후손이어야 한다. 간단히 말해 성(姓)이 '샤카'이어야 한다는 것이다. 이 밖에도 쿠마리가 되기 위해서는 32개의 까다로운 조건과 시험을 거쳐야 한다. 우선 신체 조건으로 몸에 어떠한 상처도 없어야 하며 몸은 보리수 같고 허벅지는 사슴과 같으며 눈꺼풀은 소와 같고 목은 고둥 같아야 한다. 그리고 바로 전대의 쿠마리가 입었던 의복과 장신구를 골라내는 시험도 통과해야 한다. 마지막으로, 동물의 사체와 피 냄새가 진동하는 캄캄한 방에서 하룻밤을 울지 않고 두려움을 견뎌 내는 관문을 통과하면 드디어 여신으로 선발된다.[14]

그런데 쿠마리로 발탁되는 것으로 끝이 아니다. 쿠마리가 된 후에도 신으로서의 위엄과 신성을 보여 주어야 하기에 그만큼 제약도 많다. 예컨대, 쿠마리는 절대 발을 땅에 대거나 말을 해서는 안 된다. 늘 다른 사람이 업고 다니거나 수레를 타고 다닌다. 쿠마리는 신이기 때문에 네팔의 국왕도 쿠마리 앞에서는 무릎을 꿇어야 한다. 사진에서 보는 바와 같이 쿠마리는 여신으로 보이기 위해 독특한 화장을 한다. 화장을 짙게 한 다음 여신의 상징으로 이마 한가운데의 미간에 제3의 눈을 그려 넣음으로써 단장을 마무리한다. 붉은 화장 위에 새겨지는 시바 신의 눈인 이 제3의 눈은 네팔어로 '티카'라 한다. 이 눈은 티베트 불교 사원에 세워진 스투파(불탑)에서도 볼 수 있다. 스투파 상단에 그려진 눈은 쿠마리의 제3의 눈과 동일한 상징이다. 즉 삼라만상의 이치와 진리를 꿰뚫어 볼 수 있는 신성한 지혜의 눈을 의미한다.

쿠마리는 일 년에 9차례의 축제 기간에만 카트만두 더르바르 광장

축제 기간에 퍼레이드를 하는
쿠마리

에 있는 쿠마리 사원에서 벗어나 대중을 만날 수 있다. 축제에서 쿠마리는 탈레주 여신의 화신으로서 축제의 주인공이 되어 3일 동안 커다란 수레를 타고 카트만두 시내를 돌아다니며 퍼레이드를 펼친다. 이때 신자들은 쿠마리를 볼 수 있는 좋은 위치를 차지하기 위해 자리 쟁탈전까지 벌인다. 얼마 전까지만 해도 쿠마리는 이 축제 기간 외에는 사원을 나갈 수도 학교에 갈 수도 없었다. 그나마 최근에는 쿠마리의 학습권이 보장되어 가정교사를 통해 교육을 받을 수 있는 권한을 갖게 되었다.

여신으로 간택된 쿠마리는 일반적으로 4, 5세경부터 초경이 시작되는 12~13세까지 활동한다. 쿠마리는 신성한 신이기에 몸에 상처가 나거나 피를 흘려서도 안 되기 때문이다. 그래서 초경이 시작되면 여신에서 속세의 여인으로 돌아가야 한다.[15] 안타깝게도 쿠마리에서 다시 세상으로 돌아간 후의 소녀의 미래는 전혀 보장되지 않는다. 하루아침에 버려진 쿠마리는 가족과 재회하면 가족에게 불행이 닥친다는 미신 때문에 집으로 돌아가지도 못한다. 설상가상으로 쿠마리의 남편은 일찍 죽는다는 속설 때문에 대부분의 쿠마리는 평생 독신으로 살아간다. 일상생활에도 장애가 많다. 쿠마리는 오랜 세월 동안 걷지 않았기 때문에 하체의 근력이 정상적으로 발달하지 못하고, 말하는 것도 금지되어 언어 발달도 현저히 늦다. 몸은 여인이 되었지만, 사실상 쿠마리의 시간은 5세에 멈춰 있는 셈이다. 결국 사회생활에 적응하지 못한 쿠마리는 창녀촌으로 가거나, 세상과 단절된 채 외롭게 살아갈 수밖에 없다. 이처럼 여신의 지위를 박탈당한 이후의 쿠마리의 불행에도 아랑곳하지 않고 여신을 배출하는 것을 가문의 영광으로 여기기 때문에 가족과 일가친척들은 앞다투어 어린 딸들을 쿠마리로 추대하고자 한다.

삼라만상의 모든 이치와 진리를 꿰뚫어 볼 수 있다는 신성한 눈을 상징하는 쿠마리의 제3의 눈은 결국 여신의 상징도 그 무엇도 아닌 그저 지워지는 한순간의 화장에 불과한 것이다.

43

파이 속의 인형 프랑스

사진의 앙증맞은 도자기 인형(개당 높이 2cm, 폭 1cm 정도)들의 정체는 무엇일까. 그저 예쁜 소품일까. 그렇다면 이 책에서 언급할 가치도 없었을 터이다. 이 인형의 정체를 추적하기 위해서는 프랑스의 가톨릭 축일에 대해 알아볼 필요가 있다. 프랑스는 대혁명(1789) 전까지 가톨릭이 국교였기 때문에 오늘날까지 가톨릭과 관련된 축일이 많이 남아 있다. 크리스마스야 누구나 다 아는 축일이지만, 성모승천일(Assomption), 성령강림절(Pentecôte), 주현절(l'Épiphanie), 모든 성인(聖人)의 날(Toussaint) 등은 다소 생소하다. 새해 들어 가장 처음 맞이하는 축일은 1월 6일 '주현절(主顯節, 주님이 오신 날)'로 공현절(公現節)이라고도 한다. 이는 동방박사들이 아기 예수가 탄생한 지 12일째 되는 날에 베들레헴으로 찾아와 예수의 탄생을 경배하고 예수의 존재를 공인했던 날이라는 의미에서 붙은 별칭이다. 크리스마스로부터 12일째 되는 날이 새해의 1월 6일이 되는데, 이때 12일은 일 년의 12개월을 상징한다.

이탈리아와 스페인 등 유럽의 가톨릭 국가들에서도 주현절을 기념하고 있다. 그런데 다른 유럽 국가들과는 달리 프랑스에서는 이날 자신들만의 독특한 놀이를 하면서 축일을 기념한다. 주현절이 되면 우선 가족, 친지, 혹은 친구들과 모여 맛있는 음식을 먹으며 즐거운 시간을 보내는데, 후식으로 '왕의 갈레트(la Galette des rois)'라고 하는 보름달처럼 둥근 파이를 나누어 먹는다. 주현절의 가장 큰 재미는 파이를 먹으면서 그날의 왕을 뽑는 놀이이다. 그런데 왕은 어떻게 뽑는 것일까. 왕의 선출 과정은 이렇다. 보름달 모양의 커다란 파이 속에는 프랑스어로 'fève(강낭콩)'라고 하는 손가락 한 마디 크기의 앙증맞은 도자기 인형이 하나 숨겨져 있다. 파이는 이날 모인 사람 수만큼 등분되며, 자신의 파이 조각에서 도자기 인형이 나오는 행운아가 '그날의 왕(roi du jour)'이 되는 영광을 누린다. 왕은 금박 종이로 된 왕관을 쓰고, 아울러 왕비를 지명하는 권한도 부여받는다.[16] 왕비까지 정해지면 나머지 사람들은 한쪽 무릎을 꿇어 바닥에 대고 한쪽 손은 무릎 위에 얹고 고개를 숙여 "폐하 만세! 왕비 만세(Vive le roi! Vive la reine!)"를 외친다.[17] 이러한 의미에서 주현절은 '왕들의 축제(Fête des Rois)' 혹은 '왕의 날(Jour des Rois)'이라 부르기도 한다. 이날 왕으로 뽑히면 그해 내내 행운이 따른다는 속설이 있다. 이와 같은 놀이의 의미에서 이날의 파이를 '왕의 갈레트'라 부르기도 하지만, 본래는 다음과 같은 의미에서 '왕의 갈레트'라 불렀다. 프랑스어 'rois'는 일반 명사로는 왕을 의미한다. 여기서 rois는 세 명의 동방박사(Rois Mages), 즉 멜키오르(Melchior), 가스파르(Gaspard), 발타자르(Baltazar)를 가리킨다. 그리고 '왕의 갈레트'란 1월 6일 동방박사들이 예수의 탄생을 경축하기 위해 바쳤던 황금, 유황, 몰약 등과 함께 가져왔던 일종의 생일 케이크이다.

언제부터 이 축일이 시작되었을까. 갈레트를 구워 주현절을 경축했던 풍속은 14세기경으로 거슬러 올라간다. 프랑스 동쪽 쥐라 지방에서는 주현절이 다가오면 아이들이 별로 장식한 셔츠에 황금빛 벨트를 매서 동방박사로 변장하고 집집마다 돌아다니며 '갈레트' 조각을 얻으러 다녔다. 이 장면은 우리에게도 익숙한데, 바로 미국의 핼러윈 축제의 한 장면과 오버랩된다. 그러다가 나폴레옹(1769~1821) 시대에 이르러 1월의 첫 번째 일요일이 주현절로 지정되었다.

과거에는 왕의 갈레트 속에 실제 강낭콩(fève)이 들어 있었다. 그러다가 부유한 부르주아들이 콩 대신 금화나 은화를 숨겼는데, 19세기 이후 도자기나 플라스틱 인형으로 대체되었다. 그래서 현대 프랑스어 명사 fève에는 '강낭콩'과 '작은 도자기 인형'이라는 두 가지 의미가 있

주현절의 갈레트와 왕관

갈레트 안의 인형

다. 오늘날 이 앙증맞은 인형은 동방박사나 목동부터 만화 캐릭터, 유명인 또는 각 빵집의 상징물까지 그 종류가 매우 다양하다. 심지어 시리즈물로 제작된 경우도 있다. 프랑스에서 월드컵이 열렸을 때 프랑스 축구대표팀 선수들의 얼굴 모양 인형이 갈레트 안에서 나오기도 했다.

프랑스의 벼룩시장에 가면 이 도자기 인형들이 패총처럼 쌓여 있는 것을 볼 수 있다. 심지어 이 도자기 인형만 전문적으로 수집하는 마니아가 있을 정도로 프랑스인들의 많은 사랑을 받고 있다.

11장

고난 체험과
죄의 정화

삽처럼 생긴 커다란 발로 끊임없이 땅을 파는 것은 두더
지가 평생 짊어진 숙명이다. 두더지의 주변에는 영원한 어
둠뿐이다. 두더지의 눈이 덜 발달한 것은 단지 빛을 피하기
위해서이다. 즐거움이라고는 하나도 없는 고난으로 꽉 찬
일생을 통해 두더지는 무엇을 얻을까? … 삶의 고난과 고통
은 삶에서 얻는 과실이나 이득에 비하면 터무니없이 가혹
하다.[1]

– 쇼펜하우어

44

몸에 박힌 꼬챙이 말레이시아

사진에서 치렁치렁한 노끈이 달린 고리들이 남자의 등에 빼곡히 꽂혀져 있다. 맨살에 빽빽이 꽂혀 있는 고리들만 보아도 통증이 느껴지는 듯하다. 게다가 걸을 때마다 고리에 걸린 노끈들이 흔들리면서 보행자의 고통은 한층 배가될 것이다. 이는 말레이시아에 거주하는 힌두교 교도들의 연중 최대 행사인 타이푸삼(Thaipusam) 축제의 한 장면이다. 소위 고통을 통한 '참회와 속죄'의 의식이다. 왜 사서 고통을 당하는 것일까.

타이푸삼 축제는 19세기에 인도 동남부에서 말레이시아로 유입된 타밀족 이민자들에 의해 전래된 가장 중요한 힌두교 축제 중 하나이다. 이는 스리 마하마리암만(Sri Mahamariamman)과 그의 아들인 무루간(Murugan) 신의 영광을 기리기 위한 축제로 알려져 있지만, 우상숭배 이상의 의미를 담고 있는 유서 깊은 의식이다. 이 축제는 빛의 축제인 디파발리 축제, 햅쌀로 밥을 지어 태양신에게 바치는 추수감사절과 유사한 퐁갈 축제와 함께 힌두교 교도의 3대 축제 중 하나이다. 정작 힌두교의 발상지인 인도에서는 그 맥이 끊어졌지만 말레이시아에서는 인도 교민들을 중심으로 1892년부터 현재까지 100년 이상 이어지고 있다. 이 축제는 인도의 타밀(Tamil)력의 타이(Thai) 달(1월에서 2월 사이)의 보름에 거행된다. 타이푸삼은 타밀력의 열 번째 달인 신성한 한 달을 의미하는 '타이'와 보름달이 뜨는 날을 의미하는 '푸삼'이 결합되어 만들어진 합성어이다.

타이푸삼은 사흘 동안 치러진다. 첫째 날은 사원과 신상을 꽃으로 화려하게 꾸미는 것으로 시작된다. 둘째 날에는 축제의 주인공인 무루간 신상을 실은 수레가 마리암만 사원에서 출발하여 바투 동굴사원까지 이동하여 신상을 안치시키는 공식적인 의례가 거행된다. 5톤이나 되는 은으로 제작된 수레에 무루간 신상을 싣고 마리얌만 사원에서 약 15km 떨어진 바투 동굴까지 축제 행렬이 이어지는데, 말 그대로 장관이다. 무루간 신상을 실은 수레를 필두로 수천 명의 신도가 행렬을 뒤따라간다.[2] 셋째 날에는 무루간 신상을 실은 수레가 마리암만 사원으로 다시 돌아오는 의례를 치른다. 축제의 백미는 마지막 날인데, 바로 이날 바투 동굴 근처에 힌두교 신도들과 군중이 운집한 가운데 사진에서 보는 바와 같이 수백 명의 신도가 몸소 고행을 실행하는 예식이 거행된다. 자발적인 고행자들은 1m에 달하는 쇠꼬챙이를 혀, 뺨 등에 찔러 관통시키는가 하면 날카로운 갈고리를 등과 가슴의 맨살에 꽂는다. 신기한 것은 고행자 중 누구 하나 피를 흘리거나 고통을 느끼지 않는다고 한다. 힌두교 교도들은 이러한 신비한 현상이 신의 가호 덕분이라고 믿는다. 미국, 영국, 호주 등에서 의료진이 몰려와 그 비밀을 밝히기 위해 연구한 적도 있다. 그러나 아직까지도 이 무통·무혈의 불가사의한 비밀은 풀리지 않았다.

축제 마지막 날, 신도들은 쇠나 나무로 만든 '카바디(Kavadi)'라 불리는 화려한 장식의 짐을 지고 272개 계단을 걸어서 동굴로 올라간

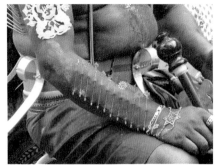

몸에 꼬챙이를 꽂고 축제에 참여하는 힌두교인들

다. 이 순간 축제는 절정에 달한다. 삶의 짐을 상징하는 무거운 '카바디'를 등에 지고 고통을 감내함으로써 인간적인 죄에 대한 속죄와 참회를 하는 타이푸삼의 참된 의미를 가장 잘 보여 주는 의식인 것이다. 한편 카바디 의식은 무루간 신으로부터 받은 은총에 대한 답례로 행하는 의례적인 고행의 의미도 담겨 있다. 신도들은 지독한 고통을 극복함으로써 불완전한 중생으로서 신에게 자비를 구하고 온전히 순종하겠다는 의지를 능동적으로 보여 주는 것이다. 속세에서 소원이 이루어지기를 바라는 사람들은 채식과 단식 그리고 성생활을 자제하는 금욕생활은 물론, 고행을 견딤으로써 무루간 신에 귀의하고 무아지경에 빠져든다.[3] 이때 군중은 타밀어로 신성한 본질을 의미하는 말인 '벨(Vel)'을 외치는데, 그 외침 속에서 고행자들은 점점 더 황홀경에 빠져든다고 한다. 동시에 군중은 일제히 코코넛 열매를 깨트린다. 이 코코넛 열매는 사람 머리를 상징하며, 인간의 마음속에 깊이 내재된 참된 자아(Atman)를 발견한다는 의미이다.[4]

말레이시아의 인도 타밀인에게 타이푸삼 축제는 크게 두 가지 차원에서 중요한 의미가 있다. 우선 개인적 차원에서는 힌두교인으로서의 정체성을 확인하고 종교적인 재생을 체험한다. 보다 대승적으로 집단적 차원에서는 다종족·다문화 사회인 말레이시아에서 타밀인이라는 소수민족으로서의 집단적인 정체성을 강화시키고 그들을 수호하는 무루간 신의 존재를 재확인한다.[5]

45

통곡의 벽 이스라엘

사진에서 사람들은 높다란 벽 앞에서 기도를 하거나 벽에 입을 맞추고 있다. 머리에 쓴 모자로 보아 이들이 유대인이라는 것쯤은 쉽게 알 수 있다. 그런데 왜 평범해 보이는 벽을 신처럼 숭배하며 그 앞에서 기도를 하고 있을까. 사진의 사람들의 옷차림을 자세히 보면 다시 두 부류로 나뉜다. 납작한 키파(유대인의 빵모자)를 쓰고 흰 천을 두른 사람들은 일반 유대인이고, 검은색 정장에 중절모를 쓰고 있는 사람들은 정통파 유대인이다. 그렇다면 이 벽은 유대인의 순례지임에 틀림없다. 이 벽은 바로 '통곡의 벽(Wailing Wall)'이라 불리는 유대인의 성지 중의 성지이다. 예수가 십자가형을 받은 골고다 언덕과 함께 이곳은 유대인들에게 가장 중요한 성지 중 하나로 꼽힌다. 그런데 '통곡의 벽'이라는 이름이 심상치 않다. 필시 이 명칭 뒤에 우여곡절의 사연이 숨어 있을 듯하다.

'통곡의 벽'이라고 불리는 데에는 두 가지 설이 있다. 하나는 벽이 사람처럼 눈물을 흘렸기 때문이라고 한다. 예수가 십자가에 못 박혀 죽은 후 로마군이 예루살렘을 공격하여 많은 유대인을 살상하자, 그 비극을 지켜본 성벽이 유대인을 대변하듯 밤마다 통한의 눈물을 흘렸다는 것이다. 또 다른 설은 유대인들이 성전이 파괴된 후 그나마 남아 있는 성벽 앞에 모여 자신들의 처지를 한탄하며 통곡했기 때문이라고 한다. 이와 관련된 대강의 정황은 이렇다. 이스라엘이 로마의 학정에 저항하여 반란(132~135)을 일으켰으나 실패로 돌아갔고, 결국 유대인들은 예루살렘에 들어가는 것조차 금지당했다. 그러다가 4세기경 비잔틴 시대에 들어와 유대인들은 일 년에 단 한 번, 성전이 파괴된 날로 알려진 아브월(유대력 5월) 9일에 허물어진 성전을 찾아가 나라의 멸망과 그로 인해 유대 민족이 세계 곳곳으로 떠돌게 된 것을 슬퍼하며 통곡을 했다고 한다.[6]

두 가지 설 중 어느 설이 맞든지 간에 예루살렘 성전이 파괴됨에 따라 이러한 통한의 이름이 생겨난 것만은 틀림없다. 오죽 통한이 깊었으면 벽이 눈물을 흘렸겠는가. 현재 이 벽은 유대교와 이슬람교 모두의 성지이다.[7] 이런저런 정치적·종교적 연유로 인해 이 지역이 이슬람의 요르단령에 속하면서 유대인들이 통곡하던 장소는 전체 벽의 한 켠인 서쪽 벽으로 국한되어 오늘날까지 이르렀다. 그런데 오늘날의 유대인들은 더 이상 '통곡의 벽' 앞에서 하염없이 눈물을 흘리지 않는다. 대신 그들은 유대경전을 갖다 놓고 열심히 읽고 또 기도함으로써 유대인으로서의 정체성을 재확인하고 자신들의 번영을 다짐한다.

통곡의 벽에 빼곡히 꽂혀 있는 쪽지

뿐만 아니라 유대인들의 아들들은 만 13세가 되면 이 벽 앞에서 '바르 미즈바'라 불리는 성년식을 치른다. 이스라엘에 사는 유대인은 물론, 외국에 사는 유대인들도 아들의 성년식을 위해 가족과 함께 '통곡의 벽'을 찾아온다. 벽 앞에서 아버지는 아들에게 3,500년 전에 일어난 민족의 구원과 태동에 대한 이야기를 들려준다. 아들은 눈을 감고 이를 암송하면서 유대인 성인으로서 신앙심과 역사의식을 고취시키며 유대 민족의 진정한 일원이 되는 통과의례를 치르는 것이다.[8] 벽 앞에서의 기도에 그치지 않고 그들은 기도문을 종이에 써서 벽 틈새에 끼워 두어 이곳을 떠난 후에라도 소원이 이루어지기를 간절히 기도하고 있다.

유대인의 아픈 역사를 간직하고 있는 '통곡의 벽' 앞 광장에서 오늘날에는 이스라엘의 국경일 행사, 군대의 사열식, 기타 국가의 중요한 행사가 거행되고 있다. 따라서 이 성지는 유대인들의 전유물을 넘어 세계적인 관광명소로 자리 잡게 되었다. 그런데 관광객들이 '통곡의 벽'으로 들어가기 위해서는 그 전에 반드시 이스라엘 군의 검문을 받아야 한다. 검문소를 통과하면 넓은 광장이 나오고 그 동쪽으로 높이 19m의 성벽이 나타난다. 이 성벽은 모세의 성전시대부터 잔존한 유일한 유적지이다. 이 벽은 지하에 부분힌 벽을 포함하여 그 높이가 총 32m이다. '통곡의 벽'은 아래로 내려 갈수록 큰 돌로 쌓여 있다. 아마도 성전의 하부 구조를 보다 단단하게 하려는 의도였던 것 같다. 벽을 쌓은 큰 돌의 무게는 약 7.3톤, 작은 돌의 무게는 1.8톤 정도이다. 현재 13m 길이의 돌벽의 하부는 여전히 지하에 매몰되어 있다.[9] 예루살렘 성전은 본래 솔로몬 왕이 하느님을 숭배하기 위해 기원전 10세기경에 축조하였는데, 이스라엘의 굴곡진 역사와 함께 파란만장한 길을 걸었다. 한때 전쟁을 겪으며 파괴되었다가 기원전 20년경 헤롯 왕이 이스라엘 백성들을 위해 재건했다. 재건된 성전 또한 로마인과 유대인 간의 전쟁 통에 로마 제국의 티투스 장군에 의해 파괴되어, 결국 오늘날에는 성전의 서쪽 벽만이 잔존하게 된 것이다. 이러한 배경에서 '통곡의 벽'은 '서쪽 벽(Western Wall)'이라고도 불린다.

눈물로 얼룩진 통한의 역사 속에서 절망의 공간을 희망의 공간으로 탈바꿈시킨 유대인들의 지독한 뚝심과 지혜를 엿볼 수 있는 유서 깊은 성소 중의 성소라 할 것이다.

46

영혼을 정화시키는 원판 가나(아산테 왕국)

사진의 물건은 마치 브로치 같은 금속장신구처럼 보인다. 한낱 장식품에 그쳤다면 이 책의 지면을 차지할 가치가 없었을 터이다. 이 물건은 아프리카의 아산테 왕국(오늘날의 가나)의 왕인 프렘페 1세의 소유물로, 1896년 왕이 영국에 의해 추방되기 전에 제작되었다. 물건을 자세히 살펴보자. 둥근 판(板)의 표면에 새겨진 사방으로 퍼져나가는 장미 문양이 역동적이다. 원판 한가운데에 있는 원형은 인간의 크라(Kra, 사람이 태어날 때 주어졌다가 숨을 거두면 사라지는 영혼의 본질)의 근원인 태양을 상징한다.[10] 가나뿐만 아니라 아프리카에서 이슬람 문화의 영향을 받은 지역의 장신구에서도 이와 유사한 문양을 찾아볼 수 있다. 아프리카의 사하라사막에 거주했던 투아레그(Tuareg) 족과 그 밖의 민족들도 유사한 장신구들을 가슴에 차고 다녔다는 기록이 있다.[11]

아프리카의 전통 예술을 보다 깊이 이해하기 위해서는 우선 독특한 역사와 함께 뛰어난 예술 세계를 자랑했던 아프리카 왕국들에 대해 주목할 필요가 있다. 그중에서도 서아프리카에서는 아산테, 요루바, 다호메이, 베냉 왕국의 예술이 가장 뛰어났다.[12] 아프리카 서해안에 도착한 유럽의 탐험가들은 이와 같은 황금 장식품과 미술품으로 가득 찬 이 지역을 황금해안이라 불렀다. 이 지역에 거주했던 다양한 민족들은 공통된 예술적·문화적 특징을 보여 주었으며, 모두 아칸(Akan) 어를 사용했기에 아칸족이라고도 불린다.[13]

독특하게도 아칸의 왕들은 왕의 영혼을 정화시키고 일국의 우두머리로서의 생명력을 고취시키는 의식을 담당하는 직속 신하를 두고 있었다. 이 신하들을 아칸어로 '아크라포(Akrafo, 영혼을 정화시켜 주는 사람 또는 영혼 지킴이)'라 한다. 아크라포는 모두 사진의 원판 장식품을 머리나 가슴에 착용하고 다녔다. 아크라포는 일반적으로 어린이였는데, 왕과 생일이 같고 외모가 출중한 아이들 중에서 뽑혔다. 어린이의 순수함이 마치 왕의 아름다운 영혼과 흡사하다고 여겼기 때문이다. 이들은 왕과 같은 날 태어났기에 영혼과 생명력을 왕과 공유하는 존재로 간주되었다. 왕실의 공식 행사가 거행되는 동안 사진의 장신구를 목에 건 '영혼 지킴이들(Soul Bearer)'은 왕의 측근에서 상징적인 방패가 되어 왕을 보호했다. 이 둥근 장신구를 아칸어로 '아크라포콘무(Akrafokonmu)'라 하는데, 우리말로 번역하면 '영혼을 정화시키는 원판'이다.[14]

'영혼을 정화시켜 주는 신하들'은 왕국의 보검을 나르는 영광스러운 일도 담당하였고, 왕이 음식을 먹기 전에 미리 먹어 봄으로써 독극물의 유무를 확인하여 왕의 안전을 책임지기도 했다. 그러나 다양한 임무 중에서도 핵심적인 임무는 주기적으로 왕의 영혼을 정화시키고 왕에게 강력한 힘을 고취시켜 주는 의식을 거행하는 것이었다. 왕의 정신 무장을 담당하고 신변을 보호하기 위한 최측근의 보디가드라고 할까. 왕이 죽으면 '영혼을 정화시키는 원판'과 함께 영혼 지킴이들도 왕의 무덤에 함께 매장되었다. 이 원판이 무덤 속의 음습한 죽음의 길에서도 왕에게 빛을 밝혀 줄 것이라고 굳게 믿었기 때문이다.

'영혼을 정화시키는 원판'은 이와 같이 중차대한 임무의 무게 덕분에 아칸족의 가장 중요한 황금 장신구 중 하나로 평가되었다. 왕을 비롯하여 왕족과 왕궁의 신료들(칼을 받드는 사람, 왕의 대변인, 군대의 통솔자 등)이 목에 걸고 다녔던 이 둥근 판은 아프리카의 다른 황금 장신구들과 마찬가지로 위험으로부터 지켜 준다고 굳게 믿었다. 이쯤 되면 이는 다른 문화권에서 종종 볼 수 있는 액운을 막는 부적이나 행운을 가져다주는 마스코트와 비견될 수 있을 듯하다. 이러한 전통이 오늘날까지 남아 이 지역에서 성인식이 거행될 때 소녀들이 이와 유사한 목걸이를 가슴에 걸고 있다.

한편 '영혼을 정화시키는 원판'에 새겨진 다양한 문양은 아산테 왕국의 다른 예술품들과 마찬가지로 당시 아산테 왕국의 다양한 상징을 고스란히 드러내고 있다. 예컨대, 별보배고둥(cowry) 조개 문양은 부와 기쁨을 의미했다. 하나의 점을 중심으로 둘러싼 원형 문양은 거북이의 등을, 네 개의 성운(dumbbells) 문양은 참마의 눈(eye)을 상징했고, 이 두 가지 문양이 결합된 패턴은 다산, 풍요, 행운을 상징했다. 또 동일한 점을 중심으로 둘러싼 원형 문양에 바깥을 향한 네 개의 문양이 둘러싸면 '왕은 십자로와 같은 존재이고, 모든 길이 왕에게로 통한다'라는 의미이다.[15]

그런데 '영혼을 정화시키는 원판'의 문양을 자세히 살펴보면 불교에서 우주를 의미하는 만다라(Mandala)의 문양과 매우 흡사하다는 점을 알 수 있다. 역사적인 우연의 일치인지, 아니면 한 문화가 다른 문화에 영향을 끼침으로써 생긴 필연인지는 모르겠지만 말이다.

영혼을 정화시키는
원판

불교의 만다라

47

종 보관함 중국 티베트

사 진의 물건은 중국 북경의 판자위안(潘家園) 골동품 시장에서 만
난 것인데, 물건만 보아서는 용도를 전혀 짐작할 수 없었다.
종(鍾)과 세트로 구성되어 있는 것을 보니 이 물건은 분명 종과 관련
이 있는 듯한데…. 무엇에 쓰이는 물건인지 한참 의아해 하고 있을 때
골동품 상인은 종의 손잡이를 돌려 종의 본체 부분과 손잡이 부분을
분리해 보여 주었다. 유레카! 바로 종을 보관하는 케이스였던 것이
다. 마치 붕어빵 틀처럼 종의 형상으로 만들어진 틀이랄까.

사실 그 종은 우리나라 사찰에서도 흔히 볼 수 있는 종이지만 필자
는 종의 정확한 용도뿐만 아니라 종이 두 부분으로 분리될 수 있다는
것도 몰랐다. 불교에서는 종의 본체 부분을 금강령(金剛鈴), 손잡이
부분은 금강저(金剛杵)라 부른다. 티베트 밀교에서 금강저와 금강령은
집단 의식을 거행할 때뿐만 아니라 신자들이 개인적으로 수행할 때
매일 이용하는 필수적인 법구이다. 금강저에서 저(杵)는 불교의 수호
신 가운데 하나인 제석천(帝釈天, 산스크리트어로 샤크라)이 사용하는
무기, 즉 벼락을 의미한다. 아수라의 무리를 쳐부순다는 신화적인 무
기 금강저가 불교에서는 수행의 도구로 사용되고 있는 것이다.[16] 오늘
날 불가에서 금강저와 금강령이 어떠한 용도로 사용되는지 잠시 살펴
보자.

금강령(또는 금령)이 소리를 내는 종교적인 의식용이라면, 금강저는
시각적으로 무기에 더 가까운 의식용 도구이다. 금강저는 티베트어로
도르쩨(Dorje) 또는 도쩨(Dojê)라 한다. 도쩨는 물건의 모양과 발음 측

면에서 볼 때 도끼의 우리말 방언의 하나인 '도찌'와 일치한다.[17] 도르쩨는 다른 것은 무 자르듯 잘라도 도르쩨 자체는 다른 것에 의하여 잘리지 않는다는 지존을 의미한다. 도르쩨는 오늘날까지 네팔, 인도, 티베트, 부탄, 캄보디아, 미얀마, 중국, 한국, 일본 같은 국가들의 불교의 전통에 남아 있다.

한편 금강령의 종신과 금강저의 표면에는 불교의 여러 가지 장식 문양이 새겨져 있다. 아로새겨진 다양한 문양은 단순히 장식을 위한 디자인이 아니다. 어떤 불보살이 지니느냐에 따라 또는 어떤 의식과 수행에 사용되느냐에 따라 디자인, 장식의 모양과 규정된 사용 범례가 다르다. 금강령과 금강저뿐만 아니라 티베트 밀교 의식에 쓰이는 모든 법구에 아로새겨진 디자인과 무늬에는 불교의 심오한 의미가 담겨 있다.[18]

금강령과 금강저는 수도승들의 경우 스승으로부터 사용법을 전수받고 허락을 받아야만 비로소 사용할 수 있는 성스러운 법구이다. 우리나라에서는 금강령만 사용하지만 티베트의 라마승들은 밀교 의식을 행할 때 금강저와 금강령을 모두 사용한다. 즉, 종을 분리하여 왼손에 금강령을, 오른손에는 금강저를 들고 종교 의식을 행한다. 사용 후 내려놓을 때에는 두 팔을 교차하여 금강저는 왼쪽에 금강령은 오른쪽에 두어야 한다. 이러한 금강령과 금강저의 교차는 남녀 음양교합을 의미한다. 벼락을 상징하는 금강저는 남성의 에너지를 가리키며 공(空)을 의미한다. '공'은 무엇으로도 깨트릴 수 없는 강인함의 상징이며 방패의 상징이다. 한편 여성의 음부를 상징하는 종 모양의 금강령은 여성의 에너지를 가리킨다. 금강령은 보살의 경지에 이른 큰 희열[大樂]의 상징이고 모든 물질계의 공허함을 깨달은 지혜의 상징이기도 하다.[19] 밀교의 수행자가 금강저와 금강령을 쥐고 수행을 할 때 금강령을 흔드는 것은 부처의 가르침이 금강령의 소리처럼 세상 끝까지 멀리 퍼져나가기를 기원하는 의미이다.

밀교에서 금강저와 금강령이 중요한 수행 도구인 만큼 이것들을 정

종 보관함을 펼친 모습　　　　　　종과 도르쩨(dorje)

성을 들여 정교하게 만든 보관함에 신주단지 모시듯 하는 것은 당연
지사이다. 그저 네모난 함에 보관해도 될 것을 굳이 종의 형상에 맞춰
제작하여 종에 흠 한 점 내지 않겠다는 지극한 정성과 장인 정신이 돋
보인다. 유홍준의 『나의 문화유산 답사기』에서 "보이는 만큼 알고,
아는 만큼 보인다"는 말에 절대 공감하게 된다.

12장
사회적 신분 상징

이른바 지배계층은 다른 계층과 구별되기 위해 정제된 언어 습관, 우아한 실내장식, 우아한 신체를 유지하며, 의상을 선택하는 경우에도 품위가 기준이 된다.[1]

– 피에르 브르디외

48

법조인의 가발 _{영국}

몇 년 전 개봉했던 영국 영화 〈어바웃 타임〉을 보면, 변호사인 남자 주인공은 법정에서 곱슬곱슬한 가발을 착용하고 재판에 참여하고 있다. 변호사뿐만 아니라 판사와 검사도 비슷한 가발을 쓰고 재판을 한다. 필자가 초등학교 시절 TV를 통해 보았던 영국의 흑백 영화(고전물이든 현대물이든)의 법정 장면에서 치렁치렁한 가발을 쓴 법조인들은 무척 신기해 보였다. 그런데 이 전통이 오늘날까지도 유효한 것이다. 영국의 법정 영화를 볼 때마다 '영국 법조인들은 왜 가발을 쓰고 있는 것일까'라는 의문이 들곤 했는데, 수십 년이 지난 지금 이 책에서 그 답을 찾아보자.

영국의 법정에서 법조인들이 곱슬곱슬한 은빛 가발을 착용하는 전통은 17세기 후반(1685년 이후)에 시작되었다. 이 시기는 프랑스에서 영국으로 가발 문화가 전해졌던 시기와 맞아떨어진다. 본래 멋을 부리기 위한 가발 문화가 어떻게 법정까지 전해졌으며, 다소 거추장스러워 보이는 가발 착용 전통이 수백 년간이나 유지될 수 있었던 까닭은 무엇일까.

이에 대한 전문가들의 주장은 다양하지만, 가장 설득력 있는 이유는 두 가지로 압축된다.

첫째, 은폐와 익명성 때문이라고 한다. 즉, 바로 법조인의 익명성을 보장하기 위해 법정에 은빛의 가발 착용을 도입했다는 것이다. 피고와 그 가족이 재판 결과에 앙심을 품고 혹여 보복할 것을 우려하여 법조인의 신변을 보호하기 위한 수단으로 가발을 착용하기 시작했다는 주장이다. 동일한 가발을 착용하면 누가 누구인지 인상착의를 구별하기가 쉽지 않기 때문이다.

둘째, 법조인으로서의 높은 위상과 덕망의 상징성 때문이라는 주장이다. 법정에 처음 가발을 도입한 17세기 당시에는 귀족을 비롯한 상류사회에서 가발은 요즘말로 하면 가장 핫한 최신 유행 아이템이었다. 공식 행사나 예의를 갖춘 모임에 참석할 때 남녀를 불문하고 가발은 반드시 착용해야 하는 정장의 일부였다.[2] 따라서 법조인들은 준엄한 법을 집행하는 특권층으로서 자신들의 위엄과 덕망을 한껏 과시하기 위해 당시 상류층의 전유물이었던 가발 착용 문화를 법정까지 끌고 들어왔을 공산이 크다. 이 두 번째 이유는 첫 번째 이유보다 더 타당성이 있어 보인다. 우선 당시 가발은 유럽 사회에서 높은 계급을 상징했다. 게다가 사진과 같이 구불구불하고 하얗게 빛나는 과장된 가발을 착용하면 그렇지 않은 사람보다 머리 하나가 더 커 보여 시각적으로 상대방을 위압하는 효과가 크다. 필자가 어렸을 때 본 영화들에서 법정의 연단 위에서 치렁치렁한 하얀 가발을 쓰고 검정색 법복을 입은 법조인들은 가발을 쓰지 않은 방청석의 대중과는 확실히 다른 사람처럼 보였다. 그들은 무엇인가 범접할 수 없는 위엄이 있어 보였고, 마땅히 법으로써 다른 인간을 심판할 수 있는 권한을 가진 특별한 존재로 부각되어 보였으니까.

그런데 영국의 법조인들이 착용한 가발을 유심히 살펴보면 그 모양이 다소 차이가 나는 것을 알 수 있다. 1780년대까지 판사들은 어깨까지 내려오는 긴 가발(full-bottomded wig)을, 민사재판에서는 보다 비격식적인 컬이 적은 짧은 가발을 착용했다. 어깨까지 내려오는 길고 거추장스러워 보이는 가발을 1840년대까지 형사재판에서 착용했지만, 오늘날에는 여왕의 이름으로 임명되는 고등법원 법관이나 법정의 특별한 의식을 수행할 때에만 착용한다. 현대의 영국 법정에서는 편의성 때문에 일반적으로 다음 사진처럼 머리 윗부분만 덮는 간편한 작은 가발(bob-wig)을 착용하고 있다.[3]

간편한 작은 가발(bob-wig)

　영국뿐만 아니라 영국의 식민지였던 스코틀랜드, 뉴질랜드, 홍콩, 자메이카 등의 법정에서도 법조인들이 가발을 착용하고 있다. 오늘날 전 세계적으로 볼 때 법조인이 쓰는 가발의 색깔은 흰색, 황금색, 연회색, 회색 등 총 네 가지 색깔이 있다. 영국의 법조인의 가발은 일반적으로 황금색과 회색이다.

　최근에는 법조인들의 가발 착용 전통에 대해 반대의 목소리가 높아지고 있다. 말총으로 만든 가발이 가격도 비싸거니와 거추장스럽고 비위생적이기 때문이다.[4] 대다수의 영국 국민들은 이러한 관습이 법조계의 지나친 보수성과 권위주의의 상징이라며 반대하고 있다. 이러한 시대적 요청에 부응하여 2008년부터 형사재판을 제외하고는 가발을 착용하지 않아도 되도록 법이 개정되었다. 그럼에도 불구하고 보수적인 일부 법조인들은 가발 착용 전통을 고집함에 따라 찬반 의견이 팽팽한 가운데 앞으로 영국 법정에서 가발의 운명이 어떻게 될지 귀추가 주목된다.[5]

49

술탄의 투그라 <small>터키</small>

사진의 디자인의 정체가 무엇인지 알 수는 없지만, 우리나라에서도 최근 유행하고 있는 캘리그래피 디자인과 비슷해 보인다. 이 세련된 디자인은 옛날 터키의 국왕이 사용했던 공식 손글씨 서명으로, 단순한 글자가 아니라 그야말로 예술이다. 오스만 제국 때 왕의 서명을 오스만 터키어로 '투그라(Tughra)'라 칭했다. 투그라는 오스만 제국의 전성기를 구가하였던 술탄 술레이만 대제(재위 1520~1566)가 왕의 서명으로 처음 사용했던 것이 이후 국왕의 공식 서명으로 굳어진 것이다. 옛날 우리나라의 왕의 옥쇄에 견줄 수 있는 이 양식화된 국왕의 서명은 당시의 모든 칙령에 날인되어 있다. 사진에서 보는 바와 같이 다소 난해해 보이는 하나의 서명 안에는 술탄의 이름을 비롯하여 직위, 부친의 이름과 함께 '영원한 승자'라는 문구가 정교하게 조합되어 있다. 대담하면서도 역동적인 선은 서명을 장식하기 위해 사용된 섬세한 소용돌이 문양의 삽화와 대조를 이룬다. 이 서명은 두루마리 형태의 폭이 좁고 기다란 문서의 표제로 찍혀 있다.[6]

사진의 서명은 글자의 창의적인 변형을 통해 조형미를 극대화했다. 그런데 일견 복잡해 보이는 투그라도 주의 깊게 살펴보면 일정한 법칙으로 구성되어 있음을 알 수 있다. 다음은 투그라 작성의 기본 원리를 보여 주는 밑그림이다.[7]

투그라는 총 BEYZE, TUĞ, ZÜLFE, HANÇER, SERE의 다섯 개의 요소로 구성된다. 투그라는 최고 통치자인 술탄을 대신하는 공식 서명인 만큼 이 다섯 개의 요소가 반드시 포함되어야 한다. 투그라의

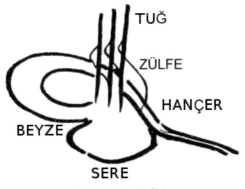

투그라 작성의 기본 원리

왼쪽 부분에 보이는 두 개의 고리를 BEYZE라고 부르는데, 이는 달
걀을 의미한다. 그리고 이 두 개의 고리는 각각 지중해와 흑해를 나타
낸다. 중앙의 수직선 TUĞ는 깃대의 의미인데, 세 개의 깃대는 자주
성 혹은 독립을 가리킨다. 이 깃대를 교차하는 세 개의 곡선 흘림을
ZÜLFE라고 한다. ZÜLFE는 TUĞ의 위에서 오른쪽 아래로 곡선을
그리며 흐르는데, 이는 오스만의 기세가 동쪽에서 서쪽으로 흘러가는
것을 의미한다. 투그라의 오른쪽에 위치한 HANÇER는 힘과 권위를
뜻하는 칼을 나타낸다. 중앙의 아랫부분에는 술탄의 이름이 기록되는
데(SERE), 초기에는 '오스만의 아들 오르한'처럼 단순하게 쓰이다가
후대로 오면서 술탄의 이름에 부친의 이름과 기도문이 덧붙여졌다.
결국 술탄의 투그라는 이슬람의 정통성, 권위, 위엄과 힘을 함축적으
로 융합시킨 이슬람과 술탄의 상징적인 문양이라 할 수 있다. 이 투그
라의 전통은 현대까지 이어져 투그라의 작성의 기본 원칙을 고수하는
범위 내에서 다양한 변형이 개발되었다.[8]
　　본래 투그라는 무슬림 사회에서 일반 서민들이 일종의 부적으로 사
용하던 물건이다. 평민들은 코란이나 일반 기도문 등을 당시 영물로
간주되었던 새나 이와 비슷한 동물 모양을 본뜬 서체로 적어 부적처
럼 사용했다. 예컨대 사자 혹은 호랑이 모양의 서체는 이맘 알리의 용

새 모양의 캘리그래피

기를 상징했다. 이와 같이 다양한 동물 모양의 캘리그래피는 무슬림 가정에서 장식용뿐만 아니라 가정의 액운을 막아 주는 액막이 상징물로 활용되었다.[9]

코란의 구절을 소재로 삼아 다양한 서체를 개발해 왔던 오랜 전통 덕분에 이슬람 고유의 투그라가 생겨났고, 오늘날에는 아랍어 캘리그래피라는 예술의 한 장르로까지 확장되었다. 수수께끼처럼 보이는 아랍어로 글씨를 쓰는 방식은 다양한데, 이는 오늘날 워드프로세서의 다양한 서체와 견줄 수 있겠다.[10] 회화적인 아랍어 글자의 특성을 멋지게 잘 살린 캘리그래피는 중국의 한자와는 또 다른 맛을 보여 주는 문자예술이다.

50

왕비의 닭 부리 머리 나이지리아(베냉 왕조)

왕권만큼이나 환상적이면서도 복잡한 주제는 없다고 한다. 각종 행사와 의식을 거행할 때 왕과 왕비는 확연히 다르게 치장함으로써 일반 백성들과 구별되어 보이고자 했다.[11] 어느 대륙을 막론하고 왕실과 지배계층의 화려한 복식과 예술적인 장신구를 통해서 지배자들의 지위와 그들이 휘둘렀던 무소불위의 권력을 짐작할 수 있다.

사진은 몇 년 전 나이지리아 베냉왕국에서 왕의 생일을 축하하기 위해 한 자리에 모인 왕비들의 사진이다. 사진에서 왕비가 4명이나 되는 것으로 보아 베냉왕국에는 일부다처제의 전통이 여전히 남아 있다는 것을 쉽게 짐작할 수 있다. 그런데 사진은 또 다른 흥미로운 전통을 말해주고 있다. 왕비들의 머리 모양을 자세히 보시라. 그들은 하나같이 똑같은 머리모양을 하고 있다. 가발도 모자도 아니다.

왕비들은 머리를 작은 탑처럼 틀어 올리고 그 정점에 뾰죽한 '닭의 부리(chicken's beak hair)' 모양으로 마무리한 것을 볼 수 있다. 이는 베냉 왕실의 왕비라는 것을 드러내는 상징물 중 하나라고 한다.[12] 일명 '닭 부리' 모양의 헤어스타일이 언제부터 왜 베냉 왕실의 왕비를 상징하게 되었을까.[13] 그 답의 실마리는 베를린의 세계민속박물관(Ethnological Meseum)에 소장된 황동 두상에서 찾을 수 있다.

아래 사진의 황동 두상은 아프리카를 대표하는 유명한 예술품 중 하나로, 그 주인공은 오늘날까지 회자되고 있는 베냉 왕국 최초의 왕비 이디아(Idia)이다. 이 두상은 황태후를 추모하기 위해 아들인 에시기(Esigie) 왕이 제작했다. 이디아는 당시 왕의 어머니가 마땅히 그래

이디아(Idia) 황태후의 두상

야 했던 것 이상으로 외아들인 왕을 적극적으로 보호하고 후원했다. 왕을 위해 약과 부적을 만들 정도로 능력 있는 의사였으며, 군사를 훈련시켜 전쟁터까지 원정을 나선 유일한 용감한 여성으로 기록되었다. 실제 사람의 두상 크기만한 이 조각상에서 가장 눈에 띄는 것은 전례 없이 독특한 헤어스타일이다. 이 헤어스타일은 이디아 왕비 자신이 고안한 것이라고 한다. 이 독특한 올림머리 스타일은 모양새가 닭의 볏을 닮았다 하여 일반적으로 '닭 부리 머리'로 불린다. 그런데 흥미롭게도 뉴욕 대학의 아프리카 미술사학자인 카플란(Flora Edouwaye S. Kaplan)은 이 머리 모양이 닭 부리가 아니라 앵무새 부리(ukpeokhue)라고 주장하고 있다. 이 두상을 자세히 보면 정수리에 길다란 뿔(닭이든 앵무새든) 형상으로 틀어 올린 머리채를 모자 모양의 그물망으로 감싸고 있다.

황동 두상에서 부리 모양의 헤어스타일 다음으로 우리의 눈길을 붙잡는 것은 이마 위에 11자 모양으로 길고 깊게 패인 두 개의 상처이다. 구전에 따르면 이는 그녀가 정해진 운명에 거역하여 왕비가 되었다는 것을 보여 주는 상징적인 상흔이다. 이디아가 처녀 시절에 오조루아(Ozolua) 왕으로부터 청혼을 받았는데, 그 혼인을 해서는 안 되며 왕의 마음을 돌리기 위해 이마에 약을 발라야 한다는 신탁이 내려졌다. 그렇지만 왕과 이디아는 신탁을 어기고 결국 결혼했다. 11자 모양의 상처는 이디아의 이마에 바른 약의 자국을 상징한다. 그녀는 신탁을 어겼기 때문에 결혼 후 왕비와 후대의 왕의 어머니로서의 운명

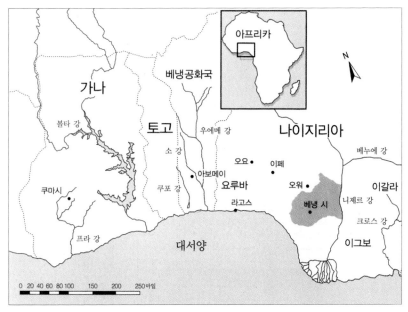

베냉공화국과 나이지리아 베냉 지도

을 살얼음판 걷듯 살았다. 그녀의 아들은 이러한 어머니의 공을 높이 칭송하고자 그녀의 생전에 황태후를 의미하는 '이요바(Iyoba)'라는 영예로운 호칭을 최초로 헌사했다.[14] 이 두상은 결국 모성을 초월하여 위대한 인물의 업적을 보상해 주기 위해 제작된 기념비적인 오브제라 할 수 있다.

이 황동 두상은 1500~1550년경 주조된 것으로 앞의 사진에서 본 오늘날의 왕비들과 무려 5세기라는 간극이 있지만 머리 모양만은 변치 않았다. 위대한 최초의 국모를 기리기 위해 태초의 왕비가 스스로 개발한 독특한 머리 모양이 500년이 훌쩍 지난 오늘날까지 왕비의 머리에서 다시 왕비의 머리로 길이 전해지고 있는 것이다. 이제 닭 부리 머리만으로도 베냉 왕국의 왕비를 가려낼 수 있겠다.

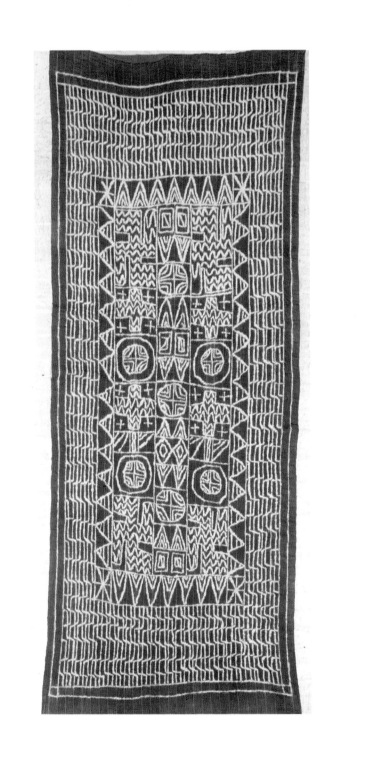

51

천으로 짠 왕궁 지도 카메룬

사진의 물건은 직사각형 직물로 여느 가정에서나 흔히 볼 수 있는 러그처럼 보인다. 그런데 직물의 문양을 자세히 살펴보면 원, 삼각형, 사각형 등의 도형과 선들이 반복적으로 배열되어 일정한 문양을 이루고 있다. 다양한 이 문양은 장식이 아니라 서아프리카 카메룬의 바뭄(Bamoum) 왕국의 점성술 기호이다. 이러한 직물의 문양은 오늘날에도 이 지역의 다른 왕궁들의 벽화, 직물과 성문 장식 등에서 발견되고 있다. 바뭄 왕국은 오늘날의 카메룬에 부족 수준의 왕국으로 남아 있는데 이 직물은 바로 바뭄 왕국의 옛 왕궁 지도이다.[15]

이 직물은 평면 위에 존재하는 개념적인, 그리고 변화하는 공간에 대한 관심을 고스란히 드러내고 있다. 그렇다면 이 천 위의 원형, 겹쳐진 마름모, 겹쳐진 삼각형, 정사각형 안의 정사각형 등은 구체적으로 왕궁의 어떤 장소를 상징하고 있는 것일까. 왕의 집무실? 혹은 왕비의 은밀한 방? 호기심을 한껏 자극하는 바뭄 왕국의 점성술 기호의 의미를 간략히 정리하면 다음과 같다.[16]

과감한 문양의 이 남색 직물은 아프리카어로 은돕(ndop), 도마(doma), 두옵(duop) 등으로 불린다.[17] 은돕 위에 엮인 다양한 문양뿐만 아니라 직물 자체에도 상징이 담겨 있다. 이 천은 본래 카메룬 북쪽에 인접한 나이지리아에서 장례식과 가면무도회 의식에 사용되었다. 정치적으로 강력한 힘을 행사했던 하우사(Hausa) 교역상들이 19세기 후반 나이지리아로부터 카메룬으로 들여왔다. 19세기 말에 바뭄 왕국의 은조야(Njoya) 왕이 이 천을 왕실에서 처음 사용하여 큰 인기를 끌었

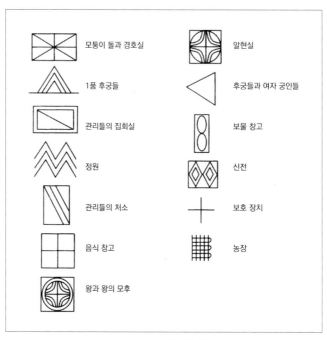

지도에 그려진 기호의 의미

고, 이를 기점으로 이 직물은 오늘날까지 왕권을 상징하게 되었다. 카메룬의 목초 지대에서는 축제와 중요한 의식을 치를 때마다 초대형의 남색과 흰색의 은돕으로 성벽을 둘러 장식을 한다. 의식이 거행되는 동안 왕의 뒤에서 나부끼는 이 거대한 직물은 신료들과 일반 백성들에게 누구도 감히 넘볼 수 없는 막강한 왕권을 환기시키는 데 한 몫을 했다. 결국 은돕은 왕실의 휘장이었던 셈이다. 왕궁에서 사용된 은돕은 사진에서 보는 바(5.49×1.82m)와 같이 초대형으로 제작되었으며, 문양은 대체로 왕궁의 지도, 강력한 정치적 힘을 표상하는 표범이나 코끼리 등의 동물이었다.

은돕의 제작 과정과 용도 또한 흥미롭다. 약 5cm 간격의 줄무늬를 이루며 짜다가 함께 꿰매는 방식으로 만들어진 은돕은 어떠한 염료로도 물을 들일 수 없다는 라피아(Raffia) 야자나무에서 뽑은 실로 묶고

꿰맨 후 진한 남색 염료에 담가 무늬를 만들어 낸다. 라피아 야자나무 실로 묶은 부분은 물이 들지 않기 때문에 흰색으로 남고 남색 염료에 담근 부분만 남색으로 물이 드는 것이다.[18] 남자들은 직물 위에 복잡하게 얽힌 문양을 그리고, 여자들은 이를 꿰매는 협업 방식으로 마침내 귀한 직물이 완성된다. 은돕을 완성하기 위해서는 수개월이 소요되었다. 천을 짠 다음 북쪽 지방에서 염색을 해야 했기에, 완제품을 만들기 위해서는 이 천을 가지고 2,500km가 넘는 먼 거리를 다녀와야 했기 때문이다. 마침내 은조야 왕은 비용을 절감하기 위해 1912년 바뭄 왕궁에 310개의 베틀과 6개의 염색 통을 갖추어 놓았다. 이로써 은돕 천의 독점 사업을 시작할 기반시설이 마련된 것이다. 당시 왕실과 고위 신분을 상징했던 은돕의 상징성 때문에 왕실 사람들은 이 직물의 자투리를 엮어 허리에 두르고 다녔으며, 신하들에게 하사품으로 내려지기도 했다. 그러나 뭐니 뭐니 해도 은돕이 사용되었던 가장 중요한 행사는 매년 추수기에 열린 춤의 축제이다. 그 밖에 은돕은 왕의 장례식 때 죽은 왕을 위해 왕궁에서 무덤까지 가는 길을 장식하는 데 사용되었다. 저승길을 가는 길목에서도 왕으로서의 권위와 위용을 뽐낸 것이다.[19] 은돕은 지금도 카메룬의 바뭄 왕족과 궁 밖의 비밀단체 사이에서 사용되고, 왕의 시신을 싸는 데에도 사용되고 있다.

이 직물에 사용된 문양들의 의미는 시간의 흐름에 따라 다소 굴곡을 겪었다. 예컨대 예전에는 신전을 상징했던 마름모 모양이 지금은 악어나 도마뱀을 상징한다.

52

타이노족의 의식용 의자 도미니카공화국

중학교 때 배운 영어 단어 중 chair와 chairman이 왜 '의장' 또는 '회장'의 의미를 지녔는지 호기심이 발동했지만 당시에는 이 의문에 대한 답을 찾을 수 없었다. 오늘에야 사진의 의자를 통해 오래 묵은 의문이 풀릴 듯하다.

사진의 물건은 콜럼버스가 신대륙에 도착하기 전인 1200~1500년 오늘날의 도미니카공화국에 거주하던 타이노(Taino)족이 사용했던 의자로 현재 영국 대영박물관에 소장되어 있다. 타이노족은 700여 년간 중앙아메리카 카리브제도의 쿠바, 자메이카, 푸에르토리코, 이스파뇰라(오늘날 아이티와 도미니카공화국으로 분리됨)에 거주하던 인종이다. 그러나 안타깝게도 삶의 터전이 유럽인에게 정복당한 이후 노예가 되거나 질병 등으로 100여 년쯤 후인 1600년경에 전멸했다. 이 의자는 카리브해 전역에서 추장이나 지도자의 집에서 발견되었고, 그 지역 언어로 '두호(duhos)'라 불린다.[20] 사진의 의자는 오늘날의 도미니카공화국에 해당되는 이스파뇰라에서 발견되었다. 타이노족은 문자가 없었기 때문에 오늘날까지 살아남은 몇 안 되는 유물을 통해서만 그들의 삶의 방식과 문화를 엿볼 수 있다. 이 작은 의자는 오늘날 일상에서 사용되는 의자 본래의 용도와는 사뭇 다른 이야기를 들려준다. 그저 엉덩이를 맡기는 용도로만 사용되었다면 별난 물건으로 불릴 가치가 하등 없었을 것이다. 의자는 높이 30cm, 너비 14cm, 총길이 44cm로 어린아이도 겨우 앉을까 말까 할 정도의 크기이다.[21] 그런데 의자 앞부분에 새겨진 반인반수 모양의 두상이 압권이다. 칠흑같은 검은색

바탕에 눈, 아가리, 귀, 어깨 부분에 번쩍번쩍한 금박을 넣음으로써 작은 의자에 강렬한 생명력을 불어넣는 듯하다. 얼굴 전체의 1/3을 차지할 정도로 크고 떡 벌어진 일자 아가리는 고집스럽고 강인해 보인다. 부리부리하게 빛나는 금박의 두 눈은 정령의 세계를 볼 수 있는 추장의 신령한 능력을 상징한다고 한다.[22] 인간의 두상을 닮았지만, 의자를 받치고 있는 앞과 뒤의 다리들로 보건대 인간과 짐승의 형상이 교묘하게 콜라보된 반인반수라고나 할까. 또한 사진에는 보이지 않지만, 반인반수의 배 밑과 뒷다리 사이에 수컷의 생식기가 조각되어 있다.[23] 나무의 재질 또한 신비하다. 카리브해가 본고장인 약용의 유창목(癒瘡木)으로 나무 이름은 '종기를 치료해 주는 나무'의 의미란다. 이 나무에서 피어나는 푸른빛의 꽃은 도미니카공화국의 이웃 나라인 자메이카의 국화이다.

이와 같이 예사롭게 보이지 않는 두호의 용도는 무엇일까. 분명 이 물건은 상징적인 의식을 목적으로 만들어졌음이 틀림없다. 이 의자는 부족의 우두머리나 주술사만 앉을 수 있었다. 영어의 chairman과 chair의 의미가 바로 카리브해의 이 의자로부터 유래한 것은 아닌지? 이 두 단어는 회장, 의장이라는 의미로 17세기에 영국 *Oxford English Dictionary*에 등재된 바 있다. 즉, 두호는 지배계층의 사회적·정치적·종교적 힘을 복합적으로 드러내는 상징물이었던 것이다. 타이노족은 자신들이 조상과 신들과 함께 살고 있다고 믿었다. 따라서 추장에게는 정치적·사회적으로 막강한 힘이 부여되었을 뿐만 아니라, 종교적으로도 조상 및 신과 인간의 중개자로서 추앙을 받았다. 추장을 비롯한 소수의 지배자들은 중요한 의식을 거행할 때 이 의자에 앉아 조상과 신의 정령들을 불러내어 대화를 하거나 미래를 예측하기도 했다. 의자 앞부분에 조각된 반인반수의 형상이 자연을 지배하는 세미(çemi, 영혼)를 지니고 있다고 믿었고, 현세의 인간과 내세의 조상의 영혼 및 신을 연결시켜 주는 신비한 매개체라고 간주했다. 말하자면 이 의자는 죽은 영혼, 신과 인간을 동시에 한곳에 소환할 수 있는 3차원적인 성소 같은 상징물이었다. 타이노족의 문화를 기록했던 스페인 사람 바르톨로메 데 라스카사스가 1502년에 전한 목격담은 이렇다.

"추장은 전쟁이나 질병의 치료 등의 거사를 앞두고 이 의자에 앉아서 코호바(cohoba) 나무를 태워서 만든 환각물질을 코로 들이 마셨다. 이내 효과가 나타났다. 추장은 환각 상태에서 기괴하고도 요상한 목소리로 기독교의 방언과도 같은 이해할 수 없는 말을 통해 영혼과 대화를 나누었다. 잠시 뒤 그는 자신이 본 환상을 전했다. 앞으로 닥칠 행운이나 궂은 일, 요컨대 누가 임신을 한다거나 죽는다거나 또는 부족과의 갈등이나 전쟁 등에 대한 예언이었다."[24]

한 가지 흥미로운 점은 중앙아메리카의 타이노족과 마찬가지로 서아프리카의 아산테 왕국(오늘날의 가나)에서도 의자가 왕권을 상징했다. 시기적으로 타이노족의 의식용 의자가 1200~1500년경 사용된 것에 비해 아산테 왕국에서는 1701년 하늘에서 황금의자가 내려와 왕의 무릎에 놓여졌다고 한다. 이때부터 아산테 왕국에서는 그 의자가 왕국 전체의 영혼을 상징하였으며, 오직 왕만이 이 의자에 앉을 수 있었다.[25] 두 지역이 근거리에 있다는 점으로 추정해 볼 때 우두머리를 상징하는 의자 문화가 중앙아메리카에서 서아프리카 지역으로 전해졌을 가능성이 크다.

53

발이 세 개 달린 솥(鼎) _{중국}

동서고금을 막론하고 왕들은 더 크고 더 화려한 궁궐을 지어 통치자로서의 위용과 국력을 과시하고자 했다. 중국에서 현대적 의미의 건축 기술이 본격적으로 도입된 것은 춘추전국시대(기원전 770~221)이다. 그렇다면 그 이전의 고대 중국에서는 어떤 물건으로 왕의 힘을 자랑했을까?

고대 중국의 하(夏)·은(殷)·주(周) 시대에는 왕이 특별히 제작한 솥의 크기가 국력과 왕권을 상징했다.[26] 동시대의 고대 이집트에서 피라미드가 왕권을 상징했던 것처럼 말이다. 이 솥은 외양부터 남다르다. 청동 소재로 발이 세 개 달리고 솥의 양옆에는 귀가 있다. 세 발 달린 솥을 한자로 정(鼎)이라 하고, 중국어 발음은 띵(dīng)이다. 본래 발이 세 개 달렸지만, 네 개 달린 정도 간혹 발견된다.

그런데 왜 한낱 솥이 왕권을 상징하게 되었을까. 고대 중국에서 정은 제사를 올릴 때 제물을 삶아 내던 중요한 제의 도구였다. 그러다가 점차 정에 부여된 종교성이 희미해졌고, 신하가 천자(天子)의 명을 받아 중요한 관직에 임명될 때 기념물로 정을 제작하는 일이 빈번해지면서 자연히 왕권을 상징하게 되었다.[27] 정이 왕권을 상징함에 따라 군주가 나라를 세우면 그 군주를 따라 옮겨 갔다. 이후 나라가 망하면 나라의 명운과 함께 정도 다시 옮겨졌다.

하나라(기원전 2070~1598)의 시조 우임금은 각지에서 청동을 모아 아홉 개의 커다란 정을 만들어 구주를 상징했다. 그리고 이 아홉 개의 정을 하늘에 올리는 제사에 사용하는 나라의 중요한 기물로 숭배하게 했다. 은나라와 주나라 시대에는 수도를 정하거나 왕조를 세우는 것을 정(鼎)을 정(定)한다고 표현했다.[28]

훗날 천하를 통일한 진시황(기원전 247~210 재위)이 정을 사수하기 위해 벌인 일화도 기록으로 남아 있다. 정권의 정통성 확보를 위해 아홉 개의 정이 필요했던 시황제는 사수(산둥성에 있는 강)에 빠졌다는 정 하나를 찾기 위해 목욕재계하고 사당에서 제사를 드렸다. 그리고 신하 1,000여 명을 물속으로 들여보내 강바닥을 이 잡듯 뒤졌지만 정을 끝내 찾지 못했다. 그런 탓일까. 진나라는 천하를 통일한 지 불과 15년 만에 망하고 만다.[29]

사마천의 『사기』에 기록되어 오늘날까지 전해 내려오는 정에 얽힌 흥미로운 일화를 하나 더 소개한다. '초나라의 장왕, 구정의 경중을 묻다'라는 유명한 고사가 유래된 일화이다. 기원전 607년 춘추시대 마침내 융족을 정복한 초나라의 장왕(기원전 614~591 재위)이 승리를 자축하기 위해 주나라의 도성 외곽에서 화려한 열병식을 열었다. 그때 쇠락의 길을 걷고 있던 주나라의 정왕(定王, 기원전 607~586 재위)이 장왕의 승리를 축하하기 위해 왕손만이라는 사신을 보냈다. 장왕은 왕손만에게 주나라의 구정의 크기와 무게에 관해 물었다.

> 초나라 장왕: "주나라에 있는 구정을 한번 보고 싶소. 무거운지 가벼운지…"

구정의 무게를 물은 것은 언제든 구정을 차지하여 주나라를 치겠다는 속마음의 표현이자 은근한 협박이기도 했다. 장왕의 속셈을 간파한 왕손만은 장왕에게 구정의 유래를 설명하고 이렇게 덧붙였다.

> 왕손만: "정의 경중이 문제가 아니라 덕행(德行)이 있는가 없는가가 문제입니다. 천자의 아름다운 덕으로 가득 차면 비록 작은 솥이라도 무거워져 옮길 수 없고,

덕이 없으면 솥이 크더라도 가벼워져 옮길 수 있습니다. 오늘날까지 주나라가 구정을 계승하고 있는 것은 하늘의 뜻입니다. 주나라의 덕정이 비록 쇠퇴했다고는 하지만 아직 천명은 바뀌지 않았습니다. 그러니 구정의 경중을 물을 필요가 없습니다."

장왕은 이와 같은 왕손만의 호기에 찬 말을 듣고 군대를 거두어 발길을 돌렸다고 한다.[30] 이후로 '問鼎輕重(솥의 경중을 묻다)'은 천하 패권에 대한 야심을 가지고 상대방의 형편을 떠본다는 의미로 사용되었다.[31]

정이 고대 중국의 왕권을 상징했기에 당연히 귀중한 국보이지만, 후세 사람들에게는 또 다른 차원에서 더없이 소중한 보물이기도 하다. 정의 겉 표면에 새겨진 고대 한자인 금문(金文) 때문이다. 초기의 한자는 상형문자에 가까웠다. 정에 새겨진 문자들을 연구함으로써 갑골문(甲骨文)에서 전서(篆書)를 이어주는 한자의 변천 과정뿐만 아니라 선조들의 철학의 근간을 파악할 수 있었다.

13장

남녀 유별

남녀의 신체적 차이가 개인의 권리, 가정에서의 위치, 교
육, 직업, 업무, 급여, 정치 활동에서의 차이로까지 이어지는
것이 타당할까? 남녀 차별의 근거나 정당성에 대해 논쟁하
기 전에 우리는 이러한 차별과 불평등이 왜 생겨났고 어디
에서 비롯되었는지부터 따져보아야 한다.[1]

– 프랑수아즈 에리티에

54

부엌의 작은 창 알바니아

우 리에게 다소 생소한 알바니아는 유럽의 발칸반도 남서쪽에 위
치한 작은 나라로 북쪽에는 세르비아, 동쪽에는 마케도니아,
남쪽으로는 그리스와 국경이 맞닿아 있다. 수도 티라나에서 북쪽으로
32km 떨어진 곳에 크루야(Kruja)라는 유명한 관광지가 있고, 그곳에
알바니아의 전통을 들여다 볼 수 있는 민속박물관이 있다. 알바니아
는 오랜 기간 동안(1479~1912) 오스만 제국의 영토였기에 이 민속박
물관에는 오스만 제국 시대에 손님을 접대했던 방을 재현한 공간이
있다. 사진에는 터키풍의 아라베스크 문양으로 단장된 식당의 난간
위로 뚫려 있는 작은 창이 보인다. 도대체 이 창은 무슨 용도로 만들
어진 것일까. 그저 장식용? 아니다. 훨씬 함축적인 의미가 담겨 있다.

오스만 제국 시대에는 가부장적 권위주의에 따라 남성만 모임에 참
석할 수 있었다. 여성은 남성들의 모임에 낄 수 없는 것은 물론, 남성
들이 모인 장소에 출입조차 할 수 없었다. 사진에서와 같이 건물 2층
에 뚫려 있는 작은 창을 통해 1층 식당에 모인 남성들의 식사 진행 상
태를 지켜보며 음식을 만들고, 그 음식은 소년들을 통해 식당으로 옮
겨졌다.[2] 오스만 제국 시대 알바니아의 남성 위주의 가부장적 문화와
여성의 위치를 상징적으로 보여 주는 창이라 할 수 있다.

문제는 수세기가 흐른 지금도 알바니아가 남성 중심의 가부장적 문
화를 고수하고 있다는 점이다. 현재 알바니아 여성 성인의 문맹률은
99%, 여성의 총 교육연한은 평균 11년, 여성의 경제활동 참가율은
49%이다.[3] 이렇게 열악한 사회환경에서 오늘날에도 알바니아 여성들

오스만 제국 시대의 남성들의 모임방

이 세계 여성의 날 단 하루를 제외한 364일 내내 남성이 기득권을 가진 사회의 침묵과 묵인하에서 억압, 불평등, 빈곤 속에서 살아가고 있다. 가난 때문에 여자아이들은 13세만 되면 조혼을 강요당한다. 일부 산간 지역에서는 신랑 측 친척이나 무장한 신랑이 아내를 얻기 위해 어린 여성을 보쌈해 가거나 신부 부모에게 돈을 주고 사가기도 한다. 북부 산간 지역에서는 결혼 후 신랑의 형이나 아버지, 남성 친척이 신랑에게 총을 준다. 부인이 남편에게 복종하지 않을 경우 남편은 처가의 동의를 얻어 합법적으로 죽일 권리를 행사할 수 있기 때문이다. 현재는 일부일처제가 정착되었지만 제2차 세계대전 때까지만 해도 일부 지역에서 남편은 법적으로 여러 명의 부인을 둘 수 있었다. 게다가 아내는 남편의 종속물로 간주되어 남편에게 복종해야 할 의무가 있었다. 혹시라도 아내가 간음을 하면 전통적인 법에 따라 극형을 받았다. 오늘날 아내들은 여전히 남편의 권위에 억눌린 나머지 스스로 결정을 못하고 심지어 스스로 결정하기를 거부하기도 한다.[4] 설상가상으로 자유경쟁 시장제도를 도입하면서 여성이 경제적으로 남성에게 더욱 의존함에 따라 많은 여성이 가정폭력에 시달리고 있으며 점점 증가하는 추세이다.[5]

21세기인 지금도 남성 중심 사회를 고수하다 보니 남아가 여아보다 선호되고, 임신한 여자를 보면 남아가 태어나기를 기원하는 말을 해 주는 것이 덕담이다. 북부 지역에서는 남녀가 동거하다가 여성이 아들을 낳은 후에야 비로소 정식 결혼식을 올리는 전통도 있다. 베렛(Berat) 지방에서는 딸을 낳으면 실망의 표시로 집 안의 대들보를 검은색으로 칠했다. 남아에게는 사자, 강철, 늑대 등과 같이 힘을 실어 주는 의미의 이름을 지어 준 반면 여아에게는 끝순이, 종말(終末), 단순(單純) 등의 의미를 지닌 이름을 지어 주었다.[6] 끝순이나 종말은 1960~1970년대에 우리나라에서도 딸에게 흔히 붙여진 이름이지만, 다행히 그 시대에 끝이 났다. 그러나 크루야의 민속박물관의 작은 창은 과거의 유물이 아니다. 오늘도 알바니아 여성들은 이 창을 통해 남성의 기분과 동정을 살펴야 한다. 안타까울 뿐이다.

55

죽은 아내가 남긴 손자국 _{인도}

미국 할리우드에만 유명 배우들이 남긴 손바닥 자국(hand print) 기념물이 있는 것은 아니다. 옛날 인도에서는 남편이 먼저 죽으면 아내는 남편의 시신을 화장하는 불에 스스로 몸을 던져 따라 죽었는데, 이를 힌두어로 '사티(Sati)'라 한다. 사진은 인도의 한 왕의 부인들이 집단으로 사티를 하기 직전에 진흙에 손바닥을 찍어 자신들의 흔적을 남긴 것이다.

전통적으로 인도에서는 생리를 시작하기 전의 미혼 여성과 결혼한 여성은 길한 존재였다. 반면에 과부는 부정하고 불길한 대상이었으며, 특히 폐경기 이전의 과부는 경계해야 할 대상으로 천시되었다. 남편이 살아 있는 여성의 경우 남편의 통제하에 있으므로 경계할 필요가 없지만, 과부의 경우에는 성적 능력을 통제할 남편이 없기 때문에 주변의 남성들에게 위협적인 존재로 인식되었다. 이와 같은 과부에 대한 인식을 근간으로 인도 사회는 과부들에게 정절을 요구하고 엄격한 규율을 부과했다. 그 극단적인 예가 바로 사티 관습이다.

인도의 사티 관습은 원시 전투 부족 사람들이 아내가 적에게 겁탈당하는 것을 막기 위한 관행에서 비롯되었다. 기원전 3, 4세기경의 문헌에 따르면, 이 풍습은 강제적이지는 않았지만 종교적인 의무로 부과되었다. 이후 이 관습은 700년경부터 많은 지지를 얻기 시작하였고, 사티를 통해 부인 자신과 남편의 악업을 없앨 수 있다는 믿음에 근거하여 700년에서 1100년 사이에 북인도와 카슈미르 지역에서 빈번하게 행해졌다. 10세기 이후에는 이 관습이 남인도까지 퍼졌다.

1829년 마침내 사티가 악폐로 인정되어 법으로 금지되었음에도 불구하고 이 관습은 계속 확대되었다.[7] 일례로 1843년 인도 조드푸르시의 마하라자 만 싱의 장례식에서 15명의 아내가 집단으로 죽기 직전 자궁심에 불타 메헤랑가르 성 벽면에 손바닥 도장을 남길 정도였다.

사티로 희생된 여성은 여신으로 승격되고 사원과 비석을 세워 후세에 길이 추앙했다. 과부가 된 여성에게 일가친척들이 사티를 종용하는 이유는 과부의 희생이 가문의 영광이 되는 것은 물론, 남아 있는 친척들은 막대한 기부금을 보장받을 수 있었기 때문이다. 따라서 양가 집안 사람들이 합심하여 미풍양속이라는 명목하에 과부를 산 채로 불태우는 사례가 만연했다.[8]

힌두교 근본주의자들이 사티 관습을 지지하는 진정한 이유는 따로 있다. 사티가 사라질 경우 과부들이 다른 계급에 속한 사람과 재혼을 할 것을 우려했기 때문이다. 그러면 인도에서 카스트 제도의 근간이

사티를 묘사한 삽화

흔들리게 되고, 이로 인해 상류층의 경우에는 자신들의 기득권을 잃을까 두려워했던 것이다. 정부 또한 대중의 감정을 자극하는 것을 두려워한 나머지 2천 년이나 지속되었던 사티의 폐지에 뜸을 들였다. 그러다가 외국 선교사들의 끈질긴 노력 끝에 1829년 비로소 법으로 사티를 금지시켰다.

그럼에도 불구하고 문제는 오늘날까지 인도의 외딴 시골에서 이 악습이 지켜지고 있다는 것이다. 1987년 라자스탄주의 데오랄라 마을에서 결혼한 지 채 1년도 되지 않은 18세의 어린 과부가 사티를 결심하고 남편의 주검과 함께 화장되었다. 이 사티 의식을 지켜보기 위해 수천 명의 군중이 모여들었고, 마을은 순식간에 유명세를 타서 일종의 성지 같은 관광지가 되어 경제적인 특수를 누렸다. 이 사건 이후 불법인 사티를 조장 또는 방조했다는 이유로 일부 가족이 구속되었고 이 지역의 몇몇 행정 관계자들은 파면당했다. 또 사티에 반대하는 여성단체들이 일체의 사티를 근절시키는 법률 제정을 요구하며 시위를 벌여 해당 지역 의회는 사티를 조장하거나 참여하는 것을 금지하는 법률을 제정하게 되었다. 그러나 곧 사티를 지지하는 보다 큰 규모의 시위가 이어졌고 상당한 액수의 기부금까지 마련되었다. 특히 힌두교 근본주의자들은 자발적으로 행하는 사티를 금지시키는 것은 부당하다며 강력하게 반박했다. 한술 더 떠 그들은 이 사건을 힌두교의 전통적 믿음과 관행을 부활시키려는 힌두교 근본주의 운동의 수단으로 악용했다.[9] 정부의 정책과 힌두교 근본주의자들의 저항이 맞물려 우왕좌왕하는 사이 시골에서는 아직도 죄 없는 과부들이 불구덩이 속으로 내던져지고 있다.

56

학회장의 커튼 사우디아라비아

사진은 몇 년 전 사우디아라비아의 수도 리야드에서 열린 첨단 IT 교육 관련 학회장이다. 사진을 자세히 들여다보면 학회장 안에 없는 것이 딱 하나 있다.

바로 여성이다. 이 학회장 안에서 여성의 모습은 그림자도 찾아볼 수 없다. 중동의 이슬람 국가들에서 여성에 대한 인식이 매우 보수적이며, 여성의 위상 또한 열악하다는 것은 익히 잘 알려져 있다. 특히 이슬람교의 종주국으로 자처하고 있는 사우디아라비아는 여성에 대해 극도로 보수적인 국가이다. 그렇다면 사우디아라비아에 여성학자는 아예 존재하지 않는 것일까? 아니다. 다행히 여성에게도 학문의 기회가 주어져 여성학자는 존재한다. 여기서 질문을 하나 더 던질 수 있다. 그렇다면 여성학자는 왜 학회에 참석하지 않았을까? 예상했던 대로 여성학자들은 공식적으로 학회장 출입이 금지되어 있기 때문이다. 대신 커튼이 드리워진 학회장 뒤편의 작은 방에서 화상을 통해서 회의를 지켜본다. 물론 질문도 할 수 없다. 믿기지 않겠지만 엄존하는 사실이다. 사진에서는 보이지 않지만 남녀를 갈라놓은 커튼은 사우디아라비아의 여권에 짙게 드리워진 장막을 상징적으로 의미한다고 할 수 있다.

안타깝게도 사우디아라비아에서 여성에게 금지된 것은 학회장 출입뿐만이 아니다. 사우디아라비아에서 여성과 관련하여 법령으로 제정된 주요 금기 사항들은 다음과 같이 광범위한 영역에 걸쳐 있다.

♣ 여성의 직업 제한

여성의 직업에 제한이 있다. 대부분의 여성은 의료계나 교육계에서 종사하며, 최근에야 상점의 직원으로 근무할 수 있게 되었다.

♣ 여성의 참정권 제한

2015년 비로소 여성에게 참정권이 부여되었다.

♣ 45세 미만 여성의 여행 제한

45세 미만의 여성은 남편이나 아버지와 함께 여행하거나 다른 남성 후견인의 보증을 받아야 여행할 수 있다. 남성 후견인의 보증은 여성이 취직할 때에도 필요하다.

♣ 여성의 대외적인 스포츠 활동 제한

2012년 런던 올림픽은 모든 참가국의 여성들이 출전한 최초의 올림픽으로 기록되었다. 2011년까지 카타르, 브루나이, 사우디아라비아는 여성의 올림픽 출전을 금지했던 최후의 국가들이다.

왜 21세기의 이슬람 국가들에서 아직도 많은 여성이 억눌리고 부당한 대우를 받고 있는 것일까? 여러 가지 복합적인 이유가 있지만, 세 가지로 간추리면 다음과 같다. 첫째, 근본적인 이유는 이슬람 여성의 정체성이 이슬람교의 초기 정신에 뿌리를 두고 있기 때문이다. 코란은 남성과 여성의 역할을 명백하게 나누어 남성에게는 가장의 역할을 부여하고 여성에게는 가족 부양이라는 임무를 권장했다. 이러한 전통 하에서 여성의 사회적·정치적 진출이 남성에 비해 상대적으로 지체되고 소극적일 수밖에 없었다. 둘째, 현대사회에서 무슬림들의 삶의 근간이 되는 코란의 재해석과 현실 문제와의 타협에 있어 그 폭이나 수용 방식이 서구 사회에 비해 제한적이기 때문이다. 셋째, 19~20세기에 들어 서구의 침탈과 지배하에서 일부 여성들이 성적으로 희생

되면서 과도하게 여성을 보호하려는 문화적 현상도 한 몫을 했다.[10]

그러나 이러한 현상은 단지 이슬람교 자체의 문제라기보다는 일부 애국주의자들이 이슬람교 교리를 자신들에게 유리하게 해석하여 남성 우위의 사회를 유지하고자 하는 현상 및 관습과 밀접하게 연관되어 있다.[11] 중동 지역의 이슬람 국가들에 비해 말레이시아, 인도네시아, 파키스탄, 터키 등 아시아 지역 이슬람 국가들의 경우 여권이 훨씬 신장되어 있을 뿐만 아니라 여성의 사회적·정치적 진출도 활발하다. 따라서 이렇게 낙후된 현상은 일부 아랍의 이슬람 국가들에 한정되어 있을 뿐이므로 이슬람교 자체나 이슬람 국가들 전체의 현상으로 오도하는 인식은 지양되어야 한다.

다행히 최근 사우디아라비아의 정권이 교체됨에 따라 여성의 권익이 보장된다는 개혁의 소리가 들린다. 예컨대, 최근까지 사우디아라비아는 세계에서 여성의 운전이 금지된 유일한 나라였는데, 2018년 6월 4일부터 국왕의 칙령을 통해 '이슬람 법에 따라' 공식적으로 여성에게 운전이 허용되었다. 항공기도 조종할 수 있는 권한이 가까운 미래에 법적으로 제정될 것이라고 한다. 반가운 소식이다.

사우디 여성의 운전할 권리를 쟁취하기 위한 운동을 홍보한 만화

14장

싸움

인류는 끊임없이 전쟁을 해 왔다. … 그런데 왜 전쟁을 그
토록 자주 끊임없이 해 왔을까? 다른 사람들의 영토를 빼앗
고 재물을 빼앗는 것도 하나의 이유가 될 것이다. 또한 권력
자의 야망이나 원한 같은 심리적인 이유도 있을 것이다.[1]

— 이경덕

57

마오리족의 머리 박제(토이 모코) 뉴질랜드

"2010년 5월 프랑스 하원 의회는 569 대 8의 압도적인 찬성으로 프랑스 전국의 박물관에 소장하고 있는 마오리(Maori)족의 모든 머리 박제(총 15개)를 뉴질랜드로 반환하라는 법안을 통과시켰다."[2]

벽에 빼곡하게 걸린 두상들은 결코 모형이 아니다. 실제 뉴질랜드 마오리족의 머리를 박제한 것이다. 도대체 무슨 사연이 있길래 뉴질랜드 선조들의 머리 박제가 인도양을 건너고도 한참 떨어진 이국 땅에 보내졌으며, 이들이 다시 본국으로 반환될 운명에 처한 것일까. 사진 속의 머리 박제를 자세히 보면, 기하학적 문양의 문신이 얼굴 전면에 새겨져 있다. 바로 이 문신 때문에 비극적인 이야기가 전개되었다.

사실 뉴질랜드 땅에서 머리 박제의 역사는 깊다. 유럽인들이 뉴질랜드에 뿌리내리기 전에 그 땅의 원주민은 마오리족이었다. 그런데 마오리족은 호전적이어서 전투를 즐기고 전쟁에서 승리하면 상대 부족을 모두 노예로 삼거나 죽여 버렸다. 이 부족은 전투에서 살해한 적군의 두상을 최고의 전리품으로 보존했다. 적군의 두상을 보존한 이유는 두 가지였다. 하나는 분노의 상징으로, 또 하나는 박제된 적장의 두상 반환을 통해 휴전협정이 체결되었기 때문이다. 그뿐만 아니라 200년 전 마오리족은 부족장이 죽으면 그의 머리를 미라로 만들어 집 안에 두었다가 장례를 지내는 풍습도 있었다.[3]

마오리족의 문신 역사는 머리 박제의 역사만큼 오래되었다. 노예를 제외한 모든 남자는 부족의 정체성과 결속력을 표현하기 위해 얼굴 전체에 문신을 하고 다녔다. 그들에게 문신은 이성의 관심을 끌려는 미적 차원의 치장일 뿐만 아니라 신분과 지위, 가계, 소속된 부족, 개인의 역사까지 반영하는 상징적 표상이었다. 이 밖에도 적과 싸울 때 적에게 겁을 주거나 부족의 수호를 위한 일종의 부적 의미를 담아 안면에 새겼으며 엉덩이, 넓적다리에 새기기도 했다. 이러한 전통이 지금까지 이어져 오늘날 마오리족은 여전히 얼굴에 문신을 새긴다. 그리고 젊은 백인들은 우아한 나선형 모양의 기하학적인 마오리족의 문신을 모방하여 일명 '마오리 문신'이라는 문신을 즐겨 새긴다. 마오리족 문신은 새, 물고기, 사람을 형상화한 문양들로, 대칭을 이루고 있는 점이 특징이다.[4]

18세기에 뉴질랜드에 처음 발을 디뎠던 유럽인들은 겉으로는 머리 박제 문화를 야만적이라 비난하였지만 속으로는 아름다운 문양이 새겨진 머리 박제에 눈독을 들였다. 따라서 19세기 제국주의 시대에 뉴질랜드로부터 엽기적이지만 아름다운 물건들이 은밀하게 유럽으로 반출되었다. 사진의 머리 박제들은 마오리족의 전통적인 문신이 새겨진 전사(戰士)의 머리로, '모코(Moko)' 또는 '토이 모코(Toi Moko)'라 불린다. 기록상 마오리족의 머리 박제를 처음 구매한 사람은 탐험가 쿡 선장의 인데버(Endeavor)호에 동승했던 조셉 뱅크스이다. 1770년 뱅크스는 원주민들에게 총과 화약을 주고 15세 남자의 머리를 샀다. 당시 활과 창으로 인근 부족들과 전쟁을 벌이던 마오리들에게 첨단 무기는 거부하기 힘든 유혹이 아닐 수 없었다. 이에 따라 마오리들은 부족 간의 전쟁에서 살해된 적군의 머리를 백인들에게 팔기 시작했다. 머리 박제가 돈벌이가 되자 유럽인들은 박제된 머리를 훔쳐 가거나 무덤을 파헤쳐 시신의 머리만 잘라 가기도 했다. 1829년 뉴질랜드의 이웃 나라인 호주의 경우 세관에서 '마오리 머리'라는 품목을 따로 두었고 길거리에 마오리족 머리 박제를 파는 노점상이 있을 정도였다.

유럽인들과 유럽의 박물관들 사이에서 머리 박제가 폭발적인 인기를 끈 것이다. 그런데 이는 적군의 머리 박제를 내다 팔았던 마오리족에게 제 무덤을 제가 파는 비극을 낳고 말았다. 유럽 상인들이 보다 많은 머리 박제를 얻기 위해 마오리족에게 총을 나누어 주면서 부족 간의 전쟁을 부추겨 '머스킷 전쟁'을 발발시켰다. 이 전쟁을 통해 마오리족의 4분의 1이 사망했으며, 죽은 마오리족의 머리는 미라로 만들어져 전 세계로 팔려 나갔다.[5] 그것도 모자라 유럽 상인들은 노예로 사들인 마오리족의 얼굴에 강제로 문신을 새겨 넣었고, 문신의 상처가 아물자마자 도끼로 목을 쳐 이를 박제로 만든 다음 무역상에게 넘겼다. 심지어 살아 있는 노예를 점찍어 놓고 머리 박제를 예약하는 백인 상인도 있었다. 문제가 심각해지자 급기야 백인 정부는 노예 문신을 금지시켰고, 마오리족의 머리 박제 무역은 1831년 공식적으로 금지되었다.[6]

사람의 신체에 새겼던 문신과 박제 문화가 금지되니 오늘날 그 불똥이 말 못하는 동물에게 튄 경우도 있다. 벨기에의 행위예술가 빔 델보예(Wim Delvoye)의 '돼지 몸통의 타투'가 그 예이다.

58

투계 글러브
푸에르토리코

사진을보면 호기로워 보이는 닭이 위풍당당하게 서 있다. 그런데 아래의 글러브는 무엇일까. 닭과 글러브라. 쌈닭인가? 맞다. 바로 투계장의 닭이다. 앙증맞은 글러브는 닭의 발목에 끼우는 일명 투계 글러브란다. 사람의 권투처럼 닭들이 글러브를 끼고 치고 박는 것이 아니다. 실전에서는 닭 발목의 뒷부분에 난 발톱에 날카로운 칼을 끼워 상대 닭과 싸우게 한다. 이 글러브는 실전에 투입되기 전에 연습할 때 발톱이 다치지 않도록 보호하는 차원에서 끼워 주는 것이다.

중국, 인도, 페르시아 등지에서 시작된 투계의 역사적 연원은 까마득한 기원전으로 거슬러 올라간다. 오랜 역사만큼 투계에 얽힌 일화도 다양하다. 그리스·로마 시대에는 투계를 전쟁터로 옮겨 군사들에게 닭싸움을 보여 줌으로써 사기를 북돋았다. 날카로운 눈매, 강건한 근육, 지칠 줄 모르는 강인한 체력, 넘치는 패기 등 임전무퇴의 군인 정신을 대변하기에 닭싸움보다 더 적절한 것은 없었을 듯 싶다. 기록에 따르면 로마 시대에는 투계 애호가들이 내기를 하다가 전 재산을 탕진하고 빈털터리가 되는 일도 많았다고 한다. 영국에서는 1849년 닭싸움을 법으로 제재하려 했지만 박진감 넘치는 스릴과 끝없는 활력은 법으로도 근절시키지 못했다고 하니 당시 닭싸움의 인기와 그 묘미를 능히 짐작할 수 있다. 투계가 신사의 스포츠라 불리는 이유는 이렇다. 예로부터 투전판에서만큼은 남성들이 계급장을 떼고 서로 어깨를 맞대며 내기 돈을 호가하고 나중에 판돈을 동등하게 정산하였기 때문이다. 제퍼슨, 링컨 등 역대 미국의 대통령들도 닭싸움을 즐겼다는 기록은 투계의 매력을 다시 한 번 대변한다.

　흥분한 수탉끼리 싸움을 붙여 놓고 인간이 보고 즐기는 행위가 인간의 잔인성을 부추긴다는 부정적인 시각 때문에 지구상의 거의 모든 국가들에서 투계는 점차 금지되어 왔다.[7] 그렇지만 말레이반도, 유럽, 남미의 일부 국가에서는 투계가 여전히 성행하고 있다. 아메리카에서 푸에르토리코를 제외하고 투계가 합법인 나라가 없어짐에 따라 푸에르토리코는 아메리카 대륙을 통틀어 투계의 메카가 될 수밖에 없었다.[8] 16세기에 스페인이 이 지역을 식민지화하면서 투계가 처음 도입되었고, 국민의 스포츠로 정착된 것은 18세기이다. 이러한 전통이 오늘날까지 이어져 투계 경기장은 성업을 이루고, 소위 투계대전이 열리는 일요일의 투계는 TV 생방송으로 중계될 정도이다.

　오늘날 푸에르토리코의 경제 성장은 투계의 덕을 톡톡히 보고 있다. 투계가 합법이기 때문에 투계를 보러 오는 국내외 관광객들이 줄을 이으면서 황금알을 낳는 산업이 된 것이다. 푸에르토리코에는 현재 100여 개의 공인 투계장이 있고, 거의 모든 마을에 투계 경기장이 있을 정도이다. 매년 공식 투계장에서 20만 차례 투계 시합이 벌어지며 연간 입장료 수입만 자그마치 1,200만 달러(약 144억 원)이다. 입장

푸에르토리코의 지방 투계장 외관

싸움을 시작하려는 닭들

료 외에 투계꾼들의 내기 돈, 음식과 숙박에 따른 부대 수입 또한 만만치 않다. 2008년 이웃 나라 도미니카공화국에서 조류독감이 발생하여 푸에르토리코에 닭을 수입할 수 없자 그해 푸에르토리코의 투계 산업이 막대한 손실을 입었을 정도였으니까.[9]

투계 경기장의 규모나 싸움 방법 등은 나라와 지역에 따라 다양하다. 푸에르토리코의 투계 경기 시간은 15분이고, 투계의 승패는 상대 닭이 절명하거나 쓰러져 3초 내에 기립하지 못할 때 KO승, 투지력 상실로 도망치거나 연속 강타로 울음소리를 내면 TKO로 경기가 종료된다. 닭싸움은 예측을 불허하는 경기이기에 스릴과 박진감 넘치는 스포츠로 평가받고 있다. 그러나 투계의 가장 큰 재미는 내기를 걸 수 있다는 점이다. 싸움닭의 승률은 엎치락뒤치락하며 끊임없이 바뀌고, 막대한 판돈이 걸리는 경우도 드물지 않다. 싸움닭은 대개 1세부터 2세까지 시합에 나간다. 투계의 기본 전술은 상대 닭에게 뛰어올라 발로 차는 것이다. 이를 대비하여 경기 전에 닭의 발톱을 날카롭게 다듬는 것으로 싸움을 준비한다. 날카로운 철제 발톱이나 면도날보다 더 예리한 칼을 발목에 끼워 싸움을 시키는 경우도 허다하다. 그 결과 투계장이 유혈로 낭자한데다 차마 눈뜨고 볼 수 없는 잔인한 형국까지 이르는 과정을 즐기고, 한술 더 떠 닭의 목숨을 걸고 내기 도박까지 하는 것이 투계의 가장 부정적인 이미지이다.[10]

투계가 진행되는 동안 그것을 지켜보는 사람들의 표정도 싸움닭을 닮아 있다. 투계는 사디즘적인 쾌락을 제공하고 남성들이 자신의 분신인 싸움닭의 승리를 통해 자신의 존재를 재확인하며, 자연에 대한 문화의 승리를 상징적으로 표현하는 것이다.[11] 그러나 인간들의 오락과 사행심을 위해 죄 없는 닭이 치르는 대가가 너무 크다.

59

부동(不動)의 사다리 이스라엘

예수 그리스도가 예루살렘의 골고다 언덕에서 십자가에 못 박혀 죽었다가 3일 만에 부활했다는 것쯤은 누구나 다 아는 사건이다. 그러나 기독교가 이 사건을 영원히 기리기 위해 그 자리에 교회를 세웠다는 사실은 잘 모를지도 모른다. 바로 사진에 보이는 소박한 교회가 그것이다. 종교적으로 성스러운 사건의 무대였던 곳인 만큼 이 교회는 오늘날까지 1,700여 년 동안 기독교의 가장 성스러운 순례지 중 하나가 되었다. 교회는 예루살렘 북서쪽의 구시가지에 있으며, 흥미롭게도 종파마다 이름도 달리 부른다. 예컨대, 가톨릭에서는 성묘 성당(Basilica of the Holy Sepulchre), 그리스정교회에서는 부활 기념 성당(Church of the Resurrection) 등.

이 교회는 부활한 메시아의 위상과는 걸맞지 않게 매우 소박하고 낡았다. 게다가 이슬람인들의 시장과 모스크로 둘러싸여 광장을 포함한 교회의 전체적인 공간 또한 협소하다. 교회가 336년에 건립된 이후 기독교와 이슬람교가 예루살렘의 소유권을 놓고 공방전이 지속되면서 예루살렘의 주인이 바뀔 때마다 교회의 파괴와 복원이 반복되었기 때문이다. 사진에는 이 책에서 결코 간과해서는 안 될 별난 물건이 하나 숨어 있다. 가운데 건물 2층 오른쪽의 아치형 창문 아래 외벽에 걸려 있는 사다리가 그 주인공이다. 이 사다리는 의미심장한 이름으로 불리고 있다. 바로 '부동의 사다리(Immovable ladder)'이다. 1852년 사다리가 그 자리에 놓인 후 164년째 누구도 이 나무 사다리를 만지지도 치울 수도 없기에 부쳐진 이름이다.

현재 기독교는 여러 종파로 나뉘어 있으며, 종파 간의 갈등은 흔히 성지를 둘러싸고 일어난다. 예수가 최후를 맞이했던 가장 성스러운 공간을 표상하는 이 교회를 차지하려는 가톨릭·그리스정교회·아르메니아 사도교회·시리아정교회·콥트정교회·에티오피아 테와히도 정교회의 여섯 종파 간의 갈등이 교회가 건립된 이래 수세기에 걸쳐 첨예하게 대립되었다.[12] 7세기에 이슬람 국가인 오스만 제국이 예루살렘을 장악한 후에도 분쟁이 지속되자, 1853년 술탄 압둘메시드(Abdulmecid)는 다음과 같은 칙령을 공포함으로써 더 이상의 분쟁을 불식시키고자 했다.

"현상유지(Status Quo). 요컨대 현재의 각 종파의 관할권을 인정하고 더 이상의 변경은 허용하지 않는다."[13]

이 칙령에 의해 교회의 내부를 비롯하여 모든 구역이 칼로 시루떡 자르듯 관할권이 확실하게 정해졌다. 여섯 종파가 공동으로 사용할 수 있는 극히 일부 구역도 있지만 말이다. 이로 인해 덕분에 건물이나 부속물의 어느 한 곳이 낡아 고치려고 해도 다른 종파의 구역을 넘어

가까이에서 본 부동의 사다리

성묘성당 내부

서게 되므로 개·보수는커녕 손도 대지 못하는 지경에 처했다. 예컨대 가톨릭은 대문을, 창문은 시리아정교회가, 창문 난간은 그리스정교회가 관할하는 방식으로 분할하여 관리하다 보니, 창문이 낡아서 시리아정교회인들이 고치려고 해도 창문 난간에 사다리를 놓는 것을 그리스정교회 측에서 거부하는 식이다. 그 결과 교회 건물은 파손디거나 낡아도 방치될 수밖에 없는 기구한 운명이 되었다.[14]

'현상유지 법' 칙령이 공포되기 전 해인 1852년 어느 날 교회 창문 아래의 벽에 걸쳐 놓은 사다리 하나가 발견되었다. 그런데 감히 누구도 이 사다리를 건드릴 엄두를 내지 못한다. 잘못 건드렸다가는 '현상유지 법'을 어겼다는 오해를 불러일으킬 소지가 있고, 쓸데없이 다른 종파들의 분노를 촉발시킬 수도 있기 때문이다. 그날 이후 이 사다리는 그 자리에 164년째 말 그대로 부동의 자세로 머물러 있다.[15] 어느 객기 있는 관광객의 장난에 의해 한 번, 그리고 사다리 주변을 청소하기 위해 딱 한 번 옮겨진 것을 제외하고는. 그리하여 이 '부동의 사다리'는 굴곡진 역사의 소용돌이 속에서 기독교의 여섯 종파 간에 패인 분열과 갈등을 고스란히 대변하는 상징적인 물건의 대명사가 되었다.

교회의 정문 열쇠도 마찬가지이다. 1192년 이래로 정문을 여닫는 사람은 놀랍게도 기독교도가 아니라 무슬림이다. 이 열쇠는 이슬람의 대표적 가문인 조우더(Joudeh)와 누세이베(Nusseibeh) 가문이 관리하고 있다. 당시 기독교의 어느 종파도 다른 종파에게 열쇠를 맡기려 들지 않았기 때문에 골머리를 앓던 이슬람 정권의 살라딘(Saladin) 국왕이 제3자인 무슬림 가문에 열쇠를 맡기자는 방안을 제시했고 기독교의 모든 종파가 찬성했다. 오늘날까지 조우더 가문이 정문을 잠그고 누세이베 가문이 정문을 연다.[16]

아이러니컬하게도 종교적으로 가장 성스러운 곳에서조차 세속에 찌든 인간의 욕망, 허영심, 자만심과 질투심 등의 기벽이 고스란히 투영되어 있다.

15장
저승길의 동반자

삶이 이어지지 않을 죽음 후에는 전혀 무서워할 것이 없
다는 사실을 진정으로 이해한 사람에게는 삶 또한 무서워할
것이 하나도 없다.[1]

– 에피쿠로스

60

고대 이집트의 태양선 _{이집트} 이집트

1954년 이집트 문화재관리국이 피라미드가 있는 기자 (Giza) 지역에서 보수공사를 하던 중 대피라미드의 남쪽에서 높이 2m 정도의 벽을 발견했다. 벽 아래에 있는 돌을 깨 보니 놀랍게도 깊은 갱이 있었고, 그 안에는 대량의 목재 더미가 들어 있다. 대형 목조선을 해체한 부품처럼 보였던 목재들을 세어 보니 총 1,224개였다. 이 퍼즐들을 완성하는 데 무려 14년(1957~1971)의 세월이 소요되었다. 마침내 목재 조각들은 사진에서 보는 바와 같이 총 길이 47m, 폭 5.9m, 무게가 45톤인 거대한 배로 완성되었고, 후에 '태양선'이라는 이름으로 불리게 되었다.[2] 복원된 태양선은 1981년부터 쿠푸(khufu) 왕의 대피라미드 주변의 배 박물관에 전시하고 있다.

강폭이 좁은 나일강에서 이렇게 큰 배를 도대체 무슨 목적으로 만들었을까. 그리고 왜 태양선이라 불리게 되었을까. 이제부터 이 의문들에 대한 답을 차근차근 찾아보자. 우선 이 배는 기원전 2420년 경(오차 범위는 ±90년)인 고왕국시대(기원전 2650~2180)의 제4왕조에 해당하는 쿠푸 왕(기원전 2551~2528) 때 제작되었

쿠푸 왕의 피라미드

다. 우리 눈에는 안개 속의 전설 같은 시대, 지금으로부터 무려 약 4,400년 전에 만들어진 것이다. 쿠푸 왕이 사망한 뒤 이 배를 쿠푸 왕이 잠든 피라미드 주변에 묻어 준 인물은 그의 동생이자 후계자인 제데프라 왕(기원전 2528~2520)이다. 안타깝게도 이 배의 사용 목적에 대한 정확한 기록이 후대에 전승되지 않았기 때문에 이런저런 정황에 근거한 추측만 무성하다. 그중 유력한 세 가지 설은 이렇다.

첫 번째는 이 배가 성지 아비도스 순례에 사용되었을 것이라는 설이다. 호기심 많은 어느 학자가 배의 1/50 크기의 축소 모형을 만들어 물에 띄워 보았더니 정말 물에 떴다고 한다. 이는 상징적인 유물이 아니라 실용을 목적으로 제작되었다는 단서가 된다. 그러나 결정적으로 배에 돛이 없었기 때문에 이 가설은 탈락이다.

두 번째 시나리오는 고대 이집트인들은 하늘을 물로 이루어진 거대한 바다라고 생각했다. 그래서 태양은 매일 배를 타고 동쪽에서 서쪽으로 여행한다고 믿었다. 그러니 태양신의 아들인 쿠푸 왕도 태양처럼 하늘을 여행하기 위해 태양선을 만들었을 것이라는 설이다.

세 번째는 일본의 고고학자 요시무라 사쿠지의 설이다. 배가 하늘을 여행하려는 목적으로 만들어졌다고 보는 것은 두 번째 가설과 유사하다. 그러나 요시무라의 설은 왕이 사후에 이 배를 타고 내세로 건너갔을 것이라고 하여 두 번째 가설과 구별된다. 요컨대 쿠푸 왕이 사후에 태양신인 '라'신의 배에 타고 저승으로 훨훨 날아가고 싶어 했을 것이라는 주장이다.[3]

여러 가지 정황과 고대 이집트인들의 내세관으로 볼 때 세 가지 가설 중 요시무라의 추정이 가장 설득력 있는 것으로 간주되었다. 따라서 이후 이 배는 쿠푸 왕의 영혼 여행을 상징하는 태양선으로 불렸다.

잠시 고대 이집트인들의 내세관을 알아보자. 고대 이집트인들의 내세관을 제대로 이해하려면 먼저 세 가지 개념에 대한 이해가 전제된다. 바로 고대 이집트어로 쿠(Khu, 일반적으로 혼으로 번역됨), 카(Ka, 존재의 본질, 성령), 바(Ba, 영혼의 새)이다.[4] 고대 이집트인들은 인간이

쿠푸 왕의 조각상 · 바(영혼을 상징하는 새)

죽으면 쿠(혼)는 저세상으로 가고, 육체(아크트)는 소멸하고, 존재의 본질인 카(성령)는 이 세상에 영존하며 떠돈다고 믿었다. 제3의 개념인 영혼의 새인 바는 사람의 머리에 새의 모습을 하고 있다. 생전에는 육체 안에 있지만, 사후에는 몸 밖으로 빠져나와 사자(死者)의 미라 주위를 선회하거나 미라 위에 앉아 있다가 체내로 다시 들어간다. 그렇기 때문에 육체가 사라지더라도 영원불멸한 본질인 카가 이승에서 머물 수 있도록 제2의 육체를 만들어야 했다. 제2의 육체가 바로 그 유명한 미라이고 돌조각상들이다.[5] 그런데 고대 이집트인들이 우리에게 남겨준 위대한 유산은 태양선, 피라미드, 돌조각상 등 겉으로 보이는 유물 그 이상으로 평가되고 있다. 그 이유는 카라는 인간 존재의 본질을 가정하고 이를 영속시키려는 철학적인 대명제를 후세에 남겨 인류의 철학의 시금석을 마련해 주었기 때문이다.

영민한 쿠푸는 지구상에서 가장 큰 피라미드와 태양선을 남김으로써 후손들에게 영원히 잊혀지지 않을 또 다른 차원의 영생까지 계산에 넣은 것은 아닐까? 그렇다면 그의 계산은 적중했다. 그는 이글거리는 태양선을 타고 현재도 여전히 후손들의 가슴속을 훨훨 날고 있을 테니까.

61

상여의 꼭두 _{한국}

사진에서 다소 투박하지만 우리나라의 전통의 향기가 풍기는 목
각 인형들은 어린이를 위한 장난감도 장식품도 아니다. 그보다
훨씬 더 절실한 의미가 담겨 있기에 이 책의 한 꼭지를 차지했다.

나라마다 이승의 모든 인연을 뒤로 하고 저승으로 떠나는 죽은 자
와 산 자의 이별만큼 다양하고 독특한 의식이 또 있을까. 조선시대에
망자는 상여를 타고 저승길을 떠났다. 사진의 인형은 바로 조선시대
서민들의 상여를 장식했던 나무 인형으로, 일반 나무 인형과 구별하
여 '꼭두'라 한다.[6] 꼭두는 인물상이 주종을 이루지만, 봉황이나 용 같
은 상상의 동물과 식물의 형상도 포함된다. 말이나 수레를 타고 갈
수도 있었으련만 망자들은 왜 굳이 상여를 타고 갔을까? 조선시대에
는 상여를 타야만 이 세상에서 저세상으로 건너갈 수 있다고 믿었다.
꼭두는 나무로 만들어졌기에 목우(木偶)라고도 한다. 장례를 마치고
상여와 함께 꼭두를 태우던 풍습 때문에 안타깝게도 꼭두의 기원은
정확히 알 수 없다. 현재 남아 있는 꼭두는 주로 조선시대 후기와 일
제강점기에 만들어진 것으로 가장 오래된 것은 18세기의 것으로 추정
된다.

꼭두는 아무도 가 보지 않은 미지의 저승길을 가는 망자와 동행하
는 친구이자, 즐거움과 고통을 함께 나누는 동반자라고 할 수 있다.
마치 서양의 천사처럼 인간과 초월적 세계를 연결하는 존재라고나 할
까. 이승과 저승, 현실과 꿈 사이를 오가는 존재인 꼭두의 임무는 일
상과 사후 세계를 넘나들면서 괴로워하거나 슬픔에 잠긴 이를 위로하

고 지키는 것이다. 그러니 꼭두는 고대 이집트의 왕들이 사후에 미라와 함께 무덤까지 동행하는 신하의 형상을 한 샤브티 인형과도 흡사하다. 고대 아프리카에는 왕족이 죽으면 그를 모시던 신하들과 노비들도 함께 생매장하는 순장이라는 전통이 있었다. 후에 이것이 너무 잔인하다고 여겨 산 사람 대신 사람의 모습을 형상화한 인형을 무덤에 넣었다.

꼭두라는 명칭은 외국어에서 차용되었다거나 순수한 우리말, 북한 방언이라는 등 여러 가지 설이 있으나 모두 확실하지 않다. 사전적 정의에 따르면, 꼭두새벽, 꼭두배기, 꼭두머리 등과 같이 꼭두라는 말은 제일 빠른 시간이나 물체의 가장 윗부분을 일컫는 북한 말이다. 상여에 사용되었던 꼭두는 이 세상과 저세상 모두에 속하기도 하고 혹은 어느 쪽에도 속하지 않는 경계선상의 범상치 않은 물건이다. 흔히 사용되고 있는 '인형'이라는 단어는 일본어에서 차용한 것인데, '꼭두'에 비해 지나치게 인간의 모습만을 강조하고 있으므로 상여의 그것은 '꼭두'라는 명칭이 더 적절한 것 같다.[7]

한편 꼭두는 그 종류가 매우 다양한데 그중에서도 전통 상여를 장식했던 꼭두가 대표적이다. 꼭두에는 영혼의 동반자로서 죽음을 삶의 연장으로 보았던 우리 조상들의 관점이 내포되어 있다. 꼭두가 사람의 형상이라고 해서 이승의 인간의 이미지와 무조건 일치시킬 수는

상여

상여 위의 꼭두

없다. 인물상 꼭두는 일상의 인간계뿐만 아니라 다양한 비인간계 및 초인간계를 연결하고 있기 때문이다.

사람의 모습을 한 꼭두는 기능에 따라 네 가지로 분류된다.

첫째, 죽은 자의 길 안내를 담당하는 꼭두이다. 이 꼭두는 움직임과 이동을 강조하는 역동적인 분위기를 내며, 주로 용과 봉황 등 상상의 동물과 함께 나타난다.[8]

둘째, 망자의 호위를 담당하는 꼭두이다. 상여의 네 귀퉁이에서 버티고 있는 용과 봉황 형상의 꼭두들은 망자를 태우고 나쁜 기운을 물리치며 하늘로 거침없이 올라가는 강인한 수호자를 상징한다. 용과 봉황 형상 외에도 호위병 꼭두는 망자를 나쁜 기운과 액운으로부터 지키는 수호자 역할을 하기 때문에 무기를 들거나 무서운 표정을 짓고 있는 것이 특징이다. 흥미롭게도 꼭두의 모습은 당시의 시대상을 고스란히 반영한다. 따라서 조선시대에는 무관의 모습, 일제강점기에는 경찰, 해방 후에는 총을 든 군인의 모습으로 형상화되었다.(p. 284, 사진 **2**)

셋째, 망자의 시중을 드는 꼭두가 있다. 사후에도 망자를 산 사람처럼 섬기며 시중 드는 꼭두가 상여를 장식한다. 길 안내를 담당하는 꼭두가 망자보다 앞서서 가는 모습이 강조된 반면, 시종 꼭두는 망자를 뒤따르는 모습이 부각된다. 시종 꼭두는 대부분 여성의 형상을 하고 있다.

넷째, 위락을 담당하는 꼭두가 있다. 미지로의 여행은 불안하기 짝이 없고 이승과의 작별은 한없이 슬프다. 따라서 저승길로 향하는 내내 망자의 불안과 슬픔을 달래 주기 위해 생시의 광대들처럼 망자를 즐겁게 해 주기 위한 꼭두이다. 악기를 연주하거나, 춤을 추거나, 물구나무로 분위기를 띄우는 재인들의 형상이 대표적이다.[9]

상여를 탄 망자는 저승길이 무섭지도 지루하지도 않았을 것 같다. 저마다의 임무를 맡은 믿음직스럽고 정겨운 꼭두들이 망자를 안내하고 보호하며 위로해 주었을 테니까.

62

지전(紙錢) 중국

중국 영화 〈당산 대지진〉을 비롯한 많은 중국 영화에서 장례식이나 제삿날 또는 청명절(淸明節)에 돈을 태우는 장면이 종종 나온다.[10] 이때 그 돈은 진짜 돈이 아니라 돈의 모양을 본뜬 지전(紙錢)이다. 굳이 둘을 구별해 보자면, 지폐는 생활에서 통용되는 진짜 돈이고 지전은 지폐 모양을 모조한 가짜 돈이다. 진짜 돈을 태울 수는 없으니 지전을 사서 태우는 것이다. 사진에서 위쪽은 지전이고, 아래쪽은 중국의 100위안짜리 지폐이다.

중국인들은 장례식이나 제삿날에 왜 돈을 태우는 것일까? 중국인들은 전통적으로 '죽음'을 소중하게 여기며, 나름대로의 철학으로 죽음을 맞이한다. 그들은 죽음으로 끝이 아니라 죽어서도 영혼은 영원히 존재한다고 믿는다. 이러한 맥락에서 주나라 때부터 엄격하고 엄숙한 장례 절차가 생겨났다. 장례식도 최대한 장엄하고 성대하게 치르는 것을 망자에 대한 도리로 여긴다.

여기서 잠시 중국의 장례 절차를 살펴보자. 사람이 죽으면 먼저 시신을 씻긴 후 수의로 갈아 입힌다. 여기까지는 우리나라의 장례 절차와 동일하다. 그다음 망자의 입안에 진짜 돈이나 옥(玉)을 넣어 주는데, 이는 망자가 빈손으로 이승을 떠나지 않게 하려는 배려이다. 이어 고인이 평소 가장 아끼던 물건들을 입관할 때 함께 넣는다. 가정형편과 망자의 신분에 따라 3일, 5일 또는 7일간 지속되는 조문 기간 내내 지전을 태우고 장례식의 마지막 날에 매장한다.[11]

중국에서 지전은 망자가 저승길에 사용하는 노잣돈이며, 귀신이 저승에서 사용하는 돈이라고 한다. 그래서 지전을 태워 그 연기가 망자가 있는 하늘나라까지 닿게 함으로써 망자나 귀신을 돈으로 구슬려 해코지를 면하게 하려는 것이다. 그뿐만 아니라 죽은 사람을 산 사람처럼 대접하여 귀신이 된 망자로부터 덕을 볼 수 있다고 믿는다. 이와 같이 지전을 태우는 의식을 통해 중국인들의 금전에 대한 숭배 의식과 사후에도 영혼이 영생한다는 내세관을 엿볼 수 있다.[12]

저승길의 노잣돈과 관련하여 10세기 송나라 때 편집된 중국 역대 소설선집인 『태평광기(太平廣記)』에 전해 오는 재미있는 이야기 하나를 소개해 본다.

> 중국 양양(襄陽) 땅에 이제(李除)라는 사람이 당시 유행하던 괴질로 죽자 아내가 죽은 남편 곁을 지켰다. 그날 밤이 깊어 가는데 갑자기 시체가 벌떡 일어나더니 아내가 팔에 끼고 있는 금팔찌를 아주 세게 꽉 쥐었다. 아내가 재빨리 팔찌를 빼서 죽은 남편의 손에 쥐어 주자 다시 죽은 사람처럼 누웠다. 아내가 자세히 살펴보니, 새벽이 되자 가슴이 조금씩 따뜻해지더니 다시 숨을 쉬기 시작했다. 다시 살아난 남편이 아내에게 다음과 같이 말했다.
> "저승사자에게 끌려가는데 같이 가는 사람들이 많았어. 그런데 일행 중에 저승사자에게 뇌물을 주고 풀려나는 사람이 있는 것을 보고는 저승사자에게 '아내의 금팔찌를 주겠다' 말했지. 그러자 저승사자가 금팔찌를 가지고 오도록 보내 주고 금팔찌를 건네주자 나는 돌려보내 주었어."[13]

그 옛날부터 저승 가는 길에서도 돈과 뇌물로 목숨까지 되살릴 수 있다는 중국인들의 돈에 대한 집착을 누가 말리겠는가. 진짜 돈을 대신하는 지전은 그 크기도 액수도 매우 후하다. 사진에서 보듯이 지전(25×11.5cm)은 실제 지폐(18.5×7.5cm)보다 두 배 가까이 크다. 지폐나 지전 모두 중국인들이 사족을 못 쓴다는 붉은색이다. 지폐의 모택

동 대신 지전에는 염라대왕이 눈을 부릅뜨고 지켜보고 있다. 지전의 액수는 자그마치 1백만 위안(약 2억 원)이다! 게다가 영화 〈당산 대지진〉에서 보는 바와 같이 뭉텅이로 태운다. 저승길의 노잣돈이라고 하기에는 차고 넘친다. 이쯤 되면 귀신이 된 망자에게 모종의 대가를 바라는 청탁 수준이 아닐까. 지전의 앞뒤 면에 쓰여진 다음과 같은 글귀들이 이를 뒷받침해 준다.

- ♣ 일본만리(一本萬利): 자본을 적게 들이고 이윤을 많이 남기다
- ♣ 생의흥륭(生意興隆): 장사가 잘되다
- ♣ 일로발(一路發): 돈을 많이 벌다
- ♣ 노로통(路路通): 모든 일이 잘 풀리다
- ♣ 보우자손생의흥륭(保佑子孫生意興隆): 자손이 번성하고 사업이 번창하도록 보호하다
- ♣ 천지통용지폐(天地通用紙幣): 천하 통용 지폐

16장

망자에 대한 추억

묘역에는 사실 아무것도 없다. 죽은 자가 묻혔다는 기억
만 있는 것이다. 결국 묘역은 산 자를 위한 공간이다. 기억
장치이다. 죽음을 매개로 우리 삶을 성찰하는 곳이다.

– 승효상

63

묘지 표식 항아리 그리스

사진의 항아리는 그리스나 이탈리아를 여행한 사람이라면 그곳 박물관이나 이를 모사한 기념품 가게에서 한 번쯤은 마주쳤을 법한 낯익은 물건이다. 이러한 형태의 항아리를 그리스어로 크라테르 (Krater)라 한다. 물론 그 안에 물이나 곡식을 저장하는 단순한 항아리 였다면 여기서 논할 가치도 없었을 터이다. 그렇다면 이 항아리의 정 체는 무엇일까? 항아리의 정체에 대한 실마리를 표면의 그림에서 찾아보자.

항아리의 그림은 장례식 장면을 묘사하고 있음에 틀림없다. 항아리의 아가리 둘레에 그려진 기하학적 문양 아래 첫 번째 단의 그림을 보면, 누워있는 듯한 시신이 관 위에 있고 그 시신을 중심으로 유족이 둘러싸고 있다. 추모객들은 통곡하며 양옆으로 늘어서 있다. 죽은 자의 발치 아래에는 아내로 보이는 여성이 있고, 그보다 작은 사람의 형상은 자식들인 듯하다. 시신을 덮을 ㄷ자 모양의 체크무늬 덮개는 시신 위에 들춰져 있다. 추모객들의 몸통은 역삼각형으로서 두 팔은 선으로, 얼굴은 원에 점 하나를 찍은 모습으로 간략히 형상화되었다. 이와 같이 기하학적인 문양들은 호안 미로의 도형으로 이루어진 추상화 작품을 떠올리게 한다. 손을 머리 위로 올려 사자(死者)를 추모하는 의식은 고대 그리스의 전통이라고 한다. 도기의 배경에는 수많은 선, 점, 삼각형, 사각형의 추상적이며 기하학적인 문양으로 꽉 차 있다. 질서정연한 선과 추상적인 패턴이 인물들의 자유로운 행동을 제약하는 기하학적 양식의 정수를 보여 준다.[1] 항아리 두 번째 단에 묘

| 추모객들 | 망자의 시신 |

사된 전차와 보병 행렬은 고인이 생전에 성취했던 군사적 업적을 나
타내는 것 같다. 따라서 망자는 생전에 전사였을 것이다. 모래시계
모양의 방패와 전차는 고인이 이승을 떠났을 당시 존재하지 않았던
청동기 초기 시대인 먼 과거의 유물이므로 이 장면은 사자가 속했던
전통과 영예로운 조상을 기리기 위한 것으로 해석된다.[2] 이쯤 되면 항
아리의 쓰임새에 대해 감이 잡힐 것이다. 필시 장례식과 모종의 관련
이 있다.

 사실 기원전 1000년경 그리스에서 장례식 장면이 담긴 대형 크라
테르는 대형 묘를 표식하려는 목적으로 제작되었다. 다시 말해 당시
무덤 앞에는 오늘날의 비석 대신 항아리가 세워졌다는 것이다. 크라
테르로 묘를 표식해 두는 전통은 그리스의 기하학 시대(Geometric
Period, 900~700)에 도입되었다. 사진의 높이 108cm의 항아리는 현대
인의 관점에서 보아도 높이가 성인의 허리께까지 오는 상당히 큰 항
아리이다. 사진의 도기는 당시 그리스의 유명한 허쉬펠드 공방에서
제작한 것이다. 도공들이 도기 밑바닥에 소속 공방의 이름과 제작 시
기, 제작자를 표시해 놓은 덕에 수천 년이 지난 오늘날에도 도기의 제
작 연대와 공방의 출처를 알 수 있다. 이러한 전통은 오늘날까지 이
어져 세계의 유명한 도자기 제품의 밑바닥 면에는 공방의 로고와 함

께 공방의 이름이 새겨져 있다. 사진의 크라테르는 그리스 아티카에서 발견되었다. 기하학 시대 이후 몇 세기가 지난 그리스의 고대 시기(Archaic Period, 기원전 620~480)에 이르러서야 우리에게 보다 익숙한 부조 조각상이 무덤의 기념비로 사용되었다.[3]

한편 크라테르는 고대 그리스 시대에 무덤을 표식하는 용도 외에도 연회에서 포도주와 물을 타서 마시기 위해 식탁에 놓고 사용되었다. 당시 포도주의 알코올 도수가 너무 강해 물로 희석해서 마셔야 했기 때문이다. 다만, 식탁에 놓고 사용하는 항아리의 그림은 하고 많은 그림 중에서 주연의 여흥을 깨고도 남을 장례식 모습을 묘사해서는 안 될 것이었다. 그래서 연회장에서 사용된 크라테르는 주신(酒神) 같은 신화 속의 인물상이나 과일, 음식 등과 같이 연회의 분위기를 고조시킬 수 있는 그림이었다.

크라테르는 일반적으로 큰 아가리 부분, 볼록한 몸통, 몸통 양옆의 손잡이 등 세 부분으로 구성되었다. 크라테르는 그리스의 암포라(Amphora) 도기와 더불어 그리스 도기화(陶器畵)의 생성과 발전에 중요한 유물로 간주되고 있다. 미술사학자 노성두의 그리스 도자기에 그려진 그림에 대한 평가를 인용해 본다.

> "그리스의 도자기는 지중해 권역의 고대 미술사와 생활사, 종교사, 전쟁사, 문화사를 두루 밝혀 주는 소중한 자료를 제공한다. 또한 워낙 남아 있는 수량이 많아서 다른 역사적 사건이나 유물들의 상대적인 연도 측정에 결정적인 도움을 제공한다. 삶과 죽음, 일상사와 신화의 방대한 이야깃거리가 고구마 줄기처럼 줄줄이 엮어져 나온다. 이처럼 다양한 소재의 그림을 도기에다 그린 민족은 다시 없을 것이다. 그리스 도기는 형태뿐만 아니라 그림의 소재가 끝도 한도 없어서 그들의 무궁무진한 상상력에는 한마디로 기가 질린다."[4]

64

무덤 앞의 기념 비석 앙골라(콩고 왕국)

어머니가 아이를 안고 있는 모자상만큼 평화로우면서도 강렬한
이미지는 없을 것이다. 그런데 사진의 모자상은 왠지 모르게 평
화와는 거리가 멀어 보인다. 돌에 새겨진 여인과 여인의 팔에 안긴 아
이 모두 눈을 굳게 감은 채 얼굴은 오른쪽으로 돌리고 있다. 마치 현
세를 외면이라도 하듯. 오른쪽으로 향한 두상과 달리 몸은 정면을 향
하고 있다. 옛날 아프리카의 콩고 왕국(1390~1706)에서 이와 같이 왜
곡된 자세는 불안정과 위험을 의미했다. 그뿐만 아니라 여인과 팔에
안긴 아이의 몸을 압축해 놓은 듯한 공간에 밀착되게 배치한 것은 모
자의 슬픈 감정을 상징하고 있다.[5] 이쯤 되면 이 묘비가 누구의 것인
지 짐작이 될 것이다.

사진의 석상은 바로 콩고 왕국에서 임신 혹은 출산 중에 죽은 어머
니의 영혼을 위로하기 위해 특별히 마련된 기념 비석이다. 콩고 왕국
사람들은 여성이 임신 또는 출산 중에 죽으면 귀신이나 악령에 씌어
생긴 불운한 희생자라고 여겼다. 그래서 이 비석을 세워 죽은 자의 영
혼을 달램으로써 차후에 이같은 운명에 처할 수도 있는 임산부를 보
호해 줄 것을 기원했다. 기념 비석은 비교적 무른 돌에 얕은 돋을 새
김 기법을 활용해 모자상을 새겼고 망자의 무덤 근처에 세웠다.[6] 한편
사진의 어머니는 여러 가지 징표로 보아 콩코 왕국의 귀족 계급인 것
같다. 값비싼 유리 구슬을 꿰어 만든 목걸이, 가슴에 가로로 길게 두
른 띠와 모자, 금속 발찌 등이 이를 암시하고 있다. 이와 비슷한 현존
하는 돌석상들은 1916년 이전에 앙골라의 북쪽 항구도시 암브리지트

(Ambrizete)와 그 일대에서 발견되었다.[7]

아프리카에서 한때 '가장 위대한 왕국'으로 불렸던 콩고 왕국은 안타깝게도 오랜 세월 동안 포르투갈의 지배 아래 있다가 콩고민주공화국, 앙골라, 콩고, 가봉 등으로 분리되었다. 비록 몇 개의 나라로 분할되고 사회적으로 많은 변화를 겪었지만 현재까지 이들 지역에 공통된 문화가 폭넓게 살아 숨 쉬고 있다.

콩고 왕국 사람들은 사후 세계에 관심이 많았다. 죽은 후에는 폭이 어마어마하게 넓은 물의 세상을 건너서 앞서 그 길을 건너간 조상들이 살고 있는 곳에 이른다고 믿었다. 즉, 이들은 사후 세계가 기독교의 하늘나라와 달리 깊은 물속 아래의 지하에 존재한다고 믿었던 것이다. 그래서인지 콩고 왕국의 왕궁은 물에서 가급적 멀리 떨어진 가장 높은 언덕 위인 음반자 콩고(Mbanza Kongo, 현재의 앙골라 지역으로 음반자는 왕의 처소라는 콩고어)에 마련했다.[8] 장례식 또한 매우 공을 들였다. 장례식을 비롯하여 여러 의식을 치를 때에는 콩고 왕국을 대표하는 예술품, 즉 돌이나 나무로 제작한 사람과 동물 형상의 조각상과 다양한 문양의 직물 등으로 치장했다. 경제적 또는 사회적 고위층 인물이나 왕족의 무덤 앞에는 돌, 직물, 조각상, 토기, 장례용 인형 등 다양한 상징물을 두어 고인의 생전 신분을 표시했다. 결국 무덤 앞의 돌, 직물, 조각상이나 토기 등은 죽은 자를 기리는 일종의 기념물인 셈이다. 다른 나라들에서 일반적으로 관이나 무덤 안에 망자가 사용했던 물건들을 넣어 주는 것과는 대조된다. 오늘날처럼 글이 새겨진 묘비 대신 콩고 왕국에서 다양한 상징물이 사용된 것은 콩고 왕국에 문자가 없었기 때문인 것으로 추정된다. 다양한 장례용 소재와 조각상 중에서도 가장 주목할 만한 물건은 바로 사진의 모자상이다.

참고로 콩고 왕국에서 왕의 어머니는 왕실과 정치, 외교 그리고 종교 차원에서 매우 중요한 역할을 담당했다. 이는 당시 모자(母子)를 묘사한 수많은 조각상이 제작된 것만 보아도 쉽게 짐작할 수 있다. 콩고 왕국 사람들은 대가족을 선호하였기에 많은 자식을 낳고 손자들을 번성시킨 어머니들은 지도자처럼 숭배를 받았다.[9] 콩고어로 어머니라는 말 자체가 지배자 혹은 부족의 우두머리를 의미할 정도였다.

동서고금을 막론하고, 여성이 약할 수 있지만, 어머니는 강하다.

65

해골 성당 _{체코}

사진을 보고 부디 놀라지 마시길. 건물 내부를 무시무시한 해골들이 장식하고 있다. 그것도 모형이 아니라 진짜 해골로. 해골 성당이란다. 공식 명칭은 '코스트니체 세드렉(Kostnice Sedlec) 성당'으로 해골 성당은 별칭인 셈이다. 섬뜩한 이 해골 성당은 유네스코 세계문화유산으로, 체코 프라하 인근의 작은 도시 쿠트나호라(Kutná Hora)의 세드렉(Sedlec)이라는 지역에 있다. 그런데 도대체 왜 엽기적인 해골 성당이 지어졌을까? 이곳의 수많은 해골은 진짜 사람의 것일까?

해골 성당이 만들어진 사연은 이렇다. 1784년 보헤미아 황제 요셉 2세의 명에 따라 쿠트나호라의 세드렉 수도원에 폐쇄되었고 이후 수도원은 슈바르젠베르그 남작에게 헐값에 넘겨졌다. 남작은 수도원을 허물고 대저택을 짓기 위해 공사를 하던 중 세드레츠키라는 수도사가 남긴 편지 한 통을 발견했다. 시각장애를 가지고 태어난 세드레츠키는 이 수도원에서 평생 수도사로 살다가 생을 마감했다. 그가 어느 날 거리를 걷다가 발부리에 걸리는 것이 있어 무엇인지 물었더니 인골이라는 대답이 돌아왔다. 수도사는 죽은 영혼들이 천국으로 가지 못한 채 길거리에서 나뒹굴고 있는 사실에 몹시 안타까워했다. 13세기에 이곳에서 은광이 발견되면서 수십만 명의 광부가 몰려들었는데, 불행하게도 14세기에 흑사병이 유행했다. 당시 수만 명이 한꺼번에 죽자 묘지에 다 매장되지 못한 수많은 시체가 길거리에 버려졌다. 길거리의 대부분의 유골은 흑사병으로 죽은 자들의 것이고, 일부는 1419년 후스 내전으로 인한 전사자들의 것이었다. 인정 많은 세드레츠키 수

해골 성당 내부   해골 성당 외관

도사는 죽은 이들의 영혼을 달래려는 마음으로 밤마다 해골들을 수습하여 여든이 넘을 때까지 수도원 지하에 유골 4만여 구를 보관했다. 수도사는 죽기 직전에 이 해골들을 자기 대신 잘 모셔 달라는 부탁 편지를 수도원 지하실에 남겼는데, 수도원을 매입한 남작이 바로 이 편지를 발견한 것이다. 수도사의 청을 기꺼이 받아들인 남작은 대저택을 포기하고 당대 최고의 조각가였던 프란티세크 린트(Frantisek Rint)로 하여금 오늘날의 성당의 모습으로 재건했다.[10]

린트는 어떤 모습으로 성당을 재건했을까. 성당의 외관은 유럽의 여느 성당과 다를 바 없지만, 내부는 온통 해골 일색이다. 거대한 샹들리에, 십자가, 촛대, 성수대 등 모든 집기와 장식품이 뼈로 만들어져 있다.[11] 그러니 해골 성당이라는 별명이 붙을 수밖에. 린트는 4만여 개의 뼈를 일일이 소독한 후 그 위에 회칠을 하여 성당을 장식하였고, 나머지 뼈들은 고이 매장했다. 지하에 보관되어 있던 해골들은 자의는 아닐지언정 살신성인하여 결국 이곳 해골 성당에서 영면하게 된 셈이다.

지하 예배당 중앙에는 뼈로 만든 해골 샹들리에가 빛나고 있다. 샹들리에 바로 밑에는 납골당으로 들어가는 입구가 있고, 납골당 주변

슈바르젠베르그 가(家)
사람들의 뼈로 만든
가문의 문장

에는 바로크 양식의 장식 촛대들이 있다. 이 역시 뼈로 만들어졌다. 지하 예배당 왼편에서는 유수한 슈바르젠베르그 가문 사람들의 뼈로 만든 가문의 문장을 볼 수 있다.

한편 진열장 안에는 후스 내전으로 희생된 전사자들의 해골이 전시되어 있다. 마지막으로 볼 만한 것은 지하 예배당 한구석에 인골을 쌓아 만든 커다란 피라미드이다. 오싹하고 섬뜩한 해골을 이렇게 예술품으로 재창조할 수 있다니! 역설적인 미학의 한 장르라고 할까. 그러니 해골 성당이라기보다는 오히려 '해골박물관'에 가깝다. 세드레츠키 수도사도 하늘에서 성당을 내려다보며 흡족해 하고 있을지도 모른다.

굳이 설명할 필요도 없이 성당의 모든 방문객은 성당을 나서면서 누구도 피할 수 없는 죽음과, 삶의 허무함을 다시 한 번 절감하며 '카르페 디엠(Carpe Diem, 오늘을 즐기라)'이라는 경구를 뼛속 깊이 되새길 것이다. 해골 성당은 메멘토 모리(Memento Mori, 죽음을 기억하라)를 주창하는 바니타스(Vanitas) 예술의 진수를 보여 준다.

66

성당 안의 왕실 묘 _{덴마크}

우 리나라 사람들은 전통적으로 묘지를 꺼림칙하게 여긴다. 그래 서 묘지는 가능한 한 도심에서 멀리 떨어진 외곽이나 산속에 있다. 이와 달리 유럽은 묘지가 도심 한가운데에 있다. 도심 대부분 의 성당에는 부속 묘지가 딸려 있고, 중세시대부터 왕족의 유해는 성 당 안에 모셔졌다. 예컨대, 프랑스 루이 16세와 마리 앙투아네트의 유해는 파리 북쪽의 생드니 성당 내에 안치되어 있다. 영국의 왕실 묘 는 웨스트민스터 사원 내부에, 오스트리아의 합스부르크 왕실의 유골 은 빈의 몇몇 성당에 나뉘어 모셔져 있다. 스페인의 세비야 대성당 안 에는 알폰소 10세와 콜럼버스의 묘가 있다.

북유럽도 예외가 아니다. 덴마크의 경우 셸란섬 동쪽에 자리 잡은 로스킬레 대성당(Roskilde Cathedral) 안에 왕실 묘가 있다. 로스킬레 대성당은 로스킬드 피오르드를 굽어보는 작은 언덕에 있어 사후에도 아름다운 바다 경관을 즐길 수 있는 명당 중의 명당이다. 이 성당은 1170년에 건축된 이후 오늘날까지 덴마크 왕족의 왕실 묘로 사용되고 있다. 2000년에도 왕족의 시신이 이곳에 안치되었다. 이 성당은 로마 네스크 양식을 비롯한 여러 가지 양식이 융합되어 유럽의 건축 역사 를 한눈에 볼 수 있는 건축물로 유명하다. 이와 같은 성당의 건축사적 의의 외에도 성당 내부는 지난 500년간 덴마크의 묘를 장식한 장식 예술이 어떻게 발전되어 왔는지 한눈에 파악할 수 있는 유의미한 공 간이다. 종교개혁 이후 한 명을 제외하고 모든 덴마크 왕과 여왕이 이 곳에 안치되어 있기 때문이다. 이와 같이 시간 속에서 켜켜이 쌓인 성당 건물 안팎의 우수한 문화가 인정되어, 이 성당은 유네스코 세계문화유산으로 등재되었다.

사진은 이 성당에서 가장 아름답게 장식된 묘 중 하나인 마르그레테(Margrete) 1세 여왕(1353~1412)의 석관묘이다. 석관의 뚜껑에는 실제 여왕이 누워 있는 것처럼 우아한 여왕의 와상 전신이 입체적으로 조각되어 있다. 석관의 뚜껑 아래로는 세심하게 조각한 16명의 기독교 성인이 여왕을 보좌하고 있다. 화려하기 그지없는 이 석관 안에 여왕의 유해가 들어 있다.

유럽에서 왕을 교회 안에 매장하는 관습은 신권이 강화되고 교회가 지배적인 가치가 된 중세부터 가톨릭 교회의 전통에 의해 시작되었다. 중세시대에 왕은 사후에도 몸에 성유를 바르는 순간부터 신의 은총에 의해 신성시되었다. 왕은 죽어도 왕권은 영원한 것이다. 왕족을 교회에 매장한 것은 왕을 국가의 공공재(public entity)로 인식하였기 때문이다. 왕의 죽음은 신의 심판 혹은 신의 섭리로 간주되었다. 왕족을 교회에 매장하는 것은 두 가지 의미를 내포했다. 하나는 신이 왕권까지 지배한다는 것이고, 또 하나는 고인이 된 왕을 절대자인 신의 보호하에 둠으로써 왕권 계승자들이 왕권을 유지하고 더 나아가 이를 더욱 강화시켜 나갈 수 있는 힘을 상징적으로 과시한 것이다. 이와 같은 왕실 묘의 전통은 중세 유럽의 왕권과 교회의 공생관계를 보여 주는 역사적 증표 중 하나이다. 오래전 중세의 교권은 이미 추락했지만 이러한 전통만큼은 오늘날까지 살아남아 있다. 그동안 유실되었다가 발견된 프랑스의 루이 17세(루이 16세와 마리 앙투아네트의 둘째 아들)의 심장을 파리의 생드니 성당 안에 안치한 것이 그 예이다. 중세의 전통에 따라 왕족의 시신과 시신에서 떼어낸 심장은 따로 보관하고 있다. 즉, 왕의 시신은 관 속에 넣어 매장하고, 시신과 분리한 심장은 단지에 넣어 보관한다.[12]

경기도 광주에 '유골의 벽'을 설계한 건축가 승효상은 묘역에 대해 의미심장한 말을 던진다.

로스킬레 대성당

"조선시대까지만 해도 묘역이 우리 가까이 있었다. 뒷산에
조상묘가 있었다. 묘역을 죽은 사람을 위한 곳이라고 생각하
면 오해이다. 죽은 자의 육체와 혼은 소멸하고 영은 천국이
라든가 하는 다른 곳으로 간다. 묘역에는 사실 아무것도 없
다. 죽은 자가 묻혔다는 기억만 있는 것이다. 결국 묘역은
산 자를 위한 공간이다. 기억장치이다. 죽음을 매개로 우리
삶을 성찰하는 곳이다."[13]

그의 성찰은 19세기 영국의 출판업자 윌리엄 테그(William Tegg)가
남긴 다음과 같은 통찰과도 일맥상통한다.

"죽은 자의 유해를 다루는 의식만큼 독특한 인간의 문화도
없다."

67

해골 사탕 멕시코

사진에서 한가운데에 있는 해골은 무엇에 쓰이는 물건일까. 해골 주변을 보면 초, 촛대, 노란색 꽃, 해바라기꽃 장식, 빵, 인형, 바나나, 사과, 사탕수수 등이 있고 해골의 아랫단에는 단지 등이 놓여 있다. 해골로 미루어 보아 분명 죽음과 관련이 있는 것 같은데, 혹시 제사상인가?

맞다. 멕시코, 페루, 칠레, 에콰도르, 과테말라를 비롯한 많은 남미 국가들에서는 죽은 자를 위해 일 년에 단 한 차례 제사를 지낸다. 멕시코인들의 고대 조상인 아즈텍인들은 일 년에 한 번씩 망자들이 산사람을 만나기 위해 이승에 찾아온다고 믿었다. 본래 멕시코에서 여름에 거행되었던 이 기념일이 가톨릭 국가인 스페인의 지배 이후 가톨릭의 축일인 만성절(萬聖節, 모든 성인 대축일) 날인 11월 1일에 지켜지고 있다. 유럽에서 건너온 가톨릭의 만성절과 조상의 넋을 기리는 멕시코 토착민의 전통 종교가 절묘하게 융합하여 16세기 이래 멕시코 고유의 문화로 자리 잡은 것이다.[14]

멕시코인들은 11월 1일을 '작은 천사의 날'로 삼아 죽은 어린이들의 영혼을 달래고 다음날인 11월 2일에는 조상과 전사자들을 추억하며 제사를 지낸다. 이날은 스페인어로 '디아 데 로스 무에르토스(Dia de los muertos, 망자의 날)'라 불리며, 멕시코에서 부활절, 성탄절과 함께 3대 축일로 꼽힌다. 한 해의 옥수수 농사를 마무리한 시점에 가족과 친척들이 조상의 묘소를 찾아 무덤가를 꽃, 양초 등으로 장식하고 유대를 강화하는 '망자의 날'은 우리나라의 성묘와 비슷한 점이 많다.

이 기간 동안 멕시코의 모든 가정에서는 정성스레 제사상을 차린다. 그들은 집에 제단을 설치하고 그 위에 노란 국화와 금잔화, 양초, 향, 해골 사탕, 술, 해골 두상, 죽음을 연상시키는 작은 조각상, 둥글넓적한 망자의 빵, 생시에 고인이 좋아했던 음식 등을 올린다.[15] 이와 같은 제단은 죽은 영혼들이 현생으로 돌아오는 것을 도와주고, 제사상을 준비한 정성에 따라 망자가 가족들에게 복 혹은 화를 준다고 믿기 때문이다.[16]

멕시코에서 제사상을 장식하는 금잔화의 일종인 꽃의 노란색은 죽음의 색으로 인식된다. 노란색을 자연의 활력이 쇠락하기 시작하는 가을의 상징으로 보기 때문이다. 이 꽃은 죽음을 새로운 삶의 일부로 간주했던 아즈텍인들의 전통과 관련 있다. 11월 2일 묘지에서 기도를 하고 음악과 음식을 즐기면서 축제가 절정에 이른다.[17] 이때 해골 의상, 해골 가면 등의 해골 장신구, 해골 그림, 설탕으로 만든 해골 사탕 등 글자 그대로 해골로 도배를 하며 축제를 즐긴다. 그러니 망자의 날의 핵심 아이콘은 바로 해골이다. 이와 같은 해골의 이미지가 언제부터 사용되었는지 정확한 연원은 알 수 없지만, 고대의 아즈텍과 마야의 사회에서도 사용되었다는 기록이 있다. 고대 문명 이래 죽음과 죽음의 신들은 오늘날까지 해골로 형상화되어 온 것이다.

공동묘지에서는 제사상 장식대회도 열린다. 그래서 멕시코에서는 제사상을 누구보다도 개성 있고 멋지게 차리려는 사람들을 위해 '제사상 차리기' 관련 서적과 잡지까지 발행될 정도이다. 이 정도면 멕시코의 제삿날은 산 자들과 망자들이 한데 어우러져 연극, 무용, 음악, 미술, 음식 등을 즐기는 종합예술 축제라 해도 과언이 아니다.

이 밖에도 '망자의 날'에는 죽은 사람을 기억하기 위해 작은 해골 두상이나 해골 사탕을 주고받는 풍습이 있다. 이 해골을 스페인어로 '카트리나'라 부른다. 흔히 슬픔이나 공포의 대상으로 여기는 죽음을 자연의 섭리로 수용할 뿐만 아니라, 독특한 축제로까지 진화시킨 멕시코인들의 발상과 지혜가 돋보인다. 덕분에 멕시코의 '망자의 날'은

망자의 날 제사상   화려하게 꾸며놓은 묘지

2008년 유네스코 인류무형문화유산으로 지정되는 영예를 누리게 되었다.

한편 '망자의 날'은 해골을 모티브로 삼고 기독교의 성인을 기리기 위한 전통에서 유래했다는 점에서 미국의 핼러윈데이와 비슷해 보인다. 그러나 이 두 축제는 엄연히 그 의미가 서로 다른 축일이다. 그런데 '망자의 날' 무렵 중남미의 거지들도 핼러윈데이(10월 31일)처럼 주황색 플라스틱 호박을 들고 구걸하러 다니는 것을 종종 볼 수 있다고 한다. 망자의 날과 핼러윈데이, 두 문화가 기가 막히게 오버랩되는 진풍경이 아닐 수 없다.

17장

행운을 부르는 물건

인류 역사가 시작된 이래 사람들은 언제나 모든 일이 잘 되기를, 운이 좋기를 바랐다. … 행운을 만나기 위한 사람들의 노력은 다양했다. 신을 찬양하고 신에게 행운과 복을 기원하는가 하면, 행운을 만난 사람의 체취가 어린 물건들을 차지하려고 다툼을 벌였다. … 바위에 절을 하거나, 아들 낳은 사람의 속옷을 훔쳐다 입거나, 함부로 말하지 않거나, 사다리 밑을 지나가려 하지 않았다.[1]

– 박영수

68

성 안토니오의 성물함 이탈리아

사진에서 황금과 보석을 소재로 정교하게 세공한 물건의 화려함
이 우선 보는 이의 눈길을 사로잡는다. 이처럼 화려하고 우아
한 물건은 도대체 어디에 사용하는 것일까. 자세히 보면 물건 중앙의
긴 원형 안에 사람의 치아와 함께 아래턱이 보인다. 그 오른쪽 옆으로
사람의 귀와 그 위로는 정갈하게 빗질한 불룩한 머리칼도 보인다. 분
명 사람의 형상인데, 눈과 코는 없고 오로지 아래턱만 도드라져 보인
다. 그러고 보니 두상은 아래턱을 잘 보이게 하려고 입을 크게 벌리고
있는 것 같기도 하고… 아래턱 밑에 새겨진 두 사람의 형상은 손에 각
각 십자가와 비둘기를 들고 있다. 물건의 맨 하단에는 천사의 부조가
반복적으로 새겨져 있다. 맨 아래에는 사자들이 등에 물건을 받치고
있다. 게다가 이 두상에는 아름다운 보석들로 장식된 왕관도 씌워져
있다. 물건이 예사롭지 않다. 십자가, 비둘기, 천사 등의 단서로 보아
이 물건은 필시 기독교와 관련이 있을 것 같다.

이 물건은 바로 이탈리아 파도바의 성 안토니오 성당에 모셔져 있
는 성 안토니오의 아래턱이 들어 있는 성물함이다. 중세시대에 유럽
에서는 왕족이나 성인들의 심장을 따로 함에 넣어 성당에 안치하는
것이 일반적인 관습이었다. 그런데 왜 성 안토니오는 신체 부위 중에
서도 하필 아래턱을 모셔 놓은 것일까. 다 그럴만한 사연이 있다.

1195년 포르투갈 리스본의 귀족 가문에서 태어나 페르난도라는 이
름으로 세례를 받은 성 안토니오(1195~1231)는 신앙심 깊은 부모의
영향을 받으며 자랐다. 그는 15세 때 아우구스티노 수도회에 입회하

성 안토니오의 초상화

였고, 1219년 코임브라(Coimbra)에 있는 프란치스코 수도회에서 사제로 서품을 받았다. 1222년 코임브라 관구장인 그란치아노(Granziano) 신부와 함께 사제 서품식에 참석하였다가 예기치 않게 즉석에서 강론을 맡게 되었다. 이 미사는 설교가로서의 그의 탁월한 재능이 처음 세상 밖으로 발현되는 순간이었다. 안토니오의 호소력 있는 목소리와 신앙인으로서의 겸손한 태도, 강론의 주제 및 전체적인 내용 그리고 이를 전달했던 유창한 웅변술은 청중의 마음을 단숨에 사로잡았다. 신자들은 성경에 대한 그의 해박한 지식뿐만 아니라 설법에 완전히 매료당했다고 한다.

설교 능력을 높이 평가받은 이후 그는 설교자로서의 임무를 띠고 북부 이탈리아 지방과 남부 프랑스 지방을 순회하며 활발한 활동을 시작해 경이로운 성공을 거두었다. 그의 뛰어난 설교와 화술은 불같았고 설득력이 있었으며 군중을 매료시켰다. 그가 가는 곳마다 군중이 구름처럼 모여들었다고 한다.

가톨릭의 역사를 통틀어 전무후무한 설교 능력과 그가 일으킨 수많은 기적 덕분에 그는 가톨릭에서 전설적인 인물 중 한 사람으로 기록되고 있다. 그리하여 당시 사람들은 그를 '이단자들을 부수는 망치', '살아 있는 계약의 궤', '기적을 행하는 사도'라 부르며 칭송했다.

1231년 그는 수종과 열병 등의 합병증으로 선종하였는데, 안타깝게도 그의 나이는 불과 36세였다. 그의 유해는 파도바의 한 성당에 모셔졌고, 그 성당은 그의 이름을 따서 성 안토니오 성당이라고 불리었다. 안토니오는 이례적으로 선종한 지 1년 만인 1232년 교황 그레고리오 9세에 의해 성인으로 시성되었다.[2] 오늘날까지 그의 고국인 포르투갈과 과거 포르투갈의 식민지였던 수많은 나라들에서는 안토니오를 수호성인으로 공경하고 있다.

한편 안토니오의 선종에 대해 여러 가지 흥미로운 전설이 전해지고 있다. 그가 선종하자 길거리의 어린이들이 모두 갑자기 울음을 터뜨리고, 모든 성당의 종이 일제히 저절로 울렸다. 또 그가 선종한 지 30년이 지난 후 관을 열어 보니, 시신은 부패되었으나 불가사의하게도 오직 혀와 아래턱만은 마치 산 사람의 그것처럼 남아 있었다고 한다. 1359년경부터 그의 시신은 성 안토니오 성당 내부의 경당에 안장되었고, 신체 부위 중 아래턱은 신성시되어 사진(p. 316)에서 보는 바와 같이 성물함에 넣어 따로 보관하고 있다. 이 성물함의 일부를 이루는 귀, 머리칼은 조형물이지만 혀와 아래턱만큼은 진짜 성 안토니오의 신체 부위이다. 머리 뒤의 화려한 조각으로 장식된 둥근 물건은 모자가 아니라 성화에서 흔히 예수나 성인들의 머리 뒤에 나타나는 후광임에 틀림없다. 성물 하단에 천사들이 양 옆에서 에워싸듯이 보호하고 있는 이는 물론 성 안토니오일 것이고, 전설 같은 그의 발성기관 덕분에 오늘날에도 이 성당은 전 세계로부터 기독교 순례자는 물론, 달변을 염원하는 일반 관광객까지 불러모으고 있다. 그의 웅변은 여전히 계속되고 있다. 그토록 오랜 세월이 흘렀건만 사람들이 끊임없이 그의 턱 밑으로 모여들고 있으니까.

69

달변가로 만들어 주는 돌 아일랜드

사진의 남자는 누워서 무엇을 하고 있는 것일까? 남자는 누워서 고개를 한껏 젖힌 채 머리 위쪽에 있는 벽에 키스를 하려고 애를 쓰고 있다. 누워서 키스를 하려니 녹녹지 않다. 세상에서 가장 요상하고도 별난 키스 장면이 아닐 수 없다.

어느 책에선가 죽기 전에 꼭 해야 할 100가지 버킷 리스트 중에 아일랜드 블라니 성(Blarney Castle)에 있는 블라니 스톤(Blarney Stone)에 키스하는 일이 포함되어 있었다. 왜 그래야 하는지는 차차 알아보기로 하고, 먼저 블라니 성을 찾아가 보자. 블라니 성은 아일랜드 먼스터주 코크(Cork) 중심지에서 서북쪽에 위치한 곳으로, 코크에서 차로 약 15분 거리이다. 1446년 무렵 아일랜드의 권위 있는 가문 중 하나였던 먼스터(Munster)가의 매카시 왕(Dermot McCathy King)이 세운 이 성이 오늘날까지 유명세를 타고 있는 가장 큰 이유는 바로 성의 꼭대기에 있는 블라니 스톤 덕분이다.

넓은 정원 너머로 얼핏 보아도 꽤 유서 깊은 듯한 블라니 성이 우뚝 서 있다. 백 개가 넘는 가파른 계단을 힘겹게 올라가면 전 세계에서 찾아온 관광객들의 키스 세례로 닳고 닳아 반들반들해진 돌벽을 만날 수 있다. 그리고 이 벽에 입을 맞추기 위해 길게 줄을 선 관광객들을 볼 수 있다. 한때 세상에서 최악의 여행지 중 하나로 꼽혔다는 이 성의 돌벽에 왜 그토록 입을 맞추지 못해 안달일까? 바로 그 돌에 키스를 하면 달변가가 될 수 있다는 오래된 전설 때문이다.

블라니 스톤에 키스를 하면 달변가가 된다는 전설의 유래에는 재미

있는 설이 여럿 있다. 그중 가장 많이 회자되는 설은 세 가지이다. 하나는 본래 법조인이었던 매카시 왕이 당시 자신이 맡았던 소송에서 승소하게 해 달라고 간절하게 기도드렸는데, 법정으로 가는 날 아침에 이 돌에 키스를 하고 가라는 계시를 받았다고 한다. 매카시 왕은 반신반의하면서도 밑져 봤자 본전이라는 생각으로 이 돌에 키스를 했는데, 우연인지 필연인지 설득력 있는 변론 덕에 재판에서 이겼다.

또 다른 설은 스코틀랜드의 로버트 왕(Robert the Bruce)이 배넉번(Bannockburn)에서 전투를 할 때 4천 명이나 되는 군사를 지원해 준 매카시 왕에게 보답으로 자신이 즉위식 때 앉았던 돌을 선물로 보내 블라니 성을 지을 때 사용했다는 것이다. 그러나 2014년 지질학계의 연구 결과 블라니 스톤은 스코틀랜드 지역의 돌이 아니라 아일랜드의 남쪽 지방에서 온 330년 된 석회암이라는 것이 판명되었다.[3]

마지막 설은 이 돌의 이름을 엘리자베스 1세 여왕이 명명했다는 것이다. 1558년부터 1603년까지 영국과 아일랜드를 통치했던 엘리자베스 1세는 매카시가의 수장이었던 레스터 매카시(Leicester McCarthy) 백작에게 블라니 성을 공격하라고 명을 내렸다. 그런데 성은 공격하지 않고 능장을 부리며 매번 번드르르한 변명으로 일관했던 매카시에게 화가 난 여왕이 매카시의 말은 '번지르르한 말(blarney)'뿐이라고 일갈했다. 이때부터 이 성을 Blarney Castle이라 부르게 되었다는 것이다. 참고로, 현대 영어에서 보통명사 blarney의 사전적 의미는 부정적인 달변의 의미인 '감언이설' 또는 '허튼소리'이다.

그런데 혼자 힘으로는 블라니 스톤에 결코 키스를 할 수 없다. 사실 이 돌에 키스를 하는 것은 쉽지 않다. 블라니 스톤의 바로 아래에 천길 낭떠러지 같은 넓은 홈이 파여 있기 때문이다. 따라서 키스를 하려면 어쩔 수 없이 바닥에 누워야 한다. 누운 다음 안전을 위해 벽 앞에 설치된 두 개의 봉을 양손으로 잡으면 상체는 허공에 떠 있는 상태가 된다. 그리고는 고개를 한껏 뒤로 젖혀야만 비로소 돌에 입이 닿는다. 혼자서는 하기 힘든 자세인지라 이 돌 앞에는 도우미 직원이 상시

블라니 스톤

블라니 성

대기하고 있다. 게다가 돌에 키스하려면 돈도 지불해야 한다. 이른바 '입맞춤 값'이다. 달변가가 되려면 이 정도의 통과의례 정도는 불사해야 하는 것일까.

말을 더듬었던 윈스턴 처칠(Winston Churchill)은 1912년 이 돌에 입맞춤을 한 후 해군성 장관이 되었고, 1940년에는 영국의 수상 자리까지 올랐다. 블라니 스톤 덕분인지, 처칠은 노벨문학상을 수상할 정도로 문필에 능했을 뿐만 아니라 달변가로서도 이름을 떨쳤다.[4] 이후 윈스턴 처칠의 명성만큼이나 블라니 성도 유명세를 타게 되었다.

그런데 달변가의 진정한 의미는 무엇일까. 필자의 영국인 친구 나타샤는 블라니 스톤에 얽힌 이야기를 전하면서 달변에 대해 다음과 같이 나름대로의 정의를 내놓았다.

"말을 잘한다는 것은 남에게 호감을 줄 수 있는 다정하고 친절한 말씨이지요."

70

크리스마스 복권(엘 고르도) 스페인

세상에서 당첨금이 가장 큰 복권은 어떤 복권일까? 미국의 유명한 메가밀리언도, 유럽의 9개국이 공동으로 만든 유러밀리언 복권도 아니다. 일명 크리스마스 복권이라 불리는 스페인의 '엘 고르도(El Gordo)' 복권이 가장 큰 당첨금을 자랑하고 있다. 복권의 이름인 'el gordo'는 스페인어로 '뚱뚱보'라는 의미인데, 아마도 어마어마한 당첨금 때문에 붙은 이름인 듯하다. 엘 고르도는 스페인의 크리스마스 복권의 총칭일 뿐만 아니라, 이 복권의 1등 상을 의미하기도 한다. 엘 고르도 복권은 1812년 출시된 이래 오늘날까지 당첨금이 가장 큰 복권이자 스페인 국민들에게 가장 인기 있는 복권이다. 그래서인지 다른 복권들은 시각장애자 영리단체인 ONCE(Organización Nacional de Ciegos Españoles)가 판매하는 것과 달리 엘 고르도 판매는 정부에서 직접 관리한다. 엘 고르도는 크리스마스 6개월 전인 7월 1일부터 판매를 시작하여 크리스마스 무렵인 12월 22일에 추첨을 한다. 따라서 스페인에서 이 복권 추첨은 크리스마스의 가장 중요한 전통 행사 중 하나이다. 2016년 기준으로 복권의 총 당첨금은 자그마치 2,320,500,000유로! 원화로 3조 원에 해당하는 천문학적인 금액이다. 당첨금이 큰만큼 복권의 가격도 비싸다. 다섯 자리 번호 1세트 10장의 가격이 무려 200유로(약 25만 원), 다섯 자리 번호 1장의 가격은 20유로(약 2만 5천 원)이다.

엘 고르도 복권은 추첨 방식, 등수 내역, 해마다 달라지는 유동적인 당첨금, 동일한 번호의 복권 시리즈 발행, 발행 규모나 종류 등 여러 면에서 다른 복권들과 많이 다르다. 그중에서도 이 복권만의 핵심적인 특징은 1등 당첨금액이 매우 크다는 점도 있지만, 그보다는 당첨금이 여러 사람에게 분배된다는 것이다. 2013년에는 1등에 1600명이 당첨되어, 각각 6억 원의 당첨금을 수령했다. 그래서 그 해의 1등의 당첨금 총액은 9,600억 원이었다. 복권의 숫자는 다섯 자리로 이루어져 있으며, 매년 동일한 번호의 복권이 1,800~2,000장씩 인쇄된다. 따라서 1등이 최대 2,000명이 될 수도 있다. 이와 같이 상금은 당첨자의 수에 따라 매년 조금씩 달라지는데, 2등과 3등 당첨자의 수는 훨씬 더 많다. 복권 가격이 비싸다보니 대부분의 스페인 사람들은 20유로에 해당하는 데시모(décimos, 1/10의 의미) 1장을 구입하는 편이다. 한편 엘 고르도의 최저 당첨금은 무려 8,500명에게 지급되는데, 당첨금은 당첨자 각각에게 200유로(25만원)씩 돌아간다. 복권 판매액의 70%가 당첨금으로 배정되기 때문에 당첨될 확률은 15% 정도로, 다른 복권들에 비해 당첨 확률도 높은 편이다. 그래서 매년 스페인 전국민의 75%, 즉 국민 네 명 중 세 명이 엘 고르도를 구입한다.[5]

　대망의 날인 12월 22일 오전에 스페인 TV와 라디오 등의 방송 매체들은 3시간이나 소요되는 추첨 과정을 생중계한다. 추첨 방식 또한 다소 현란해 보이는 도구의 활용과 감성적인 아날로그 방식이 어우러진 흥미진진한 볼거리이다. 숫자가 적힌 작은 공들을 담은 투명한 황금빛 금속 원형 통이 긴장감 있게 뱅글뱅글 돌아가다 공을 무작위로 토해 내면, 두 어린이가 공을 들어 번호를 알려 주는 방식이다. 교복을 입은 초등학생들이 낭랑한 목소리로 경쾌한 곡조를 붙여 가며 당첨 번호와 당첨금을 낭송하는 것 또한 이 행사의 독특한 볼거리 중 하나이다. 또한 전국의 1등 당첨자들이 TV 카메라 앞에서 얼굴을 공개하고 이웃들은 여기저기서 샴페인을 터뜨린다. 대부분의 나라에서 고액 복권 당첨자들이 당첨 사실을 숨기려 드는 것과는 대조되는 풍경이다. 혼자서 막대한 금액을 거머쥐는 대신 가까운 지인들과 함께 일확천금의 행운을 나누기 때문이 아닐까.[6] 한편 복권 추첨 행사장에 입

복권 당첨 번호를 낭송하는 학생

엘 고르도 복권 로고

장하기 위해 관람객들은 반드시 복권을 연상시키는 의상을 입거나 연관된 액세서리를 걸쳐야 한다. 이쯤 되면 이날은 복권 추첨을 빙자하여 벌이는 전 국민의 축제의 장이라 할 수 있다.

　한편으로는 일확천금을 꿈꾸어야 하는 자본주의 현실이 서글프기도 하다. 조지 오웰의 소설 『1984』 중 복권에 대한 실상을 묘사한 한 대목이 가슴을 저민다.

> "매주 엄청난 당첨금이 걸려 있는 복권은 수백만 프롤들에게 그들이 살아가는 유일한 이유라고까지는 할 수 없겠지만, 감히 삶의 가장 중요한 부분이라고 할 수 있는 행사였다. 복권은 그들의 즐거움인 동시에 우매한 짓이었고, 진통제인 동시에 지적 자극제였다. 글을 거의 읽거나 쓰지 못하는 사람들도 복권에 관해서라면, 복잡한 수식의 계산을 척척 해내거나 상상을 초월하는 기억력을 발휘하곤 했다."[7]

〈단행본 및 논문〉

강준만(2012). 『세계문화의 겉과 속』. 인물과사상사.

공상철 외(2001). 『중국 중국인 그리고 중국문화』. 다락원.

김명철(2016). 『여행의 심리학』. 어크로스.

김문환(2016). 『유물로 읽는 이집트 문명』. 지성사.

김영숙(2009). 『미술관에 가고 싶어지는 미술책』. 휴머니스트.

김옥랑(2013). 『꼭두는 왜 고래 입속으로 들어갔을까?』. 들녘.

내셔널지오그래픽(2013). 『1001가지 발명: 이슬람 문명이 남긴 불후의 유산』. 이창우 역. 지식갤러리.

내셔널지오그래픽(2012). 『일생에 한 번은 가고 싶은 성지 여행』. 이선희·이혜경·김귀숙 역. 터치아트.

노성두(2004). 『그리스 미술 이야기』. 살림출판사.

닐 맥그리거(2014). 『100대 유물로 보는 세계사』. 강미경 역. 다산초당.

류경희(2004). 「인도문화의 가부장적 여성 관념과 오염 타부 의례 및 사회관습」. 『종교학연구』, vol. 23.

메트로폴리탄 박물관(2014). 『메트로폴리탄 박물관 가이드북』. 사회평론아카데미.

바바라 밀러(2013). 『글로벌시대의 문화인류학』. 홍석준·박준규·박충환·이창호 역. 시그마프레스.

박상주(2014). 『나에게는 아프리카가 있다: 한국을 떠나 아프리카로 간 9인의 성공 스토리』. 부키.

박신식(2013). 『둥글둥글 지구촌 수도 이야기』. 풀빛.

박영수(2004). 『행운의 풍속』. 새로운사람들.

박영수(2006). 『암호 이야기: 역사 속에 숨겨진 코드』. 북로드.

박정석(2005). 「말레이시아의 타이푸삼 축제: 무루간 숭배와 인도-타밀인」. 『민속학연구』, 제16호.

박정석(2005). 'Contributions to Indian'. *Sociology 23*(2).

발터 니그(2011). 『빈센트 반 고흐: 태양을 보다』. 윤선아 역. 분도출판사.

사마천(2010). 『사기 본기(1)』. 김영수 역. 알마.

사마천(2015). 『사기 세가』. 김원중 역. 민음사.

산업연구원(2015). 「아세안 할랄시장 선점을 위한 연구」. 산업연구원.

서규석(2000).『이집트 사자(死者)의 서』. 문학동네.

세계민속악기박물관(2009).『악기박물관으로의 여행』. 현암사.

송충기(2013).『나치는 왜 유대인을 학살했을까?』민음인.

수잔 프레스턴 블라이어(2004).『아프리카의 왕실 미술』. 김호정 역. 예경.

스티브 길버트(2004).『문신, 금지된 패션의 역사』. 이순호 역. 르네상스.

스티븐 네이페·그레고리 화이트 스미스(2016).『화가 반 고흐 이전의 판 호흐』. 최준영 역. 민음사.

안느 포레-카르리에(2014).『프랑스 장식예술박물관 특별전: 파리, 일상의 유혹』. 크리에이션랩 알리스.

알랭 드 보통(2005).『불안』. 정영목 역. 이레.

알랭 드 보통(2005).『젊은 베르테르의 기쁨』. 정명진 역. 생각의나무.

알랭 드 보통(2011).『무신론자를 위한 종교』. 박중서 역. 청미래.

알랭 드 보통·존 암스트롱(2014).『(알랭 드 보통의) 영혼의 미술관: 예술은 어떻게 우리를 치유하는가』. 김한영 역. 문학동네.

앤디 워너(2017).『물건의 탄생: 일상 속 물건들의 사소한 역사』. 김부민 역. 푸른지식.

야히야 에머릭(2012).『(상식으로 꼭 알아야 할) 이슬람』. 한상연 역. 삼양미디어.

요시무라 사쿠지(2002).『(고고학자와 함께하는) 이집트 역사기행』. 김이경 역. 서해문집.

유화열(2014).『태양보다 강렬한 색의 나라 멕시코』. 미술문화.

이경덕(2015).『인문학은 어떻게 만들어지는가』. 시루.

이규갑·민재홍·오제중·윤창준·장재웅(2006).『중국 문화 산책』. 학고방.

이안나(2014).『몽골의 생활과 전통』. 민속원.

이영목·오은하·노서경·이규현·심재중·강초롱·김태희·심지영(2014).『검은, 그러나 어둡지 않은 아프리카: 프랑스어권 흑아프리카 이해』. 사회평론.

이준명(2013).『멕시코 인종과 문화의 용광로』. 푸른역사.

이지숙·송현주·변주나(2015).「기독교적 통합미술치료가 성인의 영적 안녕 및 심리적 불안에 미치는 효과」.『예술인문사회융합멀티미디어논문지』, vol. 5, No. 1, 75~90.

이지은(2006).『귀족의 은밀한 사생활』. 지안출판사.

이희수(2011).『(이희수 교수의) 이슬람』. 청아출판사.

이희숙(2014). 『이슬람 캘리그라피: 모슬렘 아이덴티티와 아름다움』. 이담
　　Books.

자현(2015). 『(작정하고 재미있게 쓴) 에피소드 인도』. 불광출판사.

전경욱(2017). 『세계의 가면 문화: 주술·상징·예술』. 민속원.

정수복(2011). 『프로방스에서의 완전한 휴식』. 문학동네.

정일영(2006). 『프랑스 문화의 이해』. 신아사.

제프 스트레이(2010). 『마야력과 고대의 역법』. 김명남 역. 시스테마.

조지 오웰(1984). 『1984』. 전하림 역. 보물창고.

최상운(2012). 『고흐 그림여행: 고흐와 함께하는 네덜란드·프랑스 산책』.
　　샘터.

캐롤 스트릭랜드(2010). 『클릭, 서양미술사: 동굴벽화에서 개념미술까지』.
　　김호경 역. 예경.

크리스티안 라바퀘리-클랭·로렌스 페-루스테르홀츠(2009). 『사라져 가는
　　세계 부족문화-아메리카』. 박상은 역. 한림출판사.

토머스 J. 크로웰(2014). 『역사를 수놓은 발명 250가지』. 박우정 역. 현암사.

프랑수아즈 에리티에(2017). 『남녀차별은 왜 생겨났나?』. 박찬규 역. 구름
　　서재.

피터 콜릿(2006). 『습관의 역사』. 이윤식 역. 추수밭.

하루야마 유키오(2004). 『화장의 역사』. 임희선 역. 사람과책.

한국천주교주교회의(1999). 『한국 천주교 예비 신자 교리서』. 한국천주교주
　　교회의.

한상복·이문웅·김광억(2015). 『문화인류학』. 서울대학교출판문화원.

허발·김현호·손준호·손봉기·김승란·이민재·박기윤·김정훈(2012). 『(알
　　짜배기 세계여행) 유럽(2012~2013)』. 성하.

허정선(2007). 「20세기 현대 미술과 패션의 상호작용에 관한 연구」. 『한국패
　　션디자인학회지』, 제7권 2호.

호르헤 루이스 보르헤스(2016). 『(보르헤스의) 상상동물 이야기』. 남진희
　　역. 민음사.

홍성민(2004). 『피에르 부르디외와 한국사회: 이론과 현실의 비교정치학』.
　　살림출판사.

황밍허(2008). 『법정의 역사: 진실과 거짓 사이의 끝없는 공방』. 이철환 역.
　　시그마북스.

A. J. 제이콥스 (2007). 『한 권으로 읽는 브리태니커』. 표정훈·김명남 역. 김영사.

Max Wade-Matthews(2004). 『세계의 악기 백과 사전』. 이용일·나재용·양은주 역. 교학사.

阿辻哲次(1999). 『한자의 역사』. 김언종·박재양 역. 학민사.

Alexandra Loumpet-Galitzine(2011). ʻLa cartographie du roi Njoya (Royaume Bamoun, Ouest Camerounʼ. CFC(No. 210).

Flora Edouwaye S. Kaplan(1993). ʻQueen Mother headʼ. New York University.

Hope B. Werness(2000). Continuum of Encyclopedia of Native Art: World view, Symbolism, and Culture in African Oceania, and Native North America. The Continuum International Publishing Group Inc. New York.

Lee, Raymond L., M.(1989). "Taipusam in Malaysia: Ecstasy and Identity in a Tamil Hindu Festival". Contributions to Indian Sociology(n.s.) 23(2). p. 317-337.

Michael Evans(2007). The death of kings: Royal deaths in medieval England. Bloomsbury Academic.

Niles, Susan A.(2007). "Considering Quipus: Andean Knotted String Records in Analytical Context". Taylor and Francis. Wikipedia.

Paul Gebauer(1979). "Art of Cameroon. Ndop textile bamileke Cameroon African art." http://www.africadirect.com/textiles/cameroon-grassfields/ndop-textile-bamileke-bamum-bamenda-cameroon-african-textile.html

St. Jamesʼ 미국 성공회(Episcopal Church) (2010). 복사 매뉴얼.

〈온라인 사이트〉

가톨릭 정보(http://info.catholic.or.kr)
고성 탈박물관(https://www.goseong.go.kr)
김용기 등산학교(http://www.kimcs.com)
꼭두박물관(http://www.kokdumuseum.com)
나무위키(https://namu.wiki)

대원사 티벳박물관(http://www.tibetan-museum.org)
러시아 에르미타주 박물관(https://www.hermitagemuseum.org)
문화유산채널(http://www.k-heritage.tv)
미국 뉴욕 메트로폴리탄 박물관(http://www.metmuseum.org)
미국 캔자스 시립도서관(www.kclibrary.org)
여의도순복음교회(http://www.davidcho.com)
영국 위키피디아(https://en.wikipedia.org)
영현대 매거진(http://m.young.hyundai.com)
온라인 브리태니커(http://premium.britannica.co.kr)
인도 오아시스 호텔(http://oasisindia.co.kr)
주대한민국 일본국대사관(http://www.kr.emb-japan.go.jp)
주요르단 대한민국대사관(http://jor.mofa.go.kr)
주한 말레이시아대사관(http://overseas.mofa.go.kr)
주한 인도대사관(http://www.indembassy.or.kr)
체코관광청 서울사무소(http://www.czechtourism.com)
타이노 박물관(http://tainomuseum.org)
포도투어닷컴(http://www.podotour.com)
한국콘텐츠진흥원(http://www.kocca.kr)
CU경영주 협의회(http://cafe.daum.net/CVSinSeoul)
Halal Malaysia Official Portal(http://www.halal.gov.my)

주석

1장

1 토머스 J. 크로웰(2011). 『역사를 수놓은 발명 250가지』. 박우정 역. 현암사. p. 41.
2 안느 포레-카르리에(2014). 『프랑스 장식예술박물관 특별전: 파리, 일상의 유혹』. 크리에이션랩 알리스. p. 39.
3 위의 책. p. 90.
4 위의 책. p. 204.
5 토머스 J. 크로웰(2011). 앞의 책. p. 41.
6 알랭 드 보통(2005). 『불안』. 정영목 역. 이레. p. 225~226.
7 인도 오아시스 호텔 홈페이지(http://oasisindia.co.kr)
8 온라인 두산동아백과사전 '차크라(chakra)' 항목. http://www.doopedia.co.kr
9 하루야마 유키오(2004). 『화장의 역사』. 임희선 역. 사람과책. p. 51.
10 위의 책. p. 3.
11 '바로크 시대의 애교점과 부채의 의미'. http//www.festesdethalie.org/BAROC/mouches.html
12 안느 포레-카르리에(2014). 앞의 책. p. 166~168.
13 패션 인사이트. 황세윤 통신원. http://www.fi.co.kr/mobile/view.asp?idx=5002&mbchk=end
14 허정선(2007). 「20세기 현대 미술과 패션의 상호작용에 관한 연구」. 『한국패션디자인학회지』, 제7권 2호. p. 198.
15 위의 글.

2장

1 알랭 드 보통(2005). 『젊은 베르테르의 기쁨』. 정명진 역. 생각의나무. p. 83.
2 이지은(2006). 『귀족의 은밀한 사생활』. 지안출판사. p. 27.
3 호르헤 루이스 보르헤스(2016). 『(보르헤스의) 상상동물 이야기』. 남진희 역. 민음사. p. 280.
'아시아·유럽신화'. http://blog.naver.com/yejihanja/20171321821

4 호르헤 루이스 보르헤스(2016). 앞의 책. p. 281.

5 프랑스판 위키피디아. '상아(ivoire)' 항목.
https://fr.wikipedia.org/wiki/Ivoire

6 'When and why did humans begin consuming eggs?'
http://www.foodtimeline.org/foodeggs.html

7 '계란은 언제부터 삶아 먹었을까?' http://diversity.co.kr/2231

8 http://www.online-stopwatch.com/eggtimer-countdown

9 http://www.online-stopwatch.com/eggtimer-countdown

10 코란 제5장 제3절.

11 산업연구원. 「아세안 할랄시장 선점을 위한 연구」. 산업연구원.

12 이희수(2011). 『(이희수 교수의) 이슬람』. 청아출판사. p. 245~246.
박영수(2004). 『행운의 풍속』. 새로운사람들. p. 297.

13 '이슬람에서 돼지고기를 금하는 이유'. 이종화. 2016.7.19.
주요르단 대한민국대사관 홈페이지(http://jor.mofa.go.kr)

14 Halal Malaysia Official Portal. http://www.halal.gov.my/v4/index.php/en/

15 CU경영주 협의회 홈페이지. 2015.8.7.
http://cafe.daum.net/CVSinSeoul/I2YL/4461?q=%C0%CC%BD%BD%B6
%F7%BD%C4+%B5%B5

3장

1 바바라 밀러(2013). 『글로벌시대의 문화인류학』. 홍석준·박준규·박충
환·이창호 역. 시그마프레스. p. 266.

2 강인욱 경희대 교수(북방고고학) 페이스북. 2015.10.7.

3 이안나(2014). 『몽골의 생활과 전통』. 민속원. p. 66.

4 노민달라이(몽골인 한국 유학생)와의 인터뷰. 2016.11.4.

5 '유목민족의 이동형 감옥'. 조선일보. 2015.10.12.

6 '사도세자의 뒤주형벌, 몽골에도 있었다'. 2012.
http://blog.donga.com/thbae/archives/769

7 김명철(2016). 『여행의 심리학』. '스릴을 찾아서 여행 떠나는 사람들'.
어크로스.

8 '세상에서 가장 독특한 건축물 Best 4. "빌딩이야, 예술이야?"'. 스포츠

서울. 2009.1.10.

9   김민수(2015). '디자인 철학'. 경운박물관 강의.

10 미국 캔자스 시립도서관 홈페이지(www.kclibrary.org)

11 조선일보. 2016.2.27.

12 스티브 존스. '탁월한 아이디어는 어디서 오는가?' Ted 강연.

13 조선일보. 2016.10.15.

14 '세계에서 가장 멋진 사무실이 스위스에 있다?'. Swiss Eco tourism & Design. http://myswitzerland.tistory.com/4

15 'Google EMEA Engineering Hub/Camezind Evolution'. http://www.archdaily.com/41400/google-emea-engineering-hub-camezind-evolution

16 'Check Out Google's Crazy Offices In Zurich'. http://www.businessinsider.com/googles-zurich-office-2013-2

17 김용기 등산학교 홈페이지(http://www.kimcs.com)

18 *Men's Health*. 2006년 11월호.

19 스카이로지 호텔 홈페이지 https://www.tinggly.com/experiences/overnight-stay-skylodge-two-peru

20 강준만(2012). 『세계문화의 겉과 속』. 인물과사상사. p. 743.

21 송충기(2013). 『나치는 왜 유대인을 학살했을까?』. 민음인. p. 61~62, 98.

22 위의 책. p. 30.

4장

1   앤디 워너(2017). 『물건의 탄생: 일상 속 물건들의 사소한 역사』. 김부민 역. 푸른지식.

2   한국콘텐츠진흥원 홈페이지(http://www.kocca.kr)

3   '조선시대 남자의 최고 사치품! 은장도'. 문화유산채널. http://www.k-heritage.tv/brd/board/229/L/CATEGORY/2342/menu/374?brdCodeField=CATEGORY&brdCodeValue=2342&bbIdx=10990&brdType=R

4   백통은 구리와 니켈의 합금을 지칭한다.

5   길상 무늬는 장수나 행복 등의 좋은 일을 상징하는 문양이다.

6   한국콘텐츠진흥원 홈페이지(http://www.kocca.kr)

7 '탄자니아에서 온 편지: 탄자니아 헤어스타일 "수카(Suka)"'. 2012.7.4.
http://uhic.tistory.com/142

8 크리스티안 라바퀘리-클랭·로렌스 페-루스테르홀츠(2009). 『사라져 가는 세계 부족문화-아프리카』. 전혜영 역. 한림출판사. p. 74~75.

9 온라인 브리태니커. '콩고민주공화국' 항목.

10 박상주(2014). 『나에게는 아프리카가 있다: 한국을 떠나 아프리카로 간 9인의 성공 스토리』. 부키.

11 영국판 위키피디아.

12 '수지 초(altar candle)'. 위키피디아.

13 미국 St. James 성공회(Episcopal Church, 2010). 복사 매뉴얼.

5장

1 한상복·이문웅·김광억(2015). 『문화인류학』. 서울대학교출판문화원. p. 513.

2 안느 포레-카르리에(2014). 『프랑스 장식예술박물관 특별전: 파리, 일상의 유혹』. 크리에이션랩 알리스. p. 54~55.

3 이지은(2006). 『귀족의 은밀한 사생활』. 지안출판사. p. 219.

4 안느 포레-카르리에(2014). 앞의 책. p. 54~55.

5 이지은(2006). 앞의 책. p. 219.

6 안느 포레-카르리에(2014). 앞의 책. p. 54~55.

7 피터 콜릿(2006). 『습관의 역사』. 이윤식 역. 추수밭. p. 211~212.

8 "Indian Footwear Fashion, Costume, and Culture: Clothing, Headwear, Body Decorations, and Footwear through the Ages". 2004. encyclopedia.com

9 '다문화 속 관습: 인도의 목욕문화'. 2012.7.21. http://damunhwaedu.com

10 '워낭소리의 유래에는 복주머니의 비밀이 있다'. 2009.2.3.
http://m.blog.daum.net/odu1893/14

11 최상운(2012). 『고흐 그림여행: 고흐와 함께하는 네덜란드·프랑스 산책』. 샘터. p. 190.

12 정수복(2011). 『프로방스에서의 완전한 휴식』. 문학동네. p. 210.

13 알랭 드 보통(2011). 『무신론자를 위한 종교』. 박중서 역. 청미래. p. 233.

14 알랭 드 보통·존 암스트롱(2014). 『(알랭 드 보통의) 영혼의 미술관: 영혼은 어떻게 우리를 치유하는가』. 김한영 역. 문학동네. p. 91.

15 한국천주교주교회의(1999). 『한국 천주교 예비 신자 교리서』. 한국천주교주교회의. p. 153~154.

16 김영숙(2009). 『미술관에 가고 싶어지는 미술책』. 휴머니스트. p. 29.

17 이지숙·송현주·변주나(2015). 「기독교적 통합미술치료가 성인의 영적 안녕 및 심리적 불안에 미치는 효과」. 『예술인문사회융합멀티미디어논문지』, Vol. 5, No. 1, 75~90.

18 위의 글. p. 76.

19 위키피디아 '탈' 항목. https://ko.wikipedia.org/wiki/%ED%83%88

20 전경욱(2017). 『세계의 가면 문화: 주술·상징·예술』. 민속원. p. 124~128.

21 어떤 전문가는 23개의 가면이 있다고 한다.

22 고성 탈박물관 홈페이지(https://www.goseong.go.kr)

23 바바라 밀러(2013). 『글로벌시대의 문화인류학』. 홍석준·박준규·박충환·이창호 역. 시그마프레스. p. 123.

24 크리스티안 라바퀘리-클랭·로렌스 페-루스테르홀츠(2009). 『사라져 가는 세계 부족문화-아메리카』. 박상은 역. 한림출판사. p. 78~79.

25 알랭 드 보통(2011). 앞의 책. p. 284~286.

6장

1 닐 맥그리거(2014). 『100대 유물로 보는 세계사』. 강미경 역. 다산초당. p. 673.

2 이준명(2013). 『멕시코 인종과 문화의 용광로』. 푸른역사. p. 332.

3 위의 책. p. 348.

4 위의 책. p. 349.

5 제프 스트레이(2010). 『마야력과 고대의 역법』. 김명남 역. 시스테마. p. 50~51.

6 박영수(2006). 『암호 이야기: 역사 속에 숨겨진 코드』. 북로드. p. 124.

7 크리스티안 라바퀘리-클랭·로렌스 페-루스테르홀츠(2009). 『사라져 가는 세계 부족문화-아메리카』. 박상은 역. 한림출판사. p. 70~71.

8 박영수(2006). 앞의 책. p. 129~130.

9 Niles, Susan A.(2007). "Considering Quipus: Andean Knotted String Records in Analytical Context". Taylor and Francis. Wikipedia에서 재인용.

10 내셔널지오그래픽(2013). 『1001가지 발명: 이슬람 문명이 남긴 불후의 유산』. 이창우 역. 지식갤러리. p. 42.

11 야히야 에머릭(2012). 『(상식으로 꼭 알아야 할) 이슬람』. 한상연 역. 삼양미디어. p. 284.

12 토머스 J. 크로웰(2014). 『역사를 수놓은 발명 250가지』. 박우정 역. 현암사. p. 33.

13 내셔널지오그래픽(2013). 앞의 책. p. 43.

14 토머스 J. 크로웰(2014). 앞의 책. p. 115.

15 '예술성이 강조된 프렌치 엑설런시'. 한국조폐공사 블로그. 세계기념주화시리즈-프랑스 조폐국. 2015.12.21. http://komsco.tistory.com/

7장

1 세계민속악기박물관(2009). 『악기박물관으로의 여행』. 현암사.

2 A. J. 제이콥스(2007). 『한 권으로 읽는 브리태니커』. 표정훈·김명남 역. 김영사. p. 431.

3 온라인 두산백과사전 '타란텔라' 항목. http://www.doopedia.co.kr

4 고전 발레 〈나폴리(Napoli)〉는 1842년 덴마크의 안무가 겸 작곡가인 오커스트 부르농빌(August Bournoville)이 작곡했다.

5 온라인 두산백과사전 '타란텔라' 항목. http://www.doopedia.co.kr

6 체명악기(idiophone)란 직접 진동하여 소리를 내는 악기를 말한다. 종래의 타악기 중에서 주로 북 종류를 제외하였다. 이것은 피막(皮膜)이나 현같이 인위적인 장력(張力)을 가하여 진동시키는 것이 아니라, 나무나 금속 등이 본래 지니고 있는 탄성으로 진동하는 악기이며, 자명(自鳴)악기라고도 한다. Max Wade-Matthews(2004). 『세계의 악기 백과 사전』. 이용일·나재용·양은주 역. 교학사.

7 '세 번의 "떡메" 소리 … 세 번의 비극을 알리다'. 조선일보. 2016.1.14.

8 온라인 두산백과사전 '테레민 악기' 항목. http://www.doopedia.co.kr

9 '손 하나 까딱 하면서 음악을 연주하는 전자악기, 테레민(theremin)에 대

한 이야기'. http://rhapsodyinbluwo0o.tistory.com/73

10 '신디사이저의 종류 및 특징'.
http://rennflav.blogspot.kr/2013/06/blog-post.html

8장

1 미국 뉴욕 메트로폴리탄 박물관 홈페이지(http://www.metmuseum.org)

2 최상운(2012). 『고흐 그림여행: 고흐와 함께하는 네덜란드·프랑스 산
책』. 샘터. p. 208.

3 '반 고흐전을 다녀와서'. http://jjang-e.tistory.com/2

4 발터 니그(2011). 『빈센트 반 고흐: 태양을 보다』. 윤선아 역. 분도출판
사. p. 46~47.

5 스티븐 네이페·그레고리 화이트 스미스(2016). 『화가 반 고흐 이전의
판 호흐』. 최준영 역. 민음사. p. 61.

6 http://www.cnbnews.com/news/article.html?no=187858

7 http://blog.daum.net/ongoijisin/4785

8 http://www.startour.pe.kr/local/europe/europeGuide_Poland-Wieliczka.htm

9 허발·김현호·손준호·손봉기·김승란·이민재·박기윤·김정훈(2012).
『(알짜배기 세계여행) 유럽』. 성하. p. 415.

10 캐롤 스트릭랜드(2010). 『클릭, 서양미술사: 동굴벽화에서 개념미술까
지』. 김호경 역. 예경. p. 313.

11 '〈아트톡톡〉예술과 비예술②-현대미술에서 사용된 표현재료의 무제한성'.
http://www.daljin.com/column/10622

12 https://namu.wiki/

13 '빔 델보예전'. 2012.8.8. http://www.artinculture.kr/online/1114

14 위의 글.

15 '살아 있는 돼지에게 루이뷔통 문신 새기는 예술가'. 나우뉴스. 2015.3.22.
http://nownews.seoul.co.kr/news/newsView.php?id=20150322601013

16 캐롤 스트릭랜드(2010). 앞의 책. p. 312.

17 '욕망의 심리학'.
http://www.gailart.org/ik_ct/bbs/board.php?bo_table=gdb1&wr_id=48

18 '퍼블릭아트'. 2009.8.24.

http://www.artmuseums.kr/admin/?corea=sub1_5&no=14

19 바바라 밀러(2013). 『글로벌시대의 문화인류학』. 홍석준·박준규·박충
환·이창호 역. 시그마프레스. p. 272.

20 국립현대미술관(2015). 『윌리엄 켄트리지 2015년 서울 현대미술관 전시
회 팸플릿』. 국립현대미술관.

21 MBC뉴스. 2012.7.14.
http://imnews.imbc.com/weeklyfull/weekly04/3096490_12312.html

22 러시아 에르미타주 박물관 홈페이지(https://www.hermitagemuseum.org)

9장

1 소녀의 날 노래는 4절까지 있다.
http://thejapanesepage.com/audio/hina_matsuri(Let's Learn Japanese together)

2 히나는 일본어로 병아리 또는 어린아이를 의미한다.

3 주대한민국 일본국대사관 홈페이지(http://www.kr.emb-japan.go.jp)

4 일본에서 지라시스시는 소녀의 날뿐만 아니라 다른 축일에도 먹는다.

5 '일본에서 오늘은 여자아이의 날입니다'.
http://sayaka.tistory.com/entry/%EC%9D%BC%EB%B3%B8%EC%97%90%EC%84%9C-%EC%98%A4%EB%8A%98%EC%9D%80-%EC%97%AC%EC%9E%90%EC%95%84%EC%9D%B4%EC%9D%98-%EB%82%A0%EC%9E%85%EB%8B%88%EB%8B%A4

6 '히나마쯔리의 유래와 의미'. http://tip.daum.net/openknow/39214881

7 '성년식 마친 여자만 댕기 달던 그곳에서'. 시사IN. 2011.12.10.
http://www.sisainlive.com/news/articleView.html?idxno=11774

8 위의 글.

9 바바라 밀러(2013). 『글로벌시대의 문화인류학』. 홍석준·박준규·박충
환·이상호 역. 시그마프레스. p. 98~99.

10 'Marriage in Sarigerme'. http://www.sarigerme.net/marriage.php

11 '터키의 시골 지붕 위에 얹힌 전통'. 2012.5.11.
http://blog.naver.com/PostView.nhn?blogId=kwwoolim&logNo=10016011

2945&parentCategoryNo=&categoryNo=81&viewDate=&isShowPopular
Posts=false&from=postView

12 '트로이, 에페스, 파묵칼레, 카파도키아, 그리고 또다시 이스탄불'.
2005.7.21.
http://m.suksuk.co.kr/momboard/read.php?table=BFA_011&number=123#
momboard

13 'White-painted bride honors Bulgarian Muslim rite'. 2008.2.7.
http://www.reuters.com/article/us-bulgaria-weddings-idUSL04930673
20080207

14 MBC '천 개의 얼굴 화장'. 제1부. 2015.12.7.

15 'Pomak wedding celebration in Ribnovo Submitted by Anonim'. 2009.
12.1.
https://www.pomak.eu/en/content/pomak-wedding-celebration-ribnovo

10장

1 한상복·이문용·김광억(2015). 『문화인류학』. 서울대학교출판문화원.
p. 317.

2 개오지는 개오지과에 속하는 복족류 연체동물이다. 나선구조의 패각이
안쪽으로 말려 들어가서 달걀 모양 또는 다소 길고 뾰족하게 변형된 형
태를 띤 고둥류를 지칭한다.

3 수잔 프레스턴 블라이어(2004). 『아프리카의 왕실 미술』. 김호정 역. 예
경. p. 194~195.

4 'The birth of twins'.
http://www.hornblend.com/2010/05/02/twins-science-culture-and-belief-
around-west-africa/

5 수잔 프레스턴 블라이어(2004). 앞의 책. p. 96.

6 여의도순복음교회 홈페이지(http://www.davidcho.com)

7 나무위키(https://namu.wiki)

8 자현(2015). 『(작정하고 재미있게 쓴) 에피소드 인도』. 불광출판사. p.
64~65.

9 나무위키(https://namu.wiki)

10 'The Prayer Wheel Spiritual Technology from Tibet'.
   http://www.dharma-haven.org/tibetan/prayer-wheel.htm

11 박신식(2013). 『둥글둥글 지구촌 수도 이야기』. 풀빛. p. 16.

12 '티베트 알아보기: 마니차, 룽따, 다르촉, 탕카, 라체, 하닥, 쵸르텐…'.
   2017.2.3. http://m.blog.daum.net/chunhao/14326867

13 쿠마리는 '쿠마리 데비'라고도 불린다.

14 '살아 있는 여신 쿠마리'. 조선일보. 2007.5.25.
   http://www.chosun.com/cp/edaily/200705/25/20070525000358.html

15 'Meet Nepal's Living Goddesses'. National Geographic. 2015년 6월 기사.
   http://ngm.nationalgeographic.com/2015/06/nepal-kumaris/tree-text

16 https://korea.tv5monde.com/Resources/Articles/2015_01/%EC%A3%BC
   %ED%98%84%EC%A0%88%EA%B3%BC-%EC%99%95-%EC%BC%
   80%EC%9D%B4%ED%81%AC-(Galette-des-Rois)?lang=ko-KR

17 정일영(2006). 『프랑스 문화의 이해』. 신아사. p. 29.

11장

1 알랭 드 보통(2005). 『젊은 베르테르의 기쁨』. 정명진 역. 생각의나무.
   p. 311.

2 주한 말레이시아대사관 홈페이지(http://www.malaysia.or.kr)

3 박정석(2005). 「말레이시아의 타이푸삼 축제: 무루간 숭배와 인도-타밀
   인」. 『민속학연구』, 제16호, p. 78, 91.

4 주한 말레이시아대사관 홈페이지(http://www.malaysia.or.kr)

5 Lee, Raymond L., M.(1989). "Taipusam in Malaysia: Ecstasy and
   Identity in a Tamil Hindu Festival". *Contributions to Indian Sociology*
   23(2), 332; 박정석(2005)에서 재인용.

6 '〈성지순례-24〉 통곡의 벽, 유대인들의 순례지이자 성스러운 기도처'.
   http://www.poemlane.com/bbs/zboard.php?id=moeum&page=9&sn1=&di
   vpage=1&sn=off&ss=on&sc=on&select_arrange=headnum&d
   esc=asc&no=542

7 내셔널지오그래픽(2012). 『일생에 한 번은 가고 싶은 성지 여행』. 이선

희·이혜경·김귀숙 역. 터치아트. p. 436.

8 위키피디아.

9 '〈성지순례-24〉 통곡의 벽, 유대인들의 순례지이자 성스러운 기도처'.
   http://www.poemlane.com/bbs/zboard.php?id=moeum&page=9&sn1=&di
   vpage=1&sn=off&ss=on&sc=on&select_arrange=headnum&
   desc=asc&no=542

10 Hope B. Werness(2000). 'Continuum of Encyclopedia of Native Art:
    World view, Symbolism, and Culture in African Oceania, and Native
    North America.' The Continuum International Publishing Group Inc.
    New York. https://books.google.co.kr/books?isbn=0826414656

11 수잔 프레스턴 블라이어(2004). 『아프리카의 왕실 미술』. 김호정 역. 예
    경. p. 144.

12 이영목·오은하·노서경·이규현·심재중·강초롱·김태희·심지영(2014).
    『검은, 그러나 어둡지 않은 아프리카: 프랑스어권 흑아프리카의 이해』.
    사회평론. p. 277.

13 수잔 프레스턴 블라이어(2004). 앞의 책. p. 127.

14 위의 책. p. 145.

15 Hope B. Werness(2000). 위의 글.
    https://books.google.co.kr/books?isbn=0826414656

16 아수라는 인도신화에 나오는 특정 종족명이다.

17 '워낭소리의 유래에는 복주머니의 비밀이 있다'. 2009.2.3.
    http://m.blog.daum.net/odu1893/14

18 대원사 티벳박물관 홈페이지(http://www.tibetan-museum.org)

19 대원사 티벳박물관 홈페이지(http://www.tibetan-museum.org)

12장

1 홍성민(2004). 『피에르 부르디외와 한국사회: 이론과 현실의 비교정치
   학』. 살림출판사. p. 37.

2 황밍허(2008). 『법정의 역사: 진실과 거짓 사이의 끝없는 공방』. 이철환
   역. 시그마북스. p. 312.

3 'History of Court Dress, Courts and Tribunals Judiciary'.

https://www.judiciary.gov.uk/about-the-judiciary/the-justice-system/
history/

4 황밍허(2008). 앞의 책. p. 313.

5 '영국의 법조인들은 재판할 때 가발을 쓴다?' 명쾌한 판사.
http://blog.naver.com/law_zzang/150096686096

6 메트로폴리탄 박물관(2014). 『메트로폴리탄 박물관 가이드북』. 사회평론아
카데미. p. 139.

7 '투그라'. http://www.dohyosae.egloos.com/m/3894745

8 '투그라'. http://www.dohyosae.egloos.com/m/3894745

9 이희숙(2014). 『이슬람 캘리그라피: 모슬렘 아이덴티티와 아름다움』. 이
담 Books. p. 70.

10 야히야 에머릭(2012). 『(상식으로 꼭 알아야 할) 이슬람』. 한상연 역. 삼
양미디어. p. 289.

11 수잔 프레스턴 블라이어(2004). 『아프리카의 왕실 미술』. 김호정 역. 예
경. p. 11.

12 위의 책. p. 35.

13 나이지리아의 베냉 왕조를 오늘날의 독립국가인 베냉공화국과 혼동해서
는 안 된다. 베냉 왕조는 나이지리아 내에 현존하는 하나의 왕조 이름이
며, 베냉공화국은 나이지리아의 서쪽에 접경해 있는 독립국가이다.

14 Flora Edouwaye S. Kaplan(1993). *Queen Mother head*. New York
University.

15 Alexandra Loumpet-Galitzine(2011). 'La cartographie du roi Njoya
(Royaume Bamoun, Ouest Cameroun)'. *CFC*(No. 210).

16 수잔 프레스턴 블라이어(2004). 앞의 책. p. 202.

17 은돕을 바뭄어로는 ntieya라 한다.

18 Paul Gebauer(1979). 'Art of Cameroon'. http://www.africadirect.com/
textiles/cameroon-grassfields/ndop-textile-bamileke-bamum-bamenda-
cameroon-african-textile.html
Ndop textile bamileke Cameroon African art에서 재인용.

19 수잔 프레스턴 블라이어(2004). 앞의 책. p. 199~202.

20 타이노 박물관 홈페이지(http://tainomuseum.org)

21 닐 맥그리거(2014). 『100대 유물로 보는 세계사』. 강미경 역. 다산초당.

p. 459~460.

22 타이노 박물관 홈페이지(http://tainomuseum.org)

23 닐 맥그리거(2014). 앞의 책. p. 460.

24 위의 책. p. 461.

25 수잔 프레스턴 블라이어(2004). 앞의 책. p. 134~136.

26 '중국건축이야기'. 중앙일보. 2010.6.30.

27 阿辻哲次(1999). 『한자의 역사』. 김언종·박재양 역. 학민사. p. 77~78.

28 사마천(2010). 『사기 본기(1)』. 김영수 역. 알마. p. 435.

29 '대권주자들, 구정(九鼎)의 무게를 묻다'. 경향신문. 2011.12.14.

30 사마천(2015). 『사기 세가』. 김원중 역. 민음사. p. 356.

31 사마천(2010). 앞의 책. p. 439.

13장

1   프랑수아즈 에리티에(2017). 『남녀차별은 왜 생겨났나?』. 박찬규 역. 구름서재. p. 6.

2   KBS 〈걸어서 세계속으로〉. 알바니아편-크루야. 2015년 207회.

3   2011년 UN 통계자료 중 사회적 지표(Social Indicators).

4   'World Vision promotes the equality of women in Albania'.
    http://www.wvi.org/albania/article/world-vision-promotes-equality-women-albania

5   'Violence Against Women in Albania'. http://www.stopvaw.org/albania

6   'Albania' 중 Socialization 항목.
    http://www.everyculture.com/A-Bo/Albania.html

7   류경희(2004). 「인도문화의 가부장적 여성 관념과 오염 타부 의례 및 사회관습」. 『종교학연구』, Vol. 23, p. 35.

8   '인도의 악습 사티'. 2012.12.5. http://www.dogdrip.net/22940115

9   류경희(2004). 앞의 글. p. 36.

10 이희수(2011). 『(이희수 교수의) 이슬람』. 청아출판사. p. 289~293.

11 야히야 에머릭(2012). 『(상식으로 꼭 알아야 할) 이슬람』. 한상연 역. 삼양미디어. p. 176.

14장

1 이경덕(2015).『인문학은 어떻게 만들어지는가』. 시루. p. 205.

2 '뉴질랜드 마오리족의 머리 박제'. 조선일보. 2010.5.15.
http://news.chosun.com/site/data/html_dir/2010/05/14/2010051401613.html

3 '마오리족의 머리 미라-토이모코'. 2014.12.12.
http://pann.nate.com/talk/325119410?page=190

4 스티브 길버트(2004).『문신, 금지된 패션의 역사』. 이순호 역. 르네상
스. p. 103~108.

5 '서프라이즈, 마오리족 얼굴 미라 토이모코 얻기 위해 학살에 전쟁까지
끔찍 역사'. 한국경제신문. 2012.11.4.

6 '마오리족의 머리 미라-토이모코'. 네이트뉴스. 2014.12.12.
http://pann.nate.com/talk/325119410?page=190

7 '사라져 가는 놀이 닭싸움 투계'.
http://cafe487.daum.net/_c21_/bbs_search_read?grpid=192SM&fldid=QM
5u&contentval=00063zzzzzzzzzzzzzzzzzzzzzzzzz&nenc=&fenc=&q=%B
5%C0%B4%DC%B9%E8&nil_profile=cafetop&nil_menu=sch_updw

8 '투계-신사의 스포츠'.
http://www.vagrantsoftheworld.com/cockfighting-the-gentlemans-sport-of-
puerto-rico/

9 '푸에르토리코, 조류독감 소식에 투계장 영업 취소'. 연합뉴스. 2008.1.6.
http://www.yonhapnews.co.kr/

10 '사라져 가는 놀이 닭싸움 투계'.
http://cafe487.daum.net/_c21_/bbs_search_read?grpid=192SM&fldid=QM
5u&contentval=00063zzzzzzzzzzzzzzzzzzzzzzzzz&nenc=&fenc=&q=%B
5%C0%B4%DC%B9%E8&nil_profile=cafetop&nil_menu=sch_updw

11 바바라 밀러(2013).『글로벌시대의 문화인류학』. 홍석준·박준규·박충
환·이창호 역. 시그마프레스. p. 270.

12 'Immovable Ladder on the Church of the Holy Sepulchre. Atlas
Obscura'.
http://www.atlasobscura.com/places/immovable-ladder-church-holy-
sepulchre

13 '예루살렘 골목길엔 "세속의 욕망"이 흔적으로 남았다'. 조선일보. 2015. 9.9.

14 나무위키(https://namu.wiki)

15 'Immovable Ladder on the Church of the Holy Sepulchre. Atlas Obscura'.
http://www.atlasobscura.com/places/immovable-ladder-church-holy-sepulchre

16 'Status Quo'. 2013.8.10.
https://shimonafromthepalace.wordpress.com/2013/08/10/status-quo/

15장

1 알랭 드 보통(2005). 『젊은 베르테르의 기쁨』. 정명진 역. 생각의나무. p. 97.

2 김문환(2016). 『유물로 읽는 이집트 문명』. 지성사. p. 95~96.

3 요시무라 사쿠지(2002). 『(고고학자와 함께하는) 이집트 역사기행』. 김이경 역. 서해문집. p. 161~163.

4 후에 플라톤은 '카'를 '이데아'의 개념으로 발전시켰다.

5 서규석(2000). 『이집트 사자(死者)의 서』. 문학동네. p. 88~90.

6 이 꼭두는 꼭두각시의 꼭두와 구별되어야 한다. 『새우리말 큰사전』(1991, 삼성출판사)에 따르면, 꼭두각시는 '꼭두각시 극에 나오는 여러 가지 이상야릇한 탈을 씌운 인형'을 지칭한다.

7 김옥랑(2013). 『꼭두는 왜 고래 입속으로 들어갔을까?』. 들녘. p. 50~51.

8 위의 책. p. 76~77.

9 꼭두박물관 홈페이지(http://www.kokdumuseum.com)

10 청명절은 24절기 중 하나로 양력 4월 5일 전후이다. 이날 대부분의 소수민족들은 제사를 지내고 성묘를 한다.

11 이규갑·민재홍·오제중·윤창준·장재웅(2006). 『중국 문화 산책』. 학고방. p. 233~234.

12 공상철 외(2001). 『중국 중국인 그리고 중국문화』. 다락원. p. 300.

13 이방 외(2008). 『태평광기』. 김장환 역. 지만지.

16장

1 '대영박물관: 신들과 인간의 경이로운 만남'. 권용준 블로그. 2010.
http://blog.naver.com/kdu_cam/140105912299

2 메트로폴리탄 박물관(2014). 『메트로폴리탄 박물관 가이드북』. 사회평론아카데미. p. 63.

3 고대 그리스 미술의 시기는 일반적으로 크게 5시기로 구분된다. 기하학 시기(Geometric Period, 기원전 1,000~700), 고대 시기(Archaic Period, 기원전 620~480), 고전기(Classical Period, 기원전 480~323), 헬레니즘 시기(Hellenistic Period, 기원전 323~146), 후기 헬레니즘 시기(Late Hellenistic Period, 기원전 146~30)이다.

4 노성두(2004). 『그리스 미술 이야기』. 살림출판사. p. 51~52.

5 수잔 프레스턴 블라이어(2004). 『아프리카의 왕실 미술』. 김호정 역. 예경. p. 22.

6 Verly R.(1955). La statuaire de pierre du Bas-Congo(Bambome-Musserongo). *Zaire*. p. 52. 'African maternity figures' 홈페이지(www.randafricanart.com)에서 재인용.

7 'African maternity figures' 홈페이지(www.randafricanart.com)

8 수잔 프레스턴 블라이어(2004). 앞의 책. p. 207~208.

9 Laman K.E.(1957). The Kongo II. *Studia Ethnographica* 8. Uppsala. p. 16-18. 'African maternity figures' 홈페이지(www.randafricanart.com)에서 재인용.

10 체코관광청 서울사무소 홈페이지(http://www.czechtourism.com)

11 체코관광청 서울사무소 홈페이지(http://www.czechtourism.com)

12 Michael Evans(2007). *The death of kings: Royal deaths in medieval England*. Bloomsbury Academic.

13 '승효상 인터뷰'. 조선일보. 2015.12.5.

14 네이버지식백과. '망자의 날' 항목. 유네스코 인류무형문화유산, 유네스코한국위원회(번역 감수).

15 '망자의 날'. 경향신문. 2015.8.20.

16 네이버지식백과. '망자의 날' 항목. 유네스코 인류무형문화유산, 유네스코한국위원회(번역 감수).

17 http://www.visitmexico.com/ko/celebrations-and-traditions

17장

1 박영수(2004). 『행운의 풍속』. 새로운사람들.
2 가톨릭 정보 홈페이지(http://info.catholic.or.kr)
3 Elizabeth Nix(2015). 'Why do people kiss the Blaney Stone?' Ask History. http://www.history.com/news/ask-history/why-do-people-kiss-the-blarney-stone#
4 위의 글.
5 '스페인 크리스마스 복권 "엘 고르도"'. 2009.12.10.
http://eurowon.tistory.com/entry/%EC%8A%A4%ED%8E%98%EC%9D%B8-%EC%8A%A4%ED%8E%98%EC%9D%B8-%ED%81%AC%EB%A6%AC%EC%8A%A4%EB%A7%88%EC%8A%A4-%EB%B3%B5%EA%B6%8C
6 '당첨금 받아 빚 청산 … 스페인 연말 복권 축제의 그늘'. 중앙일보. 2014.1.11. http://news.joins.com/article/13613267
7 조지 오웰(1984). 『1984』. 전하림 역. 보물창고. p. 126.

1 가발 보관대
   (1) 가발 보관대; 1700년경 마르세유, 파이앙스, 프랑스 장식예술박물관, 필자 사진
   (2) 영국에서 여성의 가채를 풍자한 만화(1771); Wellcome Library, London, Wikimedia, https://commons.wikimedia.org/wiki/File:Hair_styles;_The_female_pyramid_Wellcome_L0010595.jpg

2 이마의 점(빈디)
   (1) 빈디를 찍은 여인; Wikimedia, https://commons.wikimedia.org/wiki/File:Indian_Woman_with_bindi.jpg

3 가짜 애교점
   (1) 가짜 애교점; 1750년경, 프랑수아 부셰의 회화작품을 모사한 판화로 작품명은 '아침', 프랑스 장식예술박물관, 필자 사진
   (2) 부위에 따른 애교점의 의미; 블로그 'Poudrée Masquée', http://poudreemasquee.e-monsite.com/pages/historique/le-langage-des-mouches.html

4 빵 드레스
   (1) 빵 드레스 전시장; 2004년, 장 폴 고티에, 프랑스 카르티에 재단(Fondation Cartier)
   (2) 빵 드레스; 2004년, 장 폴 고티에, 프랑스 카르티에 재단

5 독을 탐지하는 상아
   (1) 독을 탐지하는 상아; Depositphotos, https://ko.depositphotos.com/
   (2) 치유와 순수의 상징 유니콘; Depositphotos, https://ko.depositphotos.com/

6 달걀 연숙 시간을 알리는 종
   (1) 달걀 반숙을 알리는 종; 진천 종박물관, 이재태(2012), 『Bells in our lives』, p. 28.
   (2) 현대의 에그타이머; 제품 사용설명서, 필자 사진

7 이슬람의 할랄푸드 인증 마크
  (1) 할랄푸드 인증 마크; Depositphotos, https://ko.depositphotos.com/

8 이동 감옥
  (1) 이동 감옥; 1913, Stéphane Passet, Wikimedia,
      https://www.reddit.com/r/creepy/comments/4cf9om/a_mongolian_
      woman_condemned_to_die_of_starvation/
  (2) 17~19세기 몽골에서 죄수를 가두어 놓았던 목곽; 울란바토르 국립
      역사박물관, 블로그 '내쉼터',
      https://blog.naver.com/parkco0314/220732391255

9 교도소 호텔
  (1) 교도소 호텔 객실 내부;
      https://www.booking.com/hotel/de/alcatraz-am-japanischen-garten.
      en-gb.html
  (2) 쇠창살 안의 안내데스크;
      https://www.booking.com/hotel/de/alcatraz-am-japanischen-garten.
      en-gb.html
  (3) 호텔 방의 출입문(문의 룸서비스 구멍);
      https://www.booking.com/hotel/de/alcatraz-am-japanischen-garten.
      en-gb.html

10 책 모양의 건물
  (1) 책 모양의 건물; 캔자스 시립도서관, Wikimedia, Nightryder84,
      https://en.wikipedia.org/wiki/Kansas_City_Public_Library#/media/
      File:KC_Main_Library2.JPG

11 세계에서 가장 멋진 사무실
  (1) 곤돌라; http://www.archilovers.com/projects/43111/gallery?278807
  (2) 이글루 모양의 휴게실; http://www.archilovers.com/projects/43111/
      gallery?278807
  (3) 식당으로 가는 미끄럼틀;
      https://students.googleblog.com/2014/08/11-cities-with-google-internst
      his_7.html

12 암벽 위의 텐트

(1) 절벽 텐트; Depositphotos, https://ko.depositphotos.com/

(2), (3) 페루의 나투라 비브 스카이로지(Natura Vive Skylodges) 호텔;
http://naturavive.com/web/skylodge-cusco-peru/

13 유대인 희생자들의 추모 공간

(1) 유대인 희생자들의 신발; Depositphotos, https://ko.depositphotos.com/

(2) 유대인 희생자들의 머리카락으로 짠 직물; 블로그 '제시치! 폴스카',
인류역사상 가장 잔인한 실화 아우슈비츠, https://brunch.co.kr/@yooym2000/86

(3) 시체소각장; 블로그 '제시치! 폴스카', 인류역사상 가장 잔인한 실화
아우슈비츠, https://brunch.co.kr/@yooym2000/86

14 조선의 맥가이버 칼

(1) 조선의 맥가이버 칼; 20세기 초, 필자 사진

15 수면용 머리받침대

(1) 루바족의 머리받침대; Wikiwand,
http://www.wikiwand.com/ko/%EB%A3%A8%EB%B0%94%EC%A1%B1

(2) 지그재그 수카; 국제아동돕기연합 공식 블로그,
http://uhic.tistory.com/142

(3) 션 폴 지그재그 수카; 국제아동돕기연합 공식 블로그,
http://uhic.tistory.com/142

(4) 예보예보 수카; Jamii forums,
https://www.jamiiforums.com/threads/msusi-wa-yeboyebo.564248/

16 서양 골무

(1) 서양 골무; Llangefni, Wikipedia,
https://en.wikipedia.org/w/index.php?curid=37919868

(2) 서양의 고무 골무; Frank C. Müller, Wikimedia,
https://commons.wikimedia.org/wiki/File:Gummifinger_fcm.jpg

(3) 영국의 찰스 왕세자와 다이애나 왕세자비의 결혼을 기념하기 위해

제작한 도자기 골무; 필자 사진

17 촛불 끄개
(1) 촛불 끄개; 필자 사진
(2) 불교사찰의 촛불 끄개; http://www.buddhabook.co.kr/product/detail.
html?product_no=25526

18 루이 14세 시대의 변기
(1) **1** 용변용 의자; 1750년경, 호도나무와 너도밤나무, 프랑스 장식예
술박물관 © MAD, Paris
2 비데; 1760년경, 시몽 외벤, 파이앙스, 프랑스 장식예술박물관
© MAD, Paris/Jean Tholance
3 침실용 요강; 1760년경, 세브르 왕립도자기제조소, 연질자기, 프
랑스 장식예술박물관 © MAD, Paris
(2) 비데를 사용하고 있는 여인; 18세기, Louis-Léopold Boilly, 캔버스
에 유화, Wikimedia,
https://commons.wikimedia.org/wiki/File:Bidet_old_painting.jpg

19 발 각질 제거기
(1) 발 각질 제거기; 1900~1909년경, 진천 종박물관, 이재태(2012),
『Bells in our lives』, p. 38.
(2) 다양한 발 각질 제거기; 1900~1909년경, 진천 종박물관, 이재태
(2012), 『Bells in our lives』, p. 39.

20 반 고흐의 심신 치료 욕조
(1) 반 고흐의 심신 치료 욕조; 필자 사진
(2) 생레미드프로방스에 있는 고흐의 병실; 필자 사진
(3) 고흐 병실의 창문; 필자 사진

21 로마 시대의 타볼레타
(1) 다양한 타볼레타; 1550~1599년 사이, 로마,
http://catalogo.fondazionezeri.unibo.it/ricerca.v2.jsp?apply=true&deco
rator=layout_resp&view=list&percorso_ricerca=OA&fulltextOA=San
+Giovanni+Decollato&locale=en#lg=1&slide=8

(2) 타볼레타를 보여주는 종교단체(San Giovanni Decollato)의 단원;
http://caravaggista.com/2013/07/on-the-403rd-anniversary-of-caravagg
ios-death-what-if/

22 질병 치료용 가면

(1) 코라 산니야 가면; 전경욱(2017), 『세계의 가면문화』, 민속원, p. 130

23 마야의 상형문자 달력

(1) 마야의 상형문자 달력; Depositphotos, https://ko.depositphotos.com/

24 잉카족의 매듭문자 키푸

(1) 키푸; Daderot, Wikimedia,
https://commons.wikimedia.org/w/index.php?curid=68639807
(2) 오스트리아 첩보요원의 암호가 숨겨진 노끈; 박영수(2005), 『역사 속
에 숨겨진 코드 암호 이야기』, 북로드, p. 122.

25 다문화 시대의 코끼리 시계

(1) 코끼리 시계; 1315, Al-Jazari, Al-Jazari의 원고, Wikimedia,
https://commons.wikimedia.org/w/index.php?curid=4173094
(2) 두바이의 한 백화점에 전시된 코끼리 시계 모형; Wikipedia,
https://en.wikipedia.org/w/index.php?curid=11144027

26 기념주화 자동판매기

(1) 기념주화 자동판매기; 프랑스 아를의 원형경기장, 필자 사진
(2) 시저의 두상이 새겨진 기념주화; 필자 사진
(3) 파리 조폐국; Wikimedia,
https://commons.wikimedia.org/wiki/File:H%C3%B4tel_Monnaies_
Paris_1.jpg

27 거미의 독을 빼내기 위한 탬버린

(1) 거미의 독을 빼내기 위한 탬버린; ARC Music Productions
International, UK
(2) 나폴리 지방의 타란텔라 민속춤; 1870, 작자미상, Wikimedia,
https://commons.wikimedia.org/wiki/Category:Tarantella#/media/File:
Tarantella_napoletana_.jpg

28 연주용 카우벨

(1) 연주용 트라이클러; Depositphotos, https://ko.depositphotos.com/

(2) 다양한 트라이클러; Depositphotos, https://ko.depositphotos.com/

29 악기 테레민

(1) 악기 테레민; 2008, Gregor Hohenberg, Wikimedia,
https://no.wikipedia.org/wiki/Fil:Barbara_Buchholz_playing_TVox.jpg

30 반 고흐의 양면 그림

(1) 밀짚 모자를 쓴 자화상(Self-Portrait with a Straw Hat); 1887,
Vincent van Gogh, 메트로폴리탄 박물관, Wikimedia,
https://commons.wikimedia.org/wiki/File:Van_Gogh_Self-Portrait_
with_Straw_Hat_1887-Metropolitan.jpg

(2) 감자 껍질을 벗기는 사람(1885); Vincent van Gogh, 메트로폴리탄
박물관, Wikimedia,
https://de.wikipedia.org/wiki/Datei:Van_Gogh_-_B%C3%A4uerin_
beim_Kartoffelsch%C3%A4len1.jpeg

31 소금광산의 조각품

(1) 킹가 예배당; Pixabay, https://pixabay.com/

(2) 킹가 예배당에 새겨진 부조 '최후의 만찬'; Depositphotos

(3) 소금광산의 유래를 재현한 모형; Depositphotos

32 피에르 만조니의 통조림

(1) Artist's Shit; 1961, Piero Manzoni, Wikiart,
http://www.wikiart.org/en/piero-manzoni/artist-s-shit-1961

33 돼지 몸통의 문신

(1) 돼지 몸통의 문신; Wim Delvoye,
https://www.pinterest.co.kr/pin/241013017538585641/

(2) 돼지 몸통에 새겨진 다양한 문신; Wim Delvoye, Flickr,
https://www.flickr.com/photos/franciscodaum/409076741

(3) 돼지 몸통에 새겨진 다양한 문신; Wim Delvoye, Flickr,
https://www.flickr.com/photos/invad3r/415875954

34 에르미타주 박물관의 고양이 경호원

(1) 에르미타주 박물관의 고양이 초상화; Eldar Zaktrov, © The Hermitage Museum XXI Century Foundation

(2) 에르미타주 박물관 전경; Pixabay, https://pixabay.com/

(3) 에르미타주 박물관의 고양이; Ewwl, Wikimedia, https://commons.wikimedia.org/w/index.php?curid=20026352

35 딸의 날을 기념하는 인형

(1) 딸의 날을 기념하는 인형; 필자 사진

(2) 딸의 날에 먹는 사탕; 필자 사진

(3) 지라시스시; 필자 사진

36 성인(成人)을 표식하는 댕기

(1) 성인을 표식하는 댕기; '성년식 마친 여자만 댕기 달던 그곳에서'. 탁재형, 시사IN, 2011.12.10.
http://www.sisain.co.kr/news/articleView.html?idxno=11774

37 지붕 위의 붉은 항아리

(1) 터키 시골 마을의 지붕 위의 항아리; 블로그 'Traveler from Ongjin',
http://travelerfromongjin.blogspot.com/2014/06/blog-post.html

38 전시된 혼수품

(1) 전시된 혼수품; Depositphotos, https://ko.depositphotos.com/

(2) 신부화장 겔리나(Gelina); Flickr,
https://www.flickr.com/photos/aliarda/8395431573

39 쌍둥이 어머니의 조각상

(1) 쌍둥이 어머니의 조각상; 1850~1910년 사이, Sailko, Wikimedia,
https://commons.wikimedia.org/wiki/File:Ateu_atsa_(attr.),_bangwa_
(camerun),_figura_maschie,_1850-1910_ca.jpg

(2) 이베지; 블로그 '비 내리는 마을(雨村)',
http://m.blog.daum.net/mersin/16151686

40 자이나교의 마스크

(1) 자이나교의 마스크; 류상태(2017), 『교양으로 읽는 세계종교』, 인물

과 사상사, p. 189.

41 마니차
(1) 마니차; Walters Art Museum, Wikimedia,
https://commons.wikimedia.org/wiki/File:Tibetan_-_Portable_Prayer_
Wheel_-_Walters_572285_-_Profile.jpg
(2) 절에 설치된 큰 마니차; Pixabay, https://pixabay.com/ko/

42 쿠마리의 제3의 눈
(1) 쿠마리의 제3의 눈; 최미선(2005), 『네팔예찬』, 안그라픽스, p. 216.
(2) 축제 기간에 퍼레이드를 하는 쿠마리; 2012, Sundar1, Wikimedia,
https://commons.wikimedia.org/w/index.php?curid=20227048

43 파이 속의 인형
(1) 파이 속의 다양한 도자기 인형; 블로그 '365＋ Things I Love About
France', https://365thingsiloveaboutfrance.com/tag/kings-cake/
(2) 주현절의 갈레트와 왕관; Depositphotos, https://ko.depositphotos.
com/
(3) 갈레트 안의 인형; Ping-city,
https://boutique.ping-deco.fr/blog/culture/la-galette-des-rois-809.html

44 몸에 박힌 꼬챙이
(1) 몸에 박힌 꼬챙이; 2015, Daphne Breemen, Wikimedia,
https://commons.wikimedia.org/wiki/File:Thaipusam-10.jpg
(2) 몸에 꼬챙이를 꽂고 축제에 참여하는 힌두교인들; Max Pixel,
https://www.maxpixel.net/
(3) 몸에 꼬챙이를 꽂고 축제에 참여하는 힌두교인들; 2010, Peter
Gronemann, Wikimedia,
https://commons.wikimedia.org/wiki/File:Thaipusam_Festival_
(4318238868)_(2).jpg

45 통곡의 벽
(1) 통곡의 벽; Depositphotos, https://ko.depositphotos.com/
(2) 통곡의 벽에 빼곡히 꽂혀 있는 쪽지; 2006, Yarin Kirchen, Wikimedia,

https://en.wikipedia.org/wiki/Placing_notes_in_the_Western_Wall#/media/File:Prayer_Papers_in_the_Western_Wall.jpg

46 영혼을 정화시키는 원판

(1) 영혼을 정화시키는 원판; 19세기, ©The Cleveland Museum of Art, 지름 9.8 cm, 1997, Dudley P. Allen Collection #1935.310

(2) 영혼을 정화시키는 원판; Sailko, Indianapolis Museum of Art, Wikimedia,

https://commons.wikimedia.org/w/index.php?curid=63565935

(3) 불교의 만다라; Pixabay, https://pixabay.com/

(4) 불교의 만다라; Karrattul, Wikimedia,

https://commons.wikimedia.org/w/index.php?curid=29016084

47 종 보관함

(1) 종 보관함; 온라인 매장 Exotic India,

https://www.exoticindiaart.com/product/sculptures/tibetan-bell-and-dorje-with-case-XR94/

(2) 종 보관함을 펼친 모습; Depositphotos, https://ko.depositphotos.com/

(3) 종과 도르쩨(dorje); 온라인 매장 Exotic India,

https://www.exoticindiaart.com/product/sculptures/tibetan-bell-and-dorje-with-case-XR94/

48 법조인의 가발

(1) 법조인의 가발; InfoGibraltar(소장처), Wikimedia,

https://en.wikipedia.org/wiki/Anthony_Dudley#/media/File:Anthony_Dudley.jpg

(2) 간편한 작은 가발(bob-wig); Depositphotos,

https://ko.depositphotos.com/

49 술탄의 투그라

(1) 술탄의 투그라; Thadswanek, Wikimedia,

https://commons.wikimedia.org/wiki/File:Tughra_Suleiman.jpg#/media/File:Tughra_Suleiman.jpg

(2) 투그라 작성의 기본 원리; Wikimedia,

https://ko.wikipedia.org/%ED%88%AC%EA%B7%B8%EB%9D%BC

(3) 새 모양의 캘리그래피; Pixabay, https://pixabay.com/

50 왕비의 닭 부리 머리

(1) 왕비의 닭 부리 머리; 2013, 블로그 'Romance Meets Life',
https://www.romancemeetslife.com/2013/07/oba-erediuwa-of-benin-
celebrates-90th.html

(2) 이디야(Idia) 황태후의 두상; 1500~1550년경 황동, 높이39cm, 베를
린 세계민속박물관(Ethnological museum), Wikimedia, Bin im
Garten,
https://commons.wikimedia.org/wiki/File:Afrikaabteilung_in_
Ethnological_Museum_Berlin_29.JPG#/media/File:Afrikaabteilu
ng_in_Ethnological_Museum_Berlin_29.JPG

(3) 베냉공화국과 나이지리아 베냉 지도; 수잔 프레스턴 블라이어
(2004), 『아프리카의 왕실미술』, 예경, p. 44.

51 천으로 짠 왕궁 지도

(1) 은돕 천에 짜여진 바뭄 왕궁의 지도; 20세기, 면과 남색의 염료,
5.49m×1.82m, Bamum Kingdom artist, Royal Tapestry, early 20th
century, cotton with indigo dye, Portland Art Museum, Portland,
Oregon. The Paul and Clara Gebauer Collection of Cameroon Art;
Museum Purchase: Edwin Binney, 3rd, Fund, 70.10.81

(2) 지도에 그려진 기호의 의미; 수잔 프레스턴 블라이어(2004), 『아프리
카의 왕실미술』, 예경, p. 200.

52 타이노족의 의식용 의자

(1) 타이노족의 의식용 의자(Duhos); 13~15세기, 영국 대영박물관,
Babel Stone, Wikimedia,
https://commons.wikimedia.org/wiki/File:Taino_ritual_seat_at_the_
British_Museum.jpg#/media/File:Taino_ritual_seat_at_the_British_
Museum.jpg

53 발이 세 개 달린 솥(鼎)

(1) 발이 세 개 달린 솥; B.C. 1300~1046, 대만 고궁박물관, Pixabay,

https://pixabay.com/

54 부엌의 작은 창
   (1) 부엌의 작은 창; KBS, 〈걸어서 세계 속으로〉 알바니아 – 크루야 편
       (2010년 6월 12일 방송) 화면 캡처
   (2) 오스만 제국 시대의 남성들의 모임방; Infoelbasani,
       https://infoelbasan.wordpress.com/2015/11/26/moti-rreshqitje-masive-
       edhe-ne-elbasan/

55 죽은 아내가 남긴 손자국
   (1) 죽은 아내가 남긴 손자국; Depositphotos, https://ko.depositphotos.
       com/
   (2) 사티를 묘사한 삽화; 18세기, 작자미상, Wikimedia,
       https://commons.wikimedia.org/w/index.php?curid=29298798

56 학회장의 커튼
   (1) 학회장의 커튼; 필자 사진
   (2) 사우디 여성의 운전할 권리를 쟁취하기 위한 운동을 홍보한 만화
       (Cartoon for Saudi Arabia's #women2drive Movement); 2011,
       Carlos Latuff, Wikimedia,
       https://commons.wikimedia.org/w/index.php?curid=15548931

57 마오리족의 머리 박제
   (1) 마오리족의 사람머리 박제(토이 모코); 1895, Henry Stevens,
       Wikimedia,
       https://commons.wikimedia.org/wiki/File:Robley_with_mokomokai_
       collection_2.jpg

58 투계 글러브
   (1) 투계 글러브; 2018, 제갈한결
   (2) 푸에르토리코의 지방 투계장 외관; Gmattera, Wikimedia,
       https://commons.wikimedia.org/w/index.php?curid=8272621
   (3) 싸움을 시작하려는 닭들; 1937, Edwin Rosskam, Wikimedia,
       https://commons.wikimedia.org/wiki/File:PR_Cockfight.jpg

59 부동(不動)의 사다리

(1) 부동의 사다리; Depositphotos, https://ko.depositphotos.com/

(2) 가까이에서 본 부동의 사다리; 2013, Wilson44691, Wikimedia, https://ko.m.wikipedia.org/wiki/%ED%8C%8C%EC%9D%BC:Immovable_Ladder_CotHS.jpg

(3) 성묘성당 내부; 2010, israeltourism, Wikimedia, https://commons.wikimedia.org/wiki/Church_of_the_Holy_Sepulchre

60 고대 이집트의 태양선

(1) 고대 이집트의 태양선; B.C. 2551~2528, Depositphotos, https://ko.depositphotos.com/

(2) 쿠푸 왕의 피라미드; Digr, Wikimedia, https://commons.wikimedia.org/w/index.php?curid=2872642

(3) 쿠푸 왕의 조각상; Chipdawes(사진작가), Cairo Egyptian Museum, Wikimedia, https://commons.wikimedia.org/wiki/File:Khufu2.jpg

(4) 바(영혼을 상징하는 새); B.C. 3세기, 작자미상, Walters Art Museum, Wikimedia, https://commons.wikimedia.org/wiki/File:Egyptian_-_Ba_Bird_-_Walters_571472.jpg

61 상여의 꼭두

(1) 🔳 영수(靈獸)를 탄 남자 🔳 창을 든 무인; 19세기, 꼭두박물관 팜플렛

(2) 상여; 19세기, 꼭두박물관, 필자 사진

(3) 상여 위의 꼭두; 19세기, 꼭두박물관, 필자 사진

62 지전(紙錢)

(1) 🔳 지전(25×11.5cm); 필자 사진
🔳 중국 100위안 지폐(18.5×7.5cm); 필자 사진

63 묘지 표식 항아리

(1) 묘지 표식 항아리; 블로그 '입실론의 사부작사부작 여행기', https://m.blog.naver.com/PostView.nhn?blogId=correctgame&logNo=220767273186&proxyReferer=https%3A%2F%2Fwww.google.co.kr%2F

(2) 추모객들; 블로그 '입실론의 사부작사부작 여행기',
https://m.blog.naver.com/PostView.nhn?blogId=correctgame&logNo=
220767273186&proxyReferer=https%3A%2F%2Fwww.google.
co.kr%2F

(3) 망자의 시신; 블로그 '입실론의 사부작사부작 여행기',
https://m.blog.naver.com/PostView.nhn?blogId=correctgame&logNo=
220767273186&proxyReferer=https%3A%2F%2Fwww.google.co.kr%
2F

64 무덤 앞의 기념 비석

(1) 무덤 앞의 기념 비석; 1904년 발굴, 솔론고(앙골라), 동석, 61.5×
21.5cm, 네덜란드, 세계민속박물관(Collection National Museum van
Wereldculturen) Coll.no. RV-2668-803

65 해골 성당

(1) 해골 성당 내부의 해골 장식; 체코 쿠트나호라, Depositphotos,
https://ko.depositphotos.com/

(2) 해골 성당 내부; Pudelek (Marcin Szala), Wikimedia,
https://commons.wikimedia.org/wiki/File:Kostnice_Sedlec.JPG#/media/
File:Kostnice_Sedlec.JPG

(3) 해골 성당 외관; Deror_avi, Wikimedia,
https://commons.wikimedia.org/wiki/File:Chapel_of_All_Saints_-_
Kutna_Hora_IMG_3333.JPG

(4) 슈바르젠베르그 가(家) 사람들의 뼈로 만든 가문의 문장; Pudelek
(Marcin Szala), Wikipedia, https://sl.wikipedia.org/wiki/Slika:Sedlec_
Ossuary_-_the_Schwarzenberg_coat-of-arms.jpg

66 성당 안의 왕실 묘

(1) 마르그레테 1세 여왕 묘; Depositphotos, https://ko.depositphotos.com/
(2) 로스킬레 대성당; Depositphotos, https://ko.depositphotos.com/

67 해골 사탕

(1) 망자의 날 제사상 그림; 유화열(2014), 『태양보다 강렬한 색의 나라
멕시코』, 미술문화, p. 261

(2) 망자의 날 제사상; 2009, Eneas de Troya, Wikimedia,
https://commons.wikimedia.org/wiki/File:Day_of_the_Dead_at_
Tecomitl_Cemetery.jpg

(3) 화려하게 꾸며놓은 묘지; 2009, Eneas de Troya, Wikimedia,
https://commons.wikimedia.org/wiki/File:Day_of_the_Dead_at_
Tecomitl_Cemetery.jpg

68 성 안토니오의 성물함

(1) 성 안토니오의 성물함; 이탈리아 파도바 성안토니오 성당, St.
Anthony & St. Patrick Parish St. Anthony School 홈페이지,
http://holy3.org/school/elementary-school/who-is-st-anthony/

(2) 성 안토니오의 초상화; 1500-1510, 판넬 위의 유화, Museo Poldi
Pezzoli, Bernardo Zenale, Wikimedia,
https://commons.wikimedia.org/wiki/File:Bernardo_Zenale_-_Saint_
Anthony_of_Padua_-_Google_Art_Project.jpg

69 달변가로 만들어 주는 돌

(1) 블라니스톤에 키스하는 사람;
https://commons.wikimedia.org/wiki/File:Blarney_stone.png#file

(2) 블라니 성; 여행정보 사이트 Suzy Guese,
http://suzyguese.com/blarney-ireland-wishes-you-were-here/

70 크리스마스 복권(엘 고르도)

(1) 크리스마스 복권; Depositphotos, https://ko.depositphotos.com/

(2) 복권 당첨 번호를 낭송하는 학생; Alamy,
https://www.alamy.com/stock-photo-the-traditional-spanish-christmas-
lottery-el-gordo-the-fat-one-will-76868736.html

(3) 엘 고르도 복권 로고; Andreuvv, Wikimedia,
https://commons.wikimedia.org/wiki/File:El_Gordo_de_la_Primitiva.
svg#/media/File:El_Gordo_de_la_Primitiva.svg